The Return

回来

孙中伦 著

台海出版社

图书在版编目（CIP）数据

回来 / 孙中伦著 . —北京：台海出版社，2017.5（2018.5 重印）

ISBN 978-7-5168-1405-5

Ⅰ . ①回… Ⅱ . ①孙… Ⅲ . ①孙中伦－自传

Ⅳ . ① K825.42

中国版本图书馆 CIP 数据核字 (2017) 第 101483 号

回来

著　　者：孙中伦				

责任编辑：刘　峰　　　　　　执行编辑：雷淑容　罗丹妮

装帧设计：彭振威　　　　　　内文制作：陈基胜

责任印制：蔡　旭

出版发行：台海出版社

地　　址：北京市东城区景山东街 20 号，邮政编码：100009

电　　话：010-64041652（发行，邮购）

传　　真：010-84045799（总编室）

网　　址：www.taimeng.org.cn/thcbs/default.htm

　　　　　E-mail：thcbs@126.com

经　　销：全国各地新华书店

印　　刷：山东鸿君杰文化发展有限公司

本书如有破损、缺页、装订错误，请与本社联系调换

开　　本：880mm×1230mm 1/32

字　　数：212 千字　　　　　印　　张：10

版　　次：2017 年 6 月第 1 版　　印　　次：2018 年 5 月第 3 次印刷

书　　号：ISBN 978-7-5168-1405-5

定　　价：39.00 元

目　录

仿佛我的生命涌自古老的默默的城墙，

波涛翻滚，光彩焕发。

如同恋人和母亲来到，

又像多年在外的浪子回家……

——霍夫曼施塔尔《傻瓜和死神》

Letter 1

M,

　　两年前的某个夜晚，我躺在学校的天窗底下，看夜空——那么美，多希望你能看到。那是一个镂空屋顶，四周随时间变换颜色。中央则是黑夜，没有点缀，鱼贯而入，静谧无声。这是我喜欢的地方。庄严，直白，坦诚面对黑夜而非自欺欺人。我想，你也一定会喜欢。

　　在此之前，我躺在宿舍的懒人沙发上听 CD，自己刻的，有沙沙声。懒人沙发，我叫它"猪头"，因为它宽大又肥胖。我在黑色星期五的梅西百货里买的，半价，长队里头，美国人摩拳擦掌。它到宿舍的那天，我在上面蹦来蹦去。停下以后，我想起妈妈。家里的懒人沙发上，她也曾蹬着小腿。"真舒服！"她说。后来，"猪头"破了口，棉花一块一块滚出来。我企图用透明胶带封住它，如同弥补许多无可救药的事。一年之后我将"猪头"卖了。可如今我时常想起它。

听 CD 之前，我吃饭很多，睡眠很长。有时我想写些东西，或是与你说话，可冲动都稍纵即逝。现代人的生活里，什么不是缥缈的？意义消亡的年代里，旧神死了，新神未立。人被夹在虚空中，左顾右盼，看到的却全是自我的投影。世界是怎样的？他人在过怎样的生活？不重要。重要的是吃饱喝足，睡眠安稳。在此之前几天，我去村边的理发店，那里因荒凉而价格一降再降。老板没生意的时候，就坐着抽烟。他忧郁，少言寡语，发型是摇滚时代的猫王式样，鬓角留长，前额油亮。理发店墙上，贴满七十年代海报，破了，有灰。"理发店开了二十二年，而我1973 年就从纽约搬来洛杉矶。"他告诉我，不动声色，仿佛漫长历史因它如今落魄而不值一提。"纽约人比洛杉矶人好，也热情。"他说。他还说，"奥巴马是有史以来最差的总统。布什好，里根好，尼克松好。他们也是你们中国的好朋友。"我说，"我的教授不这么觉得。"他说，"富人教授。让他过来，我们辩论。"我问他，"怀念七十年代吗？"他说，"嗯。那时经济好，和平。"我又问，"冷战对你的生活有什么影响？"电动剃刀，年久失修，噪音下他没有听清我的问题。他又重复一遍，奥巴马是最差的总统。他还说，他有个孙子，是军人，两年前殉职。

我来天窗底下，寻找一个答案。我想成为怎样的人？将来要走怎样的路？大三了，朋友都已各寻出路，这当然是焦虑的原因。可我隐约感觉，有更深的不安在其中，仿佛之前所过的生活皆是幻景，一座魔山——若对身边人一无所知，如何知道自己的位置？若对世界缺乏经验和好奇，怎能说自己是智性的？

此刻,远处响起派对声音。一对情侣路过。他们拥吻时掀开衣服,女孩露出半截黑色胸罩。而变幻的天窗四周,紫色终于开始消融黑夜。我忽然充满感受世界的冲动。我开始觉得,或许答案就在这里,在天窗下,在人群中,而我无法再视之不见。此刻,此刻就应起身去找它。回去的路上,我想,明年,不上学了,回去,做一个理发师。

二世纪通俗戏剧的结尾,圣女德克拉[1]跑出城,追上使徒保罗。德克拉说:"我要剪下我的头发,追随你,无论你去哪里。"保罗说:"这是一个不知羞耻的年代,而你如此美丽。"如今,我也想像德克拉一样,做哪怕一件正确的事情。这个夜晚,我决定逃出城外。或者,也可以说,决定回来。

L

1　德克拉(Thecla),早期基督教会圣人,相传为使徒保罗的女门徒。

回去

1

妈妈走之前一年，有一天，她身体虚弱。她把我叫到床边，对我说："妈妈很可能快走了。最放心不下的，就是你和阿公阿婆。"

"不会的，不会的。"我摇头，不看她。

她说："你得接受它。"

一年以后，在她生命最后的几分钟里，我们全家人围坐在她身边。我握住她右手，爸爸握住她左手。我目视她的呼吸一点点黯淡。人在弥留之际，意识已经消失，灵魂飞向天际，唤不醒了。我跟她说家常话，说往昔快乐的日子。她没有反应。我知道，为时已晚。可我还有承诺没有讲。

我俯身告诉她："妈妈，我向你保证，我一定照顾好自己，照顾好阿公阿婆和爸爸，对他们好。”

那个瞬间，神启般的，她动了嘴唇——我知道，那是妈妈在答应我。我接着告诉她："妈妈，我会像你希望的那样活下去！"我清楚，妈妈平日里，最害怕我做人、行文过激。"你知道为什么你叫中伦吗？"她总告诉我，"'言中伦，行中虑。'所以，说话之前，要先想好。""知道啦。"我搪塞她。她摸我的头，说，"有一天，你会理解的。"

我多想告诉她，我理解了。我希望她走得安详，不留遗憾。然而这次，妈妈没有应答。她像之前的两个小时那样，缓慢、深沉地呼吸。而直到此刻，我才真正明白。

我告诉她："妈妈，我会做一个自己想做的人。"

就在说完的时候，我看到她流泪了。一滴而已，没有颜色，很快飘散。没人注意，可我看到了。她哭了。几分钟后，她停止了呼吸。

2

我会说，妈妈的眼泪，是一个奇迹。在古希腊的基督教传统里，见证奇迹的人，亦是殉道者，是有神性的。我不信神。可我相信，这是生命延续，是妈妈留下的启示。如此，我知道，茫茫一生，我有一件非做不可的事情。

在通常的寓言故事里，从此我发愤图强，在一句无关紧要的过渡语之后，找到了人生真谛。那当然是异想天开。妈妈走后一个月，我在 Pomona 入学，和几个素昧平生的同级生一起，去南加州的山上开学旅行。夜里，我们把睡袋搬到半山腰上，看银河斗转星移。他们互相诉说着新鲜的秘密，那么真诚而快乐，让我的悲伤无处躲藏。星辰的漂泊是那么清晰可见，地球的自转像秒针般准确无情，我知道，一切都无从逆转了。

独处的时候，我坐在山坡上，把想对妈妈说的话写在撕掉的纸上。写完以后，把它丢进傍晚的篝火里。

"你在做什么？"一个拉丁女孩问我。

"烧纸。"

"为什么要烧？"她不明白。因为在他们的传统里，火焰无法连同阴阳。然而她的疑惑让我觉得，我所做的一切也许都是自作多情。时间在宇宙的齿轮下一往无前,而我还活在追忆里刻舟求剑。

"因为好玩。"我告诉她。在她继续提问之前我笑了，笑得那么欢愉、无所顾忌。像是在开一个玩笑，一个糟糕、滑稽、让她无从回答的玩笑。

我曾希望能得到妈妈的回信。根据迷信的说法，它应当出现在梦中。那时妈妈穿着华丽的衣服，像云彩那样姗姗而来。从没有过。从未发生。我想，这大概是因为我是个调皮孩子，一个怠于思索的不可知论者。这样的人如何得到眷顾？既没有寻根究底的不屈，也缺乏向信仰里纵身一跃的勇气。随之以拙劣的自嘲来延缓烦忧，像喝下一罐罐便宜却有毒的烈酒。

"我会做一个自己想做的人，"我写在纸条上，"可我并不知道那是谁。"

3

在许多夜晚，我睡不着。关灯之前，我把床上的饮料罐头扔向门口的垃圾桶，多数时候，扔不准。它们弹出来，黑色的液体洒在地上，像发霉的血。

"管他呢。反正我是破碎的人。"

夜深的时候，我看视频或者电视剧，翻来覆去，打发时间。我尤其爱看折纸教学。我并不会折纸，但看着视频里女人的心灵手巧，却往往沉溺不自知，仿佛其中有某种母性的东西，平时寻而不得。往往到第二天中午，我才沉沉醒来。加州的阳光从百叶窗里爬进来，摊在地上，像寄宿学校里蚊帐上的臭虫。我坐起来，给教授发邮件，"今天我感冒了，头昏啊，所以没来上课"。

教授从未戳穿我。有些，甚至还挺喜欢我，因为我常去找他们聊天。在大学里我成绩并不差，当然，也没有多好，但没有差到可以标榜自己特立独行的地步。课余的时候，我去球馆打篮球。站在三分线外，把球抛给矫健的黑人同学，他扣篮得手。

"好球！"我过去和他击掌。

"伙计，你传得也不错。"他朝我笑笑。

是这种平庸让我尴尬。走在学校里，像一具驼背的干尸，左顾右盼，打招呼或强颜欢笑，一生就这样过去。在朋友来房间玩儿的时候，我故意把高中时写的书放在架子上。他们装模作样翻阅我书架的时候，会意料之中地大惊小怪，"哇，这是你写的！"

"嗯，小时候写的。"

"高中时候就写书啦！"

"随便写写的，小孩子，幼稚得很。"

"快，知识分子，签名送我。"

你来我往的奉承游戏，容易造成错觉，仿佛自己是重要的，或者曾经重要过。我在扉页上给他们签下自己的名字。"你为什么叫中伦？"他们问我。"《论语》里的。'言中伦，行中虑。'"我告诉他们。等他们走了以后，我再从箱子里拆一本新的，放到书架上去。有时看着它，我会想起高中时肆无忌惮的日子，看书，写自以为深刻的文章。可我会说，那是好日子，单纯，澄澈，不会更好了。我想起，每当我写完文章之后，妈妈总会翻来覆去地读。她还告诉我，"不要越线，不要妄议政治"。我想起她哼着的《女人花》。那是在一条小巷，黑夜里，她穿着黑色的衣服。我怎么又想起她了。

一天，埃里克森教授把我叫到办公室。他教我"大陆哲学"。埃里克森教授二十四岁从耶鲁博士毕业，这是他在 Pomona 的第五十个年头。

"我看了你的考试和论文，中伦。"他说，"你有没有认真考虑过以后从事哲学研究？"

"没啊。"

"我在这里教了五十年了。"他说，"我认为你身体里有一种才华。你要抓住它。"

4

2014 年，黑人青年迈克尔·布朗在弗格森镇被警察误杀[1]。自此，种族平权运动又一次开始席卷美国，在巴尔的摩，愤怒的黑人们发生了暴动，烧了汽车，打碎了商店的玻璃窗户。在自由派思想盛行的 Pomona，学校组织了 Black Lives Matter（"黑人的命也是命"）的游行。礼堂里，学生们都席地而坐。我进去的时候，大厅里熙熙攘攘，每隔一段时间，学生们就振臂欢呼。我看不清讲话的人，好像是一个黑人女性。她喊着："为什么媒体只关注碎了的窗户，而不是碎了的脖子？"

那天晚上，游行结束以后，我遇到了小音，一个朋友，也来自中国。她说，"哈哈，砸得光荣，砸得高尚。全场掌声雷动，都觉得太有道理了，太伟大了。这就是 Pomona 教我们的。"

"砸东西不对。"我说。

"但他们为这句话鼓掌。他们为给打砸抢开脱的这句话鼓掌。"

"我没觉得，那是在说媒体的偏见吧。"

"呵呵，政治正确真是让我恶心。少数群体也真是闹够了，他们要的东西还不够多吗？"

"可我们自己在这里不也是少数群体吗？我们活得好好的，不是平白无故。"

"你真是什么都不懂。"她说，"Pomona 就是一个气泡。我们

---

1 迈克尔·布朗命案于 2014 年 8 月 9 日发生在美国密苏里州圣路易斯县弗格森。事发时，十八岁的非裔美国青年迈克尔·布朗（Michael Brown）在未携带武器的情况下，遭到二十八岁的白人警员达伦·威尔逊（Darren Wilson）射杀。

都活在气泡里。但我们总有一天要走出去，要面对社会，你不可能一直当一个被宠坏的孩子。"

她说完便走了。我焦急告诉她，"这不代表社会是对的！"然而她并没有回头，而是步入黑暗中去。为什么她能轻而易举地适应黑暗？我抬头望着夜空，星辰让我想起开学旅行时漂泊的银河——宇宙是那么庞大、不可阻挡。那么，抵抗有什么意义？可恰恰是此刻，我想起李克曼（Pierre Ryckmans）说的，"成功者改变自己以适应这个世界；失败者总是尝试改变这个世界来适应自己。因此，我们这个世界的所有进步，都依赖于失败者"。没有来由、无处可去的自信涌上心头。从这一刻起，我决心要做一个失败者。

自此以后，在学校里的生活，越发使我焦虑。身边的朋友，许多开始转变了。大学的前两年，我们讨论平等、再分配、资本的伪善，可如今要踏上社会，他们却变得越发模棱两可，甚至咄咄逼人。饭桌上，一个朋友在谈到资本时，对我循循善诱，"我以前也是和你一样想的。但是这种想法太幼稚了。"他随即加重语气，"我告诉你，事实上，金融产业调配资本，把钱投到有价值的项目上，本身就是有价值的。"我反问他，"是价值还是利润？""你真的不懂！"他忽然面红耳赤，"那你怎么定义价值？你告诉我，你怎么定义价值？"

在大多数时候，我都无从争辩。我遇到许多人，聪明，深知辩论的技巧，可原则非但未曾引领生活，反而成了为欲望辩解的工具。仿佛教育的潮流，不再是架设智识的阶梯，而是替特权埋单。我想起和导师的聊天。他告诉我，他在面试委员会的时候，越来越多地见到许多完美学生，完美的成绩，完美的研究背景。"然而，当我问'为谁而学，学什么，为什么要学'的时候，他们却突然全都不知所措。"导师说着，身体向我倾来，"所以，你们在食堂普罗米修斯的壁画底下一日三餐地吃了四年，竟从没问过自己这样的问题？"

办公室里，埃里克森教授问我，"所以，打算继续读哲学吗？哦对了，我下学期教海德格尔，希望你能来。"

"不来了。"我告诉他，"我打算休学一年。"

"做什么呢？"

"做一个理发师。"

我告诉他，在天窗下的一个夜晚，我想到去做一个理发师。我觉得，那是一件正确的事情。

5

我最终没做成理发师，而是去了工厂，民宿，农村，庙宇。有时挤在深圳的胶囊旅馆，有时睡在西北的炕上。生活大多数时候无聊又枯燥，在奄奄一息的时刻，我就把有趣的事写下来。

许多人说，"啊，你在体验生活，好。"他们的语气，好像是我本来不属于这样的生活，而去刻意为之，为的是学会吃苦耐劳以便将来飞黄腾达。这里的潜台词是，理发师和工人们与我们是不一样的，你走进他们的生活，就像但丁走进炼狱。

在旅程里，我遇到很多人。大多是好的，也有疑心重重的，但从未遇见彻底的坏蛋。我遇见老人和孩子，他们大都比我出色，可命运并未留给他们许多选择。然而即便如此，他们仍辛勤工作，尽力去捕捉快乐瞬间。这是胜者的生活。

在工作的间隙，我问他们问题，他们回答。往往越是不幸的人，就越坦荡和真诚。很快我们便成为朋友——故事不再是一篇新闻报道，而是我们之间的共同记忆，私密而精致。在交叉的个人叙述里，一个统治性的宏大叙事被打破了，碎成了一个个偶然、丰富却盘根错节的故事。而在他人的帮助下，在写作的迷宫里，我也开始直面时间与记忆。

我时常问自己，我在做自己想成为的人吗？这是妈妈留给我的启示和谜题。我开始觉得，这个问题不应该有答案，或是说，很长时间内都不应被回答，因为降临的救赎是廉价的，是寻找的过程让它弥足珍贵。恍然大悟的好事，还是留给百家讲坛。

人们也问我，你成长了吗？你有哪些体会？这样的问题时常让我尴尬，仿佛成长和长个子一样，只是青春期的经验，从男孩到男人，一夜之间就完成了，而之后的日子，无非是重复成年的责任和习惯。其实，我更希望他人发现，我没有多大改变，正如我并未偏离二十岁时想象的自己，那时我写道：

> 我想，写作是一种使命，一个孤身一人、自言自语的拾荒者的使命。就像西西弗斯命定的巨石一般，凛冽的寒风穿透着他的一生，而他就要抓住那些美妙而缥缈的瞬间，不让他们在皱纹占领自己之前随风而散。

在这个意义上，我一直是个失败的抗争者。我很幸运，还从未沉沦于成功的假象。

M，

一年很快就过去了。如今，我总想起最初在东莞工厂里的日子。那时，每天晚上歇工以后，我问室友成成借电脑写日记，写完就发在网上。"你在写什么？"他问我。"报告。"我说，"给深圳本部的报告。""每天都要写？而且写这么久。"他起了疑心。"对吧。"我说。他不再问了，转过身，放起他最喜欢的歌，叫《电音之王》。后来，每次在大街上听到《电音之王》，我总想起成成，想起他只挂着裤衩的样子。你知道，我总容易想念旧日子。

去年9月初我去了深圳。开始，我没想去工厂里打工。我想，要么去画家村做一个画工，要么去华强北卖电器。我去了罗湖人力资源中心找工作。底下的墙壁上贴着密密麻麻的招聘广告，有一张用加粗的字体写着"专业包饺子"。远处，那些害羞的年轻人看我站在墙边，也若无其事围上来。

"在找工作吧？"一个女人远远问我。她四十来岁光景，胳膊肘挎个黑色小包，不愿走近我们。"嗯。"我说。"有没有兴趣做一些展览的工作？在附近的展馆，马上有一个珠宝展，就三天，不打扰你找工作。""干吗的？""就站在那里，站站就行了，销售方面的，每天早上八点半到下午五点。"我脸红了，小声问她，"待遇方面呢？""哦，那个，三百五十元。"她也有些不好意思。"一天三百五十元？""三天三百五十元。""不了。谢谢你。"我说。女人生气了。"你觉得不好吗？我告诉你，我们那里招来的女大学生也就这个价。而且她们做迎宾小姐的，更累，要一直接待客人。"

我住在华强北的胶囊旅馆里，房间像岸边的集装箱，晚上，腿难以伸直。客厅里有人在辩论，一个人不停摇头，"你说的，错！"他说，"我告诉你，我读过马克思。我上大学第一年就读了，你呢？"集装箱外面，我看到两个卖手机壳的年轻人在收拾。一个人不停扇着另一个人的脑门。"你他妈傻啊？"他说，"你他妈就是头猪。还愣着干吗？去拿东西啊！"夜晚，我听着隔壁的鼠标声入睡，他们的手速很快。

几天以后，我与下铺的男人相识了。"我看你在这里住了好多天了。"他说。"嗯，你也是啊。你住了多久了？"我问他。"两个多月了。"他说。说完，拉开舱门。里面小小的空间，摆着一排护肤品。他一边抹脸一边打探我的消息，多大了，学什么，来干吗。"我学哲学。"我告诉他，"那你学什么？""我也学哲学。""你骗我。""我骗你干吗。"他从容地笑笑。"中哲。"他接着编下去。"那你从哪里来？"我又问。"我只能告诉你，我不是严格意义上的中国人。"他把舱门关上了。再过了两天,他在舱门外发火。"操他妈的。"他怒不可遏,"当老板了不起啊?他以为自己是谁。我操他妈的,敢对我这样说话。"我把舱门打开,明知故问,"怎么啦?"我们在开合的舱门中,建立起虚伪的友谊。

那些天里,我去了画家村,拜访了一个"教授"。教授有很多名号:中国著名诗人、辞赋家、思想家、古书画鉴赏家……一张名片上都写不下。"你学什么?"教授发问,整理了一下三七开的刘海。"哲学……"我唯唯诺诺,还指望他帮忙找工作。"哲学无非就生老病死嘛。庄子老子肯定要读,中西都一样!"他嘴一撇。"教授总结得好!"我跟着身边人拍马屁。

教授给我们上了一课,讲他自己的辞赋。"'鹤天绝尘',这是我全文最精华的一笔。"他说,"这个怎么解释呢?你就要看到,古人说过'出淤泥而不染',我认为,这是俗的,不雅的,我要超越它!为什么俗?因为荷叶啊,都碰到淤泥了,就像两个人,男人和女人靠在一起,要做爱的,这就是不雅了。而我的鹤天绝尘,就是鹤在天上飞的,不沾泥土不沾灰!""哦——"我们恍然大悟。他讲得更起劲了,"从古至今哪个诗人能够做到我这样的?儒释道三种文化都写入教科书?大多数人,都只有一种风格,我可以做到三种兼容","我的这篇诗赋,电视里拍卖说值两个亿,我说不要说是两个亿,一千个亿也不够啊!无价之宝啊!我就对市领导说的,以后这个要流芳百世"。

我最终没有去画家村,因为在华强北找到了工作。

走的时候，我没和下铺的男人告别，提起箱子便离开。我以为自己是在华强北做电容器销售，偶尔还可以回来看看。然而那天下午，一辆小货车就把我运去东莞的工厂了。

L

东莞日记

九月十七

1

9月17号，我看到一个孩子。他在绿箱子后面，黑短袖，漂白的牛仔裤。他的个头刚高过车床，嘴唇是尖的，后颈乌黑。每个人都无暇停下，他来回搬着箱子。然而某一刻，他突然忘记自己要干什么了。机器"哼哧、哼哧"地叫唤，工人们走来走去。白晃晃的电灯下，只有他呆站着。

9月17号，我第一天在工厂上班。工厂在东莞，生产电容器。

人事部的姑娘把我带给二楼丁经理。丁经理从密密麻麻的报单里抬起头，官腔奔涌进空气里。他签了字，"找一楼许领班。"一楼许领班在鼓捣黑色的糨糊。他年轻，稳重，把我带去分选组，说，"你在这里，看一天。"

分选组挑选成品电容器。机器像啄木鸟，好的拣走，坏的扔掉。

"哼哧、哼哧"——它们的叫声压迫进耳朵,沉重,准时,无法抵抗。它让我想起家乡的汽渡,它粗犷的喘息总震耳欲聋。"啊,妈妈,太响啦。"我说。"哼哧、哼哧"——它们仍叫唤着,工人们走来走去。有人大声说什么,脱口而出的话语,很快碎成沙粒。

白炽灯亮得刺眼。绿箱子后面,我看到一个孩子。

2

"你多大?"我问孩子。

"十八。"他旁若无人,并不回头。

"别唬我。"

"十五。"

他抬起头。小眼睛,尖嘴,南方人模样。"我叫黎威,"他告诉我,"不过,你不许叫我黎威,要叫我黎标。我还拿着哥哥的身份证呢。虽然他也没到十八。"

小黎说,他是广西贵港人,不过父母都在东莞打工。他们家族有十七个兄弟姐妹,十一个哥哥,六个姐妹。他排倒数第二。初中没毕业,就出来了。哥哥给他身份证,让他找到了这第一份工作。

小黎五号才入职,之前在印字部。"那工作稍微轻松些,可以一直坐着。"前天他刚调来分选区,因为分选的姑娘要辞工了,教完他,就辞。

"你看起来蛮乖的。"我夸他。他腼腆地笑,摇头,"初中还经常打架。身材小,打不过,就叫人一起打。"

小黎一边说话，一边干活。他把电容器的金属脚插进检测机里，fail。再一插，还是 fail。他往废品堆里一放。检测机上就四个键：On/Off，Pass/Fail。小黎一个一个检测。"31 个良品，3 个废品。"他写在表格上。我想起网上说，公司年产 10 亿个薄膜电容。

"哼哧，哼哧"——身后的机器咄咄逼人，那叫声侵略我的脊背。我想象一头上了发条的恐龙。想象它骇人的眼睛里，像纳斯达克一样闪烁着"1 2 3 4 5 6 7 8"。

"成品分 J 型号，K 型号。"我指着说明书问小黎，"什么意思？"

他不说话，走去机器，把牌子翻来给我看——左边是 J 型号，右边是 K 型号。他咧开嘴笑了。

"所以是什么意思？"我又问他。

"我也不知道。"他说。

3

离开埃里克森教授的课堂才几个月，倒像是几年过去了。我记得他讲马克思。"我曾在明尼苏达的工厂里打工，五十多年前了。每天累到倒头就睡，没时间阅读，没时间思考。连自己生产什么都不知道。"他说，顺便坐上讲台，"这就是异化吧？"在工厂里我又想起他的话。生产，产品，灵魂，自我，没一样属于自己的。留下什么？还有什么是重要的？

"无聊吗？"我问小黎。

"不无聊。"他说。身后包装部的姐姐走过，她染了黄色的头发。小黎不时回头看。

他终于碰到问题了。测小电容，一次 Pass，一次 Fail，再测再 Pass，又测又 Fail。小黎不知如何是好，但又不好意思问别人，就四处转，拿起报表看看，又放下，好像忙个不停的样子。

"干吗呢？"许领班看透了他的小心思，过来手把手教他，"不要只用一只手啊，用两只手会快得多的。"

许领班走了，我问小黎，"有必要这样认真吗？公司有要求一个电容器都不能检错？"

"没有。"他说，仍聚精会神，"不过我自己这么要求自己。"

"将来有什么打算？"我问小黎。

"没有。"

"有没有什么想做的职业？"

"没有。"

"在家里和谁生活？"

"我妈。我出来她出来，我回去她管我。"

"爸爸一直在东莞？"

他点头。

"他们多大了？"

"三十几？四十？我不知道。"

4

我想起小时候去姑父厂里，工人往火炉里面丢钢材，钢化成了水。"好热！"我说。工人半裸着身子，黑了的毛巾用来擦汗。他们的脸如今都模糊了，或许当时就不甚清晰。我为何突然想起他们？

十五岁的时候，我刚上高中一年级。小黎已经打卡上班的时候，我正在早读课上补觉。那时我还不敢谈恋爱，看窗外女孩的眼神，也像小黎看包装部的姑娘那样欲罢不能。醒来的那些瞬间，脖子有点疼。我嗅到教学楼外面桂花的香味。年轻气盛，世界仿佛就在手心。

"我不喜欢学校。"小黎说。"在学校像在监狱一样待着。"

"这里不像吗？"

"至少没有人管啊。在学校里老师会来查寝，我们吵，她骂，我们不听她的，她都被弄哭了。"小黎手舞足蹈。他告诉我，他上的是镇上的高中，有一千三百人。绝大多数都是没毕业就出来打工的——事实上，整个镇的孩子都在外边。他本想去更远一点的地方，但是妈妈不让，她要把小黎留在可以想象的身边。

"如果老大没有让你工作，你会工作吗？"小黎突然问我，这是他第一次主动和我讲话。

"会。"我随便回答他。

"我不会。"他说。"因为我们是按时刻拿工资的，按点下班就行了。如果是计件，就算老大没让我工作，我也会做。"

5

莫燕过两天要辞工了。把东西教给小黎以后，她就辞。

"为什么？"我问她。

"本来就是跟着哥哥嫂子来的。这里太无聊，过得也不开心。而且薪资低。"莫燕说。

"低？"

"这里是计件的。我们每测一万个才能拿八块五。一万个电容器，堆起来比人还高了。我们每天，不好的时候能测四万个，好一点也就六万个。"

"那每天就四十块钱？"

"加上复测五十，就九十块钱。你想，每个月三十天做满也就两千七。"她扳着手指头给我算账。

莫燕是湖北人，今年三十岁。谈到有没有结婚，她说，"三十岁了还可能没结？小孩都七岁了，在老家，丈夫在深圳。"她的下一站，就是深圳。

莫燕告诉我，她二十岁就出来打工了。然而走走换换，总没有安定。在这个厂里，她也才刚待了一个月。

"我那边的小黎才十五岁。"我跟她告状。

"初中都没读完吧？臭小子，不好好读书。我看他连读表都不会，昨天就和他说，你这样以后很危险啊！"莫燕突然情绪涌上来。她紧接着走去小黎身边，问，"你怎么这么小？这么小就出来打工了？这种年纪不好好读书，出来打什么工？"

小黎红了脸。他撑了口气说，"小吗，十八小吗？"

6

我们的工时是早上八点到晚上八点。两个小时休息十分钟，中午晚上各有一点用餐时间。从十点起我就开始望钟，倒数了。时间这么慢，我想它以后会越走越快——人类无法忍受慢的，他们或是创造出快的机器，或是迟钝自己以适应慢的时间。然而无论怎样，他们都还是得去面对最终的静止、永恒的慢。

我想起我对埃里克森教授保证的——危险地生活，发觉生命、记忆的活力。可是在这里，我能发现吗？我能补偿自己曾经的虚掷和浪费吗？能重新真诚地活吗？才几个小时，我就又陷入懒惰了。新鲜的细节正失去魅力——是因为我缺乏足够的能力去感受吗？我到底是在生活的悬崖之上自省，还是早已落入深渊？我开始理解小黎了。世界对一个十五岁的孩子，和对我，都是相似的。许多问题，面对即是回答。"我不知道"，是轻松的喘息。

在这天最后的时间里，许领班让我去挑次品，我们挑到下班都没有挑完。这些次品是楼上印字部的责任。几万个电容器里，大概有两百个商标没印好。

"这些印字的不是人，本来就够轻松的了，只要人坐在那儿就绝对不会印错。"旁边的老师傅唠叨说。老师傅的工服上蹭满油渍，好像是施工部刚调来的。他还有一顶缺了口的安全帽。他把它摘下来放挑出的次品。

"只是印字错，有什么关系？"我抱怨。

"客户要求，没办法！"老师傅说。

和我一组挑次品的是小陈。小陈十八岁，也是广西人。"那边新来的小黎也是广西人，他只有十五岁。"我告诉他。

"我也是十五岁就出来了。"他轻描淡写地说。意思是，那不值一提。"当然也是初中没毕业，农村的，能多想什么呢。"

"将来有什么打算？"我问他。

他一边眯着眼挑手上的次品，一边说，"先干着咯。这三年，我都换了六个工厂了"。说话的时候，他口袋里的双喜烟露了出来。

到快下班的时候，我们还有两缸的电容器没挑完。每个人聚精会神，都不说话。

"哼哧，哼哧，嘁"——机器都停下来了。

"怎么这么慢？"丁经理在后面责备。

"你们赶快啊！就不能再快点？"许领班也不开心了。

工友们都围过来凑热闹，像来看马戏。小黎也凑上来。他个头小，一钻就到了我们身边。快下班了，他终于没有忌惮地拿出手机。我一扭头，看到他的屏幕壁纸：

> 也许我只是你生命里的过客，但你不可能再遇到和我一样的人。

我想告诉他，"是啊，小黎"。但他一下就钻出了人群，找不到了。

九月十八

1

他叫细光。他并不是亲口告诉我的，而是把工牌从口袋里掏给我看。这似乎是加工部里的风俗——这里的工人不喜言语，试图用手势和工牌解释一切，反倒是机器叽叽喳喳。细光有着酷似黄晓明的面容，回答问题的时候，却不愿露出雪白的牙齿，眼神总是飘忽。

"湖南益阳人，出来打工十年了。"他告诉我。

"不会也是十五岁就出来了吧？"

"十六岁。"

加工部比分选组要更小一些。我们负责的内容意料之中的简单，无非待在机器后面，查看是不是每个小电容的指甲都剪好了。一批货剪完，我们重新给机器调角度，擦酒精，运上另一批货。机器并不总是听话，你得挑出那些与众不同的电容，重新修剪或扔掉。我们的工作是确保千篇一律。

"我们加工部这里，每天能剪三十万个电容器。"细光给我普及，顺势伸出三根手指，"可惜不是计件，只能拿基本工资。"

"三十万"让我想起家门口的理发老师傅。"远近理发，数我的手最快。理一个头，十分钟。"他夸下海口，"每天能理三十个。已经理了三十年"。头发纷纷而下，满是刮痕的镜子里我看到坐在后面打瞌睡的老人。我粗粗一算，"那你已经理了三十万个头啦"。"哈哈！"老师傅笑出来，"那也没看到余钱啊。"

细光的故乡在湖南益阳，他告诉我，他家在洞庭湖的边上。"那里是鱼米之乡。"他说起来，眼神都不飘忽了，我能感到他的骄傲，"到处都是小湖泊。小时候，我常在水里玩。不过我们家不养鱼，是种水稻的。"他认真地告诉我。说完，怕我不相信那里是鱼米之乡，还加上一句，"我家前面的一户人家就有鱼塘。"

"想家吗？"我问他。

"不想。"他直截了当，"现在有高铁，四个半小时就到了，很近，一年可以回家两三次。以前坐火车，要十二三个小时。"

"过几天国庆回去吗？"

"国庆就放三天假，一，二，三，怎么回？"他又伸出三根手指。

他已经远离洞庭湖边的鱼米之乡大半年了。如今小他两岁的弟弟也在东莞的厂里，他们住在一起，谁也没有女朋友。他们听说，东莞这边离海不远。

2

"生活有什么意义？"在午休的时候，我问工厂宿舍里的室友。电风扇在上头吹着，对面的床板略略作响，这似乎是一个合乎时机的问题。

"生活本来就没有意义，活着就是为了活着。"下铺的胡哥回答我。不惊讶，现代人的标准答案。可我听胡哥说，却是另一番滋味。

胡哥是我的室友。成成带我来的这个宿舍。

那天我坐在货车后面，咣咣当当来到这个工厂，是成成接的我。"所以你是公司那边派来的实习生，过来锻炼的？"成成问我。他看上去还是小孩模样，寸头，说话倒是颇客气。

"是啊。"我回答他。

"你的简历上写你是国外大学的，我想问你一个问题，你觉得我们中国最好的大学清华北大不如国外的大学吗？"

"我不觉得，但清华北大也不是想考就能考上。"

成成若有所思，随即手指一点，说，"我明白了，所以你父母的意思是，与其在国内混个三流大学，不如出国见见世面，是吗？"

"嗯啊。"

成成是工厂行政部的，本来要安排我住领班的房间，但是他考虑到那房间里有人打呼，而其他房间要么有人打呼要么有人抽烟，就说，"睡我们房吧！"

房里有胡哥和阿雷。进屋的时候，他们都半裸着身子，在玩手机。胡哥强壮魁梧，而阿雷白嫩帅气。间谍片里，他们会成为很好的搭档。

成成介绍我，说，"今天我们屋里来了一位新室友，他是国外读书的，我们要向他学习，如果以后要出国，有什么问题都可以问他！"

"出国？"胡哥笑笑。"我们不可能的。"

"不可能。"阿雷也摇头。

成成，胡哥和阿雷都是湖南人，同为二十四岁，更巧的是，他们同一天进厂。胡哥和阿雷是郴州人，在之前的工厂里认识，成了兄弟，到哪儿都成对应聘。二十天前，他们在工厂遇见成成。如今胡哥和阿雷上夜班，在品管部。每天从晚上八点钟上到早上八点钟。每隔两个礼拜，早晚班对换。

"撑得住吗？"

"撑不住也得撑啊。"胡哥说。"就一开始受不了，上班都打瞌睡。"

"一开始受不了。"阿雷笑笑。"头几天难受，后来就好了。"

初次见面的胡哥，让我先好好休息，别急着买日用品了。"反正我要上夜班，先睡我的床吧！"他带我去小铺子买草席。"得先刷几遍，要不扎身子。"他给我示范。我想请他一瓶可乐，作为他对我好的回赠，他却显得为难。

第一天的傍晚，我问胡哥，"为什么选这个工厂？"

"网上投简历呗。前面一个工厂太无聊，我们就换到这个了。"

"那你们多久换一次工作？"

"大半年换一个吧。"胡哥笑笑。

"大半年。"阿雷点头。

胡哥说起他一个月前面试的时候，尽瞎扯些不可能的话。面试官问他，"你打算在这里做多久？"他面不改色地说，"要做很久很久（做到元旦）！"面试官问他，"你对将来这个职位有什么期待？"他说，"有很多很多的期待，要努力完成工作（在领班盯着的时候）！"

"就那老一套呗。"他说。

他说，面试官居然还问他有什么理想。说到这儿他和阿雷都笑起来，"我能有什么理想？在这里干活就是干活，有什么理想好说？"

"理想、梦想之类的，"他说，"我们可从来没有过。"

阿雷笑着，穿上工服，走去门口。他招呼胡哥，说，"七点五十了，再不去打卡要迟到了"。

门外的天已经黑了。我坐在胡哥的床上，看着他闷头披上蓝色工服。高矮胖瘦，差别都被工服消解。看着胡哥拖着脚步，一步步走去外面，我感到一阵心酸，仿佛我们已经认识很久。

3

细光 1999 年 6 月初中毕业，随后就出来打工。开始他骗我，说自己 89 年出生。我说，"那你十岁就初中毕业，小神童"。他笑笑，别过脸去。"我的意思是，你骗我。"我不依不饶，"所以你多大了？"他摆弄机器，思忖半天，眼睛一瞄，还是选择先问我，"你呢？""我93年的。"我也决定骗他。"93还是92？"他没听清。"92。其实算91，92年1月的。"他信了，认真算起来。"那我比你大……大八岁半。我83年7月的。"

99年毕业的细光，十六岁整，之后的日子，可以用地名一带而过。"先去了武汉一个半月，再去了佛山，再去了深圳，最后才来了东莞。"

2000年他来到佛山，待在小作坊里，给一个浙江的老板做伙计。老板既是老板，也是师傅，教他做模具。"老板一家四口都在帮忙。一个女儿，一个儿子。女儿高中毕业，比我大一岁。"他事无巨细地告诉我。我试图询问他，小作坊里其乐融融的生活，是否比大厂的生活更愉悦，然而在细光的故事里，马克思迷人的理论失效了。"都一样。"他说。随后又补上一句，"小作坊不行的，就一个门面。"仿佛厂子气派，工人也一并有尊严。对于佛山的生活，他只剩下一些琐碎印象："2000年那时候，工资三百五一个月，一顿饭两元，早饭一元，一天只用吃五元。"

"你2000年就过来了，你觉得广东对你来说变化大不大？"我问他。

"大啊。"

"大在哪里？"

"我刚来的时候，整个佛山都没几个厂，现在都挤满了。"

"那城市呢？城市变化呢？"

"0737啊。"

"0737？"

"0737是我们那里的城市编号啊。益阳。"

原来，细光将我问的"城市变化"听成了"城市编号"，这才有了一段无厘头的对话。

细光一句接一句回答我的问题。

"你过来十几年，工厂对工人的待遇有没有好一点？"

"都差不多，这里的饭菜一直挺差的。其实，工厂都差不多的。"

"那你理想的生活是？"

"在家里待半年，出来打工打半年。其实还是在家里好，饭菜好吃，广东菜都很难吃。"

"准备什么时候开始这么过呢？"

"我不知道。"

4

许多提问，在"我不知道"以后就戛然而止。我想起昨天的小黎，他也总说，"我不知道。"有多少是他们自己的问题？逃避怨恨重拾生活已需要勇气，有什么理由要求他们继续面对他人的追问？

晚上吃饭，我又遇见小黎。

我一个人吃饭。小黎看到我，搬着盘子坐到我对面。他不说话，埋头吃。

"你长身体呢，吃这么点饭够吗？"我问。

"还要剩。"他说。

"晚上下班一般玩些什么？"我问。

"玩手机。"他说。

对话到此结束。

吃完时，我说，"小黎，我先走了！"

他不回答，甚至不抬头，像没有听见。仿佛是在告诉我，人与人之间的对话和关系，如机器一样，可以随时开始或结束。正如我每次在车间外远远看到他，竖起手来打招呼，"小黎！"他只是停顿一秒，然后走进车间。只留下一条狭长的黑色的走道。

5

晚饭半小时，六点开始加班，加到八点。

"你也要加班？不是说工厂的新工人第一个礼拜不用加班的吗？"细光问我。

"许领班说要加班。"我说，"我看你们都强制加班。会有加班费吗？"

"会啊。"细光说，"一小时十三块五。"

6

细光开机器的时候，另一个工友，黄羊，在筛模子。黄羊，贵州人。我问他名字的时候，他同样不说话，掏工牌给我看。黄羊长得像我小学时的对门邻居，小时候，我和隔壁楼的同学常联合起来欺负他。一次，他忍无可忍，在家门口把我打成了熊猫眼。第二天，我戴着墨镜去听音乐会。看到黄羊，我有些童年阴影挥之不去。

我在中午认识黄羊。午休回来，车间黑压压一片，机器还在歇息。走进去，我看到黄羊躺在地上。不仅是黄羊，整个车间都躺着人。原来，因为车间有空调，并且不容易迟到，中午工人们都席地而睡，躺在机器身旁。

黄羊告诉我，他今年二十三，92年的，但已经在厂里干了四年。我说，"哇，四年。这两天我看到的都是只干了一个月半个月的，你居然干了四年。"黄羊摆摆手，说，"许领班来得更早，建厂就来了。"

"最近忙吗？"我问他。

"不忙，忙的是今年2月到7月。原来看前面两台机器的那个阿姨走了，我一个人要看五台机器！根本忙不过来。"

"那是因为用工紧？我听说现在做工人的少多了。"

"不是用工紧。是他们没安排人来！"他一副被坑了的神情。

"那你提意见吗？"

"提了也没用啊。不过他们倒是给我涨工资了，涨了几百块钱。"他眉毛一松，刚刚的愤怒一笔勾销。

"你觉得工厂这几年的发展在变好吗？"

"变好，肯定啊。2013年搬到这里之前，整个工厂都没有现在一层楼大。要是不变好，没有钱，哪可能盖新楼啊？"

"今年呢？整个产业都不景气吧。"

"今年那是更好！机器添了好几台，还日夜不停地跑呢。"

"那厂子变好了，你的待遇变好了没？"

"每年月薪涨一百吧。"

"你觉得涨多了涨少了？"

"这个厂算很可以的了，我以前的厂，每年涨五十！"他拿过去的经历抚慰自己，回忆起来，竟一发不可收拾了，"2011年的时候在深圳，我辞工回去过了个春节，回来人家就满员了。也罢，那时又穷又累，现在过得好多了！"

黄羊总是兴高采烈。我猜，是这样频繁的比较支撑着黄羊快乐地走过四年。但大多数人都没有这种快乐的能力。他们漂泊，总觉得下一站会更好，再怎样也不会比现在更糟。

休工的时候，黄羊喜欢靠在机器上，看手机里的爱情小说。整个厂的灯全都熄灭，只有他的手机屏幕亮着光。屏幕前面，一张快乐的人脸。他从这里汲取能量，在开工时尽数奉还。

7

张粉珠给我端凳子。之前的一整天，她都坐在桌前忙着抛光。我以为，她没有时间和我讲话。

"没事的，不打扰，坐，坐！"她把凳子拉到身边，好像趁领班不在，她有许多话要马上向我倾诉。不过，她说一口潮州方言，在机器的嘈杂声中，我不太能听懂。

张粉珠告诉我，她来这里三年了。之前在二楼，做排版。密密麻麻的，看了两年多，眼睛都快不行了。我早听说，二楼都是极辛苦的工作。"其他人呢？眼睛还好吗？"我问她。

"比我年轻的还行，比我老的就不行了。"

有多少会比她还老的？如今的张粉珠，嘴唇勉强包住牙床，皱纹像山脊一样。我保守猜测，她六十岁。有多少人会六十多还在工厂打工？"那您多大了？"我小心试探。

"你看我像？"

"四十！"我胡乱奉承。

"四十一。"她笑了，边笑边摇头，"老了，老了，工厂的女人老得都快。"

张粉珠告诉我，她也想来一楼啊。一楼要轻松多了。但她不识字。二楼的领班说，一楼要填报表，不识字，不能去。

她说，她软磨硬泡了一年，领班才松了口。她告诉领班，她能填报表，就是让别人先填一行，她再依葫芦画瓢。"我来这里一个月了，都填对了。"她骄傲地告诉我。

"不能让别人帮忙吗？"我问她。

"一次可以，但次次让人帮忙别人就会有意见。"她喃喃自语，"我就是不识字啊。"

"不过，"她说，"现在我把两个儿子都带来东莞上学了。大儿子十八岁，小儿子十五岁。每个月生活费加起来三千，学费今年的都交完了。"此刻她突然问我，"大儿子上大专，学的计算机，好不好？"

"好啊，这专业现在最热门了。你真有好眼光。"

"主要他喜欢。他喜欢。"她不好意思地笑起来。

在机器的轰隆声里，我尝试听清她说的每一句话。然而说着说着，下班时间到了。机器停止运转，领班前来检查，我和她分开，大家开始打扫卫生，交接班。结束以后，我去刚刚的桌旁找她，她已经不见了。然而我还不知道她的名字。在刚刚的对话里，她告诉了我她丈夫和儿子的名字，仿佛全盘托出是对话的必要条件，可她唯独忘记告诉我她自己的名字了。

幸运的是，桌上摆着她的报表和工牌。报表压在工牌下面，每一行的"作业人"上，都歪歪斜斜地写着"张粉珠"。

8

翻胡哥的 QQ 空间，我找到了我想要的东西。

一年以前的 5 月 15 号，他发了一条"说说"：

> 有没有哪位同学现在郴州的？或者是有在郴州同学的联系方式？十万里加急……

下面"假装"回复说：

> 是要回家发展了吗？

胡哥说：

> 计划是这样的。

一年以前的 5 月 29 号，他发了新的"说说"：

> 有没有哪位同学能够借我些钱，事业所用，如果可以，请详谈，谢谢。

"埼琦的遠方"回复说：

　　啥都好说，就是钱不好借。

胡哥说：

　　如果没，不借就不借，如果有，不愿借，对于不信任我的人，有交往的必要吗？

　　看到这里，我心里很暖。这说明，我看到的那个拖着步子走向黑夜的胡哥，不是从来都是那个样子。中间发生了什么，我并不知道，但有故事，就意味着没那么糟。我知道，他也知道——工厂不是他的终点，他有其他的地方要去。

　　今天中午午休的时候，我把胡哥吵醒了。他既然醒了，我也干脆就做起面试官。

　　"胡哥，你不会是想一直打工下去吧？"

　　"也不是。"他说，"现在吧，就积累本钱。"

　　"做什么？"

　　"将来做些小生意啊。开文具店，奶茶店都好。"

　　下铺的他，有些不好意思，但他接着说下去："钱也不一定能拿这么多了，但至少是自由的。想开就开，想去就去。"

　　"会可以的。"我告诉他。

九月十九

1

9 月 19 号，第三天，我来到安规车间。

安规车间生产黑色和黄色的模子，也检查做好了的。热，进门就是刺鼻的塑胶味。时间待久了，身上还会到处痒，像小蚊子飞进了血管里。第一天，我就是在安规车间遇到的许领班，那时他鼓捣的黑色糨糊，就是小电容模子的原材料，把它倒进机器的嘴里，机器便哼哧哼哧吐出几个小块头。

我和工姐、雷姐坐一张桌。我们负责查看一排排木板上的小电容。如果有漏芯，拔掉；如果有胶水，用小刀片刮了。看，刮，摆。重复作业。一天过三万个。

王姐说，"这木板上有粉尘，肉眼看不见，有毒，会咬人"。

王姐 84 年的，雷姐 87 年。她们从湖南邵阳来，都说自己老了。她们当然已经有了孩子，都是一儿一女。王姐的丈夫在家乡做小本生意，而雷姐的丈夫就在安规车间做模具。

我回头看看雷姐的丈夫，开雷姐玩笑，"你们可以眉目传情呢"。

"哈哈。"雷姐笑了，"我们是老夫老妻了，已经没有浪漫了。"

我曾想象过，如果以后读书差，就和妻子开一家小笼包子店。我做肉馅，她包外皮。大概到后来，也不会有什么浪漫可言。没人的时候，就说邻里琐事，或是为未来吵嘴。最后大家都沉默不言，坐着，我做肉馅，她包外皮。

"孩子都在老家，女儿七岁，儿子四岁。"王姐说，"都成了留守儿童。"

"想他们吗？"

"想。每周打一次电话。买了电话卡，会便宜些。"

我本想问，为什么不多打些，孩子不会想妈妈？话到嘴边，觉得多余。

我问，"你们都流行生两个吗？我们那里，生一个的多"。

王姐说，"那你们没有独生子女奖励？"

"奖励是不罚款。"

王姐说，"在我们那边农村，如果第一个是生女儿，都允许生二胎。因为没有儿子，就没有人上坟，也没人来照顾了。女儿嫁了人，就是泼出去的水，都是要侍奉家公家婆的"。

"那你家呢？"我问王姐。"生两个是传统？"

王姐说，"对，我家也是一儿一女。我有一个弟弟"。

"弟弟在家？"

"弟弟在一个神圣的地方。"

我猜大概是天堂，便没说话，继续做了会儿工。但最后还是不合时宜地问了，"哪里？"

"监狱。"王姐说。

2

"弟弟是二十岁进去的。现在，已经二十八了。"

"杀了人？"

"不，他没杀人。他是帮凶，同伙杀了人。当时他们在抢车，车上的人报了警，他们就杀了他。弟弟进去的时候，我二十三岁。那时，我刚出来打工第二年，还怀着孩子。"

"意外？"

"不，不是意外。从小就学坏了。家庭原因。我的家庭不幸福。"

她接着回答：

爸爸是个很坏的人，坏到骨子里。他打我妈妈，打得很重。喜欢喝酒，找小三。

爸爸是镇上唱京剧的，花旦。一表人才，男扮女装，绘声绘色。别人夸他，他觉得自己了不起。当然，也有许多人"看戏"，过河拆桥，怂恿他和妈妈闹矛盾。他一回家，便打她。

爸爸从来只会用暴力解决问题。我上一年级的时候，有不会的题目问他，他没耐心，一巴掌把我牙齿打落在桌上。我和弟弟从小就没有自尊心。爸爸谁都打，甚至打过奶奶。那次爸爸打妈妈，奶奶过来劝架。爸爸一个铁榔头就打在奶奶头上，血流下来，起了一个很大的脓包。当然，"他不是故意的"，那一榔头，本来应该打在妈妈头上。

妈妈没离婚，都是为了我们两个孩子好。离了婚她可以再嫁人，但是我们两个就必须跟爸爸，一个爸爸加一个后妈，还不得打死我们？

"必须？ 没有法律明文规定吧。"我问。王姐接着说：

男人带两个小孩没关系。女人呢，带两个小孩还怎么改嫁？

而且，妈妈也很爱爸爸。

不过，现在妈妈和爸爸还在分居。爸爸63年的，妈妈64年。爸爸上过高中，妈妈上过初中，在那里都算学历高的了。可见，学历没什么用，一切都要看人品，性格。话说小学生大部分都当老板了，千万富翁，亿万富翁，你们这样的大学生还是得给人打工，你说是不是？

就这样，弟弟也一天天变坏。初中就彻底学坏了。

他去网吧，日夜通宵打游戏。打到后来，没钱了，游戏里又没装备，怎么办？只能出去偷。

现在看，当时偷东西倒还不算事儿。那时候他看香港的黑帮片，看《古惑仔》，迷得要命。一回家，我就听到他念叨，我要去黑社会。我们那边黑社会很流行。连小学生放学，都会去抢村里的鸡。2000年之后才稍微克制些，毕竟说，是文明社会了。

之后，我就常看到弟弟扛着把刀，去打架。混混们侍奉的老大不同，地盘纠纷，常有火拼。

爸爸不管，他觉得，付了学费就是自己天大的付出了。妈妈倒是常劝弟弟。到最后，弟弟不仅劝了没用，还打妈妈。在池塘边上，弟弟把妈妈的头摁在水里，说，我叫你管我，去死吧！

我出嫁的时候，还是弟弟送的。他进去的时候，我在广东，第一个孩子就要出生了。那是07年。妈妈打电话给我，说弟弟出事了，判了十年。

08 年的时候，我去见过他一次。他穿着红色衣服，戴着脚铐。我们隔了一层玻璃，拿电话机讲话。他看到我来了，面无表情，也不叫姐姐。我嘘寒问暖，他不耐烦，说，什么时候把我弄出去啊？

　　爸爸妈妈也去看过他几次。他还是那句话，赶紧交钱把我赎回去。

　　那你改了吗？妈妈在玻璃后面说。

　　他眼看别处，不吭声。

　　他还说，他都二十八岁了，还没有老婆，别人小孩子都已经很大了。赶紧去帮他找个老婆。

　　……

"孩子可能连舅舅都没见过吧？"我问。

"见过。爷爷奶奶带她去看过他。女儿拉着奶奶的手，问，舅舅为什么待在玻璃里面啊？奶奶说，因为舅舅犯了错误，要受到惩罚。"王姐回答。

3

"这些男人，都太把自己当回事了。"我对王姐说。

"重男轻女呗。"她说，轻描淡写，"湖南那里包小三的可多了。只要女的漂亮，都去当二奶。我二叔，开客车的，挣得不少，但每次只要有钱，就去找女人，或者赌博。都是钱惹的祸。"

雷姐说，"我们湖南还好，广东这边，要严重得多。一个女人，生七八个很正常，直到生出儿子来。没有儿子，家婆就看不起，就要做整个家族最卑贱的人"。

她们说起工厂一个女工。丈夫也是做苦力的，生活穷困得很，但十年里还是生了七个孩子。前六个都是女孩，直到第七个，才要到了男孩。家里养不起这么多，一个鸡蛋，别人家一个孩子吃，他们家七个孩子分着吃。冬天的衣服，是捡别人家不要的穿。夏天，都赤着脚，因为买不起鞋子。可是女工说，她不后悔。她说，再活一次，她还是会生七个。她就要证明给家婆看，她生得出男孩。

"许领班你见到了吧？"王姐说。

"嗯。"

"他家也是这样。"她低头说，"十一个孩子，前九个都是女孩。"

"他多大了？"我问王姐。我看许领班干练，成熟，但看上去还是年轻小伙。

"他啊，94年的。"

"94年？那和我一样大！不像，太优秀了。"我说。

"是啊，他勤劳，上进，我们平时都喊他'小大人'。穷人家的孩子早当家。有时他也会坐下来帮我们一起抛光，聊天的时候，就说自己爸爸已经没了，他要去养妈妈。养妈妈和姐姐。"

"真是太不容易了。"我说。

"也有缺点。不过这个就不讲了。"王姐说。

"男人啊，工作的时候都魅力四射的，到了生活上，就是另外一回事了。"王姐说。大概是想起自己的爸爸，想起他在台上的咿咿呀呀和小碎步。

"我听说他建厂就来了。那是说，十五岁就出来了？"

"是啊。初中毕业，就出来了。"

这时我才忽然明白，为什么许领班对小黎那么关照。虽然要整层楼跑，但总是要停在小黎那边，手把手地教他。小黎耍酷跑掉，他回头说，"过来啊，别跑，我来教你的，又不是帮你在做"。小黎回来，他摸小黎的头，说，"明天就应该学会了"。大概六年前，他也像小黎这样不知所措。工人们在忙碌，他一个人站在车间中央，看着白花花的电灯，轰隆隆的机器。

4

小黎中午又坐到我身边。

吃饭的时候，他开始主动和我说话。他说，"今天在哪边哇？"我告诉他，"在安规。""哦，"他说，继续吃饭。吃完，去阳台，点了根烟。

我说，"妈的，什么时候学会抽烟的？"他说，"周一。"我说，"少来了。老实点。"他说，"上初中就会了。"说完，往旁边扭了两步，意思是我不要去管他。

5

"以后，我不要再打工了，我要有自己的事业。"下午，王姐说。

她说，她要开一个小杂货店，再在家门口摆一个碰碰车的铺子。赚点小钱，多和家人在一起。

她还说，要把小孩送进县里的贵族学校。贵族学校从小学开始就是八千块钱一个学期，据五叔说，可以一个学期把孩子从不及格教到及格。每年都有清华、北大的，还有出国留学的，都去纽约的剑桥大学那种。

"其实还是美国人的教育好。到了四年级，就可以判断出你是什么样的人，然后盯着你擅长的那方面专门发展。比如你擅长数学，以后就专门学数学，你不擅长读书，以后就专门读艺术。"她说。

"哦，还有这回事？你哪儿听来的？"我问她。

她说，"新闻，网上都这么说啊"。

我说，"那我可得记下来。"说着，掏出笔记本。

雷姐说，"你记什么呢？"

"他记我刚刚说的美国教育呗。"王姐说，"要是我的女儿生在美国啊，我就让她去学芭蕾。"

事实上，我把笔记本放在桌底下，写，"女儿问奶奶，舅舅为什么在玻璃里面"。

6

王姐说，这里的每个人都有故事，但是他们都在内心里把过往封起来，不说话。人们来到这里，唯一目的就是钱。

她说，"老板说，生产靠的是大家的力量，每个人都很重要。其实谁不知道呢？我们的工作是任何人上来都可以做的，我们微不足道"。

她说，原来她做的是文秘，看不起工厂里打工干苦活的。现在年纪大了，人家公司不要老了的女人做秘书。她辗转了一个又一个的工厂，才觉得自己之前年少轻狂。她说，现在觉得做什么都不丢脸，只要不偷，不抢，不骗，做一个善良的人，让上一辈的恶不传承下去就好。她说，她觉得劳动最光荣。

然后她说，其实以前中专时不该学计算机，应该学美容的。现在有钱女人去做美容，都舍得花钱。

九月二十

1

暖娟，暖娟，绕口令一样的名字。昨天我和她去流水线插电容，四个人站成一排，八只手不停。一条履带每分钟过九十个格子，我们要把每个格子都插上。一个没拿稳，履带就过去了。今天我又和她一起筛模子，看到有黑胶黏在脚上的，挑出来，用刀片刮掉。

"别人也觉得绕口，叫多了就好啦。"暖娟说。她面颊肉鼓鼓的，有福相。声音像儿童片里的配音，欢快，有人世之外的自在。

暖娟从广西河池来，87 年的。十六岁初中没毕业就出来了。她说，"因为那时候大部分人都这样"。她也觉得打工酷，好玩。

"现在知道了，没有学历，一辈子只能做这样的工作。"她说。

"那有想过继续读书吗？"

"我们都老啦。过去这么长时间了。没什么后悔不后悔的。"

十六岁的时候，暖娟去了深圳河岸，在现在的深圳北站附近。如今那里都高楼林立，那时候只是一片草坪。那是 2003 年，也在一家电子厂。厂里不放假，所谓的休息，就是每周六晚上不用加班。

到了那会儿，她们一群女工就一起走路出去逛街。走去商业街要一个小时，但是她们一边逛，一边聊天，也觉得很开心。

"开心是一码事，但每周六不加班就算休息了？"我忿忿不平。

她说，那时候厂子都不按劳动法来，毕竟她们也才十六岁，有些还不满，厂子收她们就是不按劳动法的，是恩惠了。所以，她们也不敢说什么。

2

王姐说，她有时也觉得无能为力。

今天王姐的货不多，早上就和我一起检查有没有弯脚的电容。弯了脚，就放到盒子里，用钳子扳直。如果有气泡，就只好直接扔掉。

王姐说，她在家人面前有时抬不起头。大伯的两个儿子，80年的，是村里第一批考上大学的人，虽然也只是专科大学。那时候，村里像是出了状元一样，敲锣打鼓，摆流水席。从此以后，他们每次回来，都要炫耀一番，对她这样中专毕业的亲戚，给个眼色都像是便宜她了。每次家里团聚，大伯总要有意无意地把两个大学生儿子摆出来说话，还顺便吹吹那个已经当上护士长，拿八千块钱月薪的女儿。爸爸受了一肚子气，他人面前低三下四，回来就又想打骂。王姐说，"我就站出来和爸爸摆明了讲，你怪谁？对我们，你用心培养过吗？"

王姐，他们这样的情况，还只是心里受气。真正无能为力的，是村里的残疾人。他们本该拿国家的低保，最后却全给村干部的五叔六姨们瓜分了。老盲人到村干部的门前讨说法，村干部和他辩论,"你有儿有女,有手有脚,凭什么拿低保?"

3

　　刘承,贵州遵义人,比我小几个月,十八岁出来的。他开三台印字机器,既要印,还要检查。都是小字,几毫米,肉眼看一排都觉得晕。前天第一次见到他,我问,"你们这是在干吗啊?"他不看我,低声说,"印字。"我以为他不友好,其实,是他从一开始就忙得不行,像锅炉爷爷,六只手也不够用。今天货多,许领班喊我过去帮忙,只是看一台机器,我就濒临崩溃。

　　下午和晚上管着那台印字机,是我这辈子做过的最无聊的事,比阅读海明威更无聊。整整六个小时,我需要目不转睛地盯着那些看不到尽头的、等着被激光印字的小模子。眯着眼看,有一个印歪的就得挑出来。还偏偏那条轨道总是故障,电容们每分钟都会打起架来。在加班开始偷懒之前,我几乎连话都说不出口。克尔凯郭尔说,人类因为无聊,才去发明创造,寻找些生命意义。现在看来,人类他妈的,最无聊。因为他们无聊,所以创造,创造些什么?现代工厂。这又造成了新的无聊,我的无聊。这种无聊终于没有尽头和解药。我们被动接受,被洗礼。制造替代创造,意义自圆其说。

　　"你平时是怎么对抗这种无聊的?"我问刘承。

　　"那怎么说呢,也还好吧,眨眨眼就过去了。其实,虽然大多数时候我想打它,可有时候我还偏偏希望机器能故障,这样我就可以修,就有事做。有时,我坐在凳子上,看着机器一排排印字过去，自己什么也做不了，那才很难熬。"刘承说。

"你整天盯着看，眼睛难道不会坏吗？"

"我眼睛本来就不好。"刘承说。言下之意，不怪工厂。作为一个前提，"本来就不好"让"更不好"显得没有说服力。

"为什么来工厂？"

"那怎么说呢，不去工厂，还能去哪里呢？"刘承说。没有选择。他出来之前，高中刚刚读了半个学期，"就是玩"。反正学也学不会，听也听不懂，干脆就不上了吧，省得再浪费父母的血汗钱。"家里是农村的，"他抹抹鼻子，显得不好意思，"父母是种玉米的，贵州那地方，看天吃饭，挣钱不容易，比这里辛苦多了。"对于辍学，父母也没说什么。之后，四个玩得最好的兄弟一起开了家面包加工店，一年以后不景气，就都出来打工了。

"开面包店开心吗？"小资产阶级幻景涌上我心头。

"开心？比这里还要苦。"他说，"夏天的时候，房里四十多度，还是不能停。"

我说，"可是做这个让我痛苦。我看着它一筐筐填满，可是看不到头。"

刘承说，"是啊，领导总想你快些，再快些。他们总觉得，机器谁都可以开。你不干，别人来干。"

刘承来这个厂一年了。一年以前，他在别的厂认识了他的女朋友，也是94年的。之后，两人在外面合租了一套房，一直住到现在。刘承有个姐姐，90年的，在杭州，二十一岁的时候就嫁人了。

"你也二十一了，女朋友也二十一了，准备结婚吗？"

"暂时还没有打算，太早，以后再考虑。"

刘承说，如今既没有什么让他觉得快乐的事情，也没有什么让他觉得讨厌的事情。每天回家，他看会儿电视，看综艺节目。"奔跑吧兄弟，你听说过吗？"他问我。"有时，"他说，"我也玩玩游戏。"

"玩什么游戏？"

"那怎么说呢，就是他们玩的，英雄联盟之类。他们玩，我就也玩玩。"

刘承还告诉我，他比较迷茫。

4

阿雷昨天刚卖了一个号，梦幻西游，三千一百块钱。"买的时候花了三千，几乎是我一个月的工资！"他跟我比划。到现在，玩了半年，如今来了新的厂，上夜班，没时间了。

他还告诉我秘诀，"卖号的时候，得脱了装备卖，要不然不划算。我先把装备换成游戏币，一千一百多万，再换成现金，一百多块钱。"

"一千一百多万就卖了一百多块钱？"我打趣。

他认真地说，"你以为一千一百多万算什么？我告诉你，在游戏后期，这点钱什么也做不了。"他又重复了一遍，"什么都不行。"

我说，"你现在卖了号，多花点时间找个女朋友啊，你长得那么帅气。"

他别过头，笑，"没时间呐。"

"以前谈过吗？"

"恋爱啊，好像还真没有过。"

5

工厂里我们每做工两个小时，休息十分钟。

据说，那原来是给喜欢抽烟的人一点放松时间的，一不小心就成了传统。到了点，车间里就会有人喊，"休息啦！"大家就都停下手中的活。

休息的时候，工人们都会去宿舍楼下的一排小凳子上。抽烟的，不抽烟的，玩游戏的，不玩游戏的，都去。奇怪的是，那里既不凉快，也没人讲话，烟味还浓，甚至没车间里舒服。可但凡有人过去，其余人就都尾随去了。到点，大家再陆续回去。

6

"你快乐吗？"我问暖娟一个"央视问题"。

暖娟说快乐。老公对她好，儿子也一岁半了，家里最近还新盖了房子。人不可能都满足，但知足就快乐。

"出来也有十二年了吧？酸甜苦辣，不少了。"

"其实也就七年，中间休息了好多年，带孩子。"

"我以为你儿子只有一岁半？"

暖娟突然哽了一下，她本想说，"带的是别人小孩。"话说一半又收回去。她说，她原来有个女儿。

她说她第一个生的是女儿，两岁零一个月时没了。

"生病？"

"不是，是掉河里了。"她说那时她和丈夫都在外面打工，掉河里的那一天，他们本来打算回家。

"要是一儿一女，多好。一个儿子，就会很孤单，外面遇到事情，也没有办法和兄弟姐妹分担。"她说，"以后我还要再生一个，不过那时我已经老了。"

7

"你快乐吗？"我问王姐一个"央视问题"。

王姐说快乐。她有一个不幸福的童年，那时她就想，将来找老公，一定要找一个对她好的，听她话的。她笑着说，"我是一个强势的女人。"

她说现在找的老公，就是这样的，什么都听她的，不打她，不骂她。"人居然长得还很俊俏。"仿佛俊俏加上忠诚，就是赚了。她告诉我，结婚这么多年了，她和老公从来不吵架。因为每次她回家，两个人两台电脑，各自玩网络游戏，没空吵架。

她说，家公家婆也对她好。平时，她不用干家务，家婆烧饭，打扫卫生。老公宠她，让她别出去做工了，待在家里做家庭主妇。但是她不愿意拖累家里。"人还年轻嘛，趁做得动，多做一点。"

8

"你快乐吗？"快下班的时候，我问刘承一个"央视问题"。

"那怎么说呢。"他说，"还过得去吧。"

这时，快乐的黄羊在身后喊着，"一天，就这样过去啦。"

九月二十一，二十二

1

昨天开始，我完成了一楼的全部工序，上了二楼。

之前听一楼的工人说，"和二楼的人们比起来，我们这点辛苦一点都不算什么"。他们的话让我觉得，我就要下到但丁炼狱的第二层了，要看到狄多被大风吹着，飞来飞去。

去到二层，扑面而来就是一股烧焦了的塑料味，开始的时候，都得捏着鼻子进去。内涂间里，工人打开硅胶炉，一股白气冲上天，像刚蒸完一笼汽油包子。下架的地方，老男人扛着烫手的粉条筐，卸在地上的时候发出巨大声响。外观检测部，三排女人低着头，窸窸窣窣，手中一刻不停像做一张没完没了的试卷。

蔡大姐说，"在二楼做工的人，什么苦都能吃。夏天不怕热，冬天不怕冷。"

说这话的时候，蔡大姐正在拿电焊笔烫掉模子上的刺头。她说，这在二楼是最轻松的活了，是厂里照顾，人性化管理。她身体一直不好，生小孩的时候就有子宫肌瘤，孩子两岁的时候动了手术。去年腹部又疼，再去查，老毛病。又动了大手术。

她说，她这辈子很不容易。

2

蔡大姐说，"儿子六岁的时候，我出来打工。那是 2001 年。

我把儿子带在身边，供他在东莞上学。那时我工资三百五十块一个月，孩子的学费一千八一个学期。每次付学费，都是半年的工钱。"

到儿子五年级的时候，老家要盖新房，她实在付不起学费了，便辞工，陪儿子回老家读书，一读读四年。老家在四川绵竹，那里有"剑南春"，"东汽"。地震的时候，它们都受到很大影响。

"我儿子，比你小一岁，现在在成都读书。二本没考上，是三本。一年一万三千元学费，学的是广告营销。我问他，你为什么要读这个。他说，别人都去上，我也要去上。"

蔡大姐继续说：

儿子可以更好的，但我把事情搞砸了。

我还记得那年的 6 月 15 日是他中考。5 月 28 日，我骑摩托载他下课。路上加油的时候，儿子说，妈妈，你太累了，我来开吧。

我是真的累了，累昏头，才会答应他。出发的路上，转弯，他不会打转向灯，一辆面包车撞上来。儿子倒在一旁，受了些擦伤，而我横躺在路中央，一动都动不了。面包车司机探头出来一看，开车逃了。儿子守在我身边，我却陷入昏迷。从下午三点一直昏迷到晚上十点多。我觉得，这对他中考一定有影响。

我出了车祸，他考得不好。原来成绩中上的，才考了 B1。

出了成绩以后，他不做声。本来交一点钱就可以去县里第二名的兰轩中学，他却直到报名那一天才告诉家里。一家子心急如焚赶到学校，人家成绩 C1 和 C2 的都已经交完钱了。

那时啊，我们全家人就坐在校门口，看着家长一批一批出来，好遗憾的感觉。

我始终觉得，是我耽误了儿子。

3

"看到我们这样最底层的生活，过得很艰苦吧。"晓蓉说。

晓蓉是印字部的，刚来两个礼拜，还没领到工服，穿着一身红色短袖。她初来乍到，印字的速度比身边的小杨要慢很多。小杨和我一样大，广西人。

晓蓉说她现在就怕她的小孩，"一个留守儿童"，长到十五六岁，也像她当时一样出来打工。循环往复，一代又一代。

她说，现在她每次回去湖南老家，孩子都不说话，她也不知道他在想什么。有时她想，不打工了，就回去陪在他身边吧！回头又觉得，只有现在努力工作，才能帮助他改变命运。

她转头对小杨说，"我真希望国家能多关注我们这样的工人，让我们能陪在孩子身边"。

小杨笑笑不说话。他的动作很快。

晓蓉说她从小家里穷。她有两个妹妹，一个弟弟。一个妹妹做财务会计，另一个做采购。晓蓉把学习的机会留给弟弟，但弟弟不努力。后来弟弟去学了数控，结果没毕业，现在只能跑快递。晓蓉对弟弟说，"我已经牺牲了自己来成就你，你还不珍惜"。

晓蓉读高中的时候，老师们专门跑到她家里，央求她父母给她一个机会，让她继续读书。父母左右为难，最后还是铁了心让她辍学。

"其实我最不要看来工厂打工的，最没出息。可是我自己就是这样的人。"晓蓉说。

一直埋头苦干的小杨不乐意了，说，"说得好像我们有选择似的。要技术没技术，要文化没文化，除了来工厂，还能去哪里？在家种地吗？来工厂，至少可能还有一点机会，在家种地有希望吗？"

4

阿全说，"小时候，我们放牛，种地，现在都出来打工了，没人种地"。

阿全是品管部的，广西桂平人，94年生。今天货少，他就晃悠着和我聊天。

"国家没补贴？"

"以前一亩地有一两百块钱补贴，现在好像也没有了。农民都把地租给厂房。种地不赚钱，而且要看天吃饭。有的时候干旱，有的时候有暴雨。"

阿全说，前两年，央视还专门报道过他们那里的洪涝灾害，不过那次，完全是人为的。"那几天，连续下了好多场暴雨，离我们那儿上游五六公里的水库，值班的管理员忘了是喝醉了还是在睡觉，一晚上没管，第二天一看，水已经过了警戒线好多。没有办法，如果决堤，整个下游都完蛋了，只好七个闸口同时放水。

洪水哗哗地滚过来，人们都措手不及。整个县城都淹了，好多地方淹了四五米深。水散了以后，很多人回到家，发现什么都坏了。"

阿全说，那时，他们村有一个鱼塘，大水把鱼塘冲垮了，他们都上街捉鱼。

<h1 style="text-align:center">5</h1>

蔡大姐说：

07 年的时候，孩子回去上学，那时我们夫妇攒了十万元钱，盖了新房子。结果 08 年，就地震了。

地震那天中午，大太阳的天一下子阴了，本来我每天都要午睡，看那一天没太阳，就出去干农活。过了一会儿，地开始摇，树叶开始抖。我回头一看，周围的房子全在抖，像水里的倒影给打乱了。我赶紧跑去看家里的房子，心想，完了，这多少年的努力，都白费了。

结果，我还没跑到家门口，就被震倒在田里。油菜花地，犁都推不动的土，一下子蹦出来好几大块。还好，我们房子质量好，刚修的，没倒。邻居们修得稍微早一点的房子，全倒了。再后来，江苏宿迁来援建我们县，修了好多路。

我们那个乡没死人，因为天阴了，大家都去田里干活。但是县里，死了好多人。还记得我给你说的那个东汽厂不？他们的附属学校，百分之九十的学生都被埋进废墟里了。

我们那个县的县长，地震时在外面，根本没向上面汇报灾情。志愿者过来一看，哇，灾情这么严重。最后，县长跪在街上，周围围着灾民。他向灾民道歉。

6

阿全说：

　　大水把鱼塘冲垮了，我们上街抓鱼。

　　在我小的时候，还没有那么多农药，化学品，那时鱼多得要命。田里有鱼，连有时晚上开门，底下都会有鱼在跳，找上门。当然，鱼多，蛇也多。

　　我们村在山脚下，满地都是眼镜蛇，夜里会出门觅食。所以我们小孩子，夜里都不让上街。

　　有一次，我二叔晚上进卧室睡觉，听到"唑唑"的声音，吓得要命。他过去请村里专门抓蛇的人过来，手电筒一照，哇，床底下两条眼镜蛇。

　　有一次我也差点给蛇咬。冬天，出太阳了，眼镜蛇都喜欢出来晒太阳，睡觉。它一盘在那里，不仔细看还以为是坨牛粪。我差一点踩到，回头一看才发现是条蛇，惊出我一身冷汗。

　　眼镜蛇还好说，眼镜王蛇才厉害。什么是眼镜王蛇？就是蛇抬起头，头上还有个"王"字。而且，它比一般的眼镜蛇还要再长几截。但是最厉害的其实是银环蛇，它一般不来招惹你，但你要是惹到它，让它给咬着了，它的毒比起眼镜蛇可是又快又强。

我有个小学同学，一天晚上惹了银环蛇，给咬到一口。回家，小孩子不敢说。第二天，父母去他房间，看到他直挺挺地躺在床上，人没了。

村里捕蛇的那个人，人高马大，动作也快。

村里有人家闹蛇了，就找他去。他一个猛冲，一把抓住蛇头，被抓住头的蛇就不威风了。

他也给咬过好多次，但每次都是在家里用草药敷一下，连医院也不用去。他的草药，不告诉别人秘方，要是有人给咬了，问他要，得给钱，要不就得自己去医院。俗话说，一朝被蛇咬，十年怕井绳。可他从来不怕。

我们都叫他叔伯，他对孩子可温柔了。小时候，他给我们秀蛇，孩子们都围在他身边。他故意一个踉跄，把蛇一丢，我们都哇哇大叫。其实，他都拿没毒的蛇出来，从来不会害我们。

那还是 99 年的时候，当工人，一个月工资才三百块。但抓到一条眼镜蛇，一斤就卖一两百。叔伯把抓到的蛇都放在家里的蛇笼里，一条一斤左右，隔段时间就卖了。但有一次，他捕到一条七斤多重的眼镜王蛇。人家出价两三千，他摇摇头，不卖。最后，他把它存起来泡酒。

说起来，他也走了许多年了。走的时候，才六十出头。现在他儿子，是出了名的怕蛇。捕蛇的人从此没了，蛇也少了。

可人走了那么多年，酒却还在。一大罐子酒，喝也喝不完。到现在，还可以看到那条巨蛇醉着的模样。当时，叔伯给它灌了两滴酒，它就醉了。然后叔伯用酒泡住它，它就一直保持那个微微抬头、张嘴的姿势，一直到今天。

今天，人已经走了。肉身腐烂在地里。地里长出新的庄稼和野草。

7

"洛杉矶，我听说是个中央港口城市，是美国首都吗？"

"原来好莱坞在那里，那你一定见过很多电影明星吧？"

"中国到美国多长时间？十三个小时啊，那机票得有一千多吧！"

晓蓉不知听谁说我在美国上过学，问了我一连串问题。连一向埋头工作的小杨也抬头问起来了。

小杨问，"洛杉矶有农村吗？"

"有啊，我们就在农村上学。"

"外国啊。"小杨感叹，"我们农村出来的想也不敢想呢。"

小杨本来已经点点头继续工作了，但他突然想起另一个问题还没问。"洛杉矶本地人是白人还是黑人啊？"

"都有。"

"一个地方怎么会有两种人呢？"

"我们这边不也有不同民族吗？"

小杨点点头。又问，"我听说黑人身上天生有一股味道？"

"胡说八道。"

"去美国，如果能去美国，我刷马桶都愿意。"晓蓉说，"最低工资有九美元？那一天至少可以挣五百元，一个月就是一万五，省着点花就可以每个月存一万！这样偷渡也值啊，大难不死，必有后福。"

但紧接着，她摇摇头，说，"唉，这里八块七一个小时，不公平"。

小杨嘲笑她，"公平？还说什么公平？世界本来就是不公平的。"说完，继续做活。他的手很快，常常快过出货的速度。无货可印的时候，他就站在机器旁边发呆。他之前告诉我，他也没有什么目标。想那些太远，太沉重。

但这次，等晓蓉走了，小杨悄悄回头来问，"那，你能介绍一下怎么学英语吗？不一定要快，有效的办法就好了"。

8

下架的地方，据说是二楼最累的岗位之一。旁边就是固化炉，每隔五分钟，就吐出一排新鲜的刚上硅胶的模子。没有空调，两台电扇不停吹，还是酷热难忍。下架的工作是把架子搬下来，把里面的模子聚到新筐里去。简单，费力。负责这个的是一个老男人，头发都稀疏了。工人走过这里，都要让一让。因为这里不仅味道重，还有一阵阵的热风，托风扇的福。

说起这个老男人，蔡大姐说，"他不说话，也不会说普通话。"小杨说得更简单："做苦力的。"

第一天我走过他，问，"师傅，您叫什么名啊？"

他问了我两遍，才明白我的意思，说，"姓利"。

"利？"

"木子李。"他说。

问完他名字，嫌热，我就走了。

今天没事做，我就突然想去帮他忙。在那里，还是热得不得了。李师傅只让我干一点活，还老是支我出去休息。他说，"我一个人就可以了。"

李师傅今年五十一岁，河南南阳人。儿子、儿媳、女儿、女婿都在这里，在三楼做工。老婆和孙子在老家。他们在外面各自租了房子，李师傅一个人住宿舍，405。

"平时会想他们吗？"

李师傅笑笑，"也不怎么想。"他说。

李师傅来这里四年了。来之前在老家，是一名村干部。那时国家正盛行南水北调。北京缺水，要从南方拿。他们的村，横在路线图上，得搬。

政府要求搬，村民不肯。有些村民嫌补偿少，有些就是不想离开世世代代的老屋子。

李师傅作为村干部，不听政府的，不行；听了政府，又要得罪村民，两边都吃力不讨好。最后派人来了，那人满口答应村民的条件，大家终于同意搬去拆迁房。可村民搬走了以后，找不到那人了，条件自然也消失得无影无踪。村民们找不到地方闹，就去村干部家里，骂人，什么难听的都骂。李师傅和老婆坐在桌旁，低着头，茶杯都不敢举起来。走在路上，邻里都是仇视的眼神。

李师傅说，从那时开始，他觉得"当村干部没什么意义了"。他辞了工作，和儿子一行来到东莞，背井离乡，就在这家厂里待下来。他笑着说，"现在做苦力，一个月拿四千，以前村干部，一个月一百"。

"那你岂不是成了村里的富人了？"

他点点头。笑着笑着，就笑不起来了，叹了口气。回头，继续搬架子。固化炉张开嘴巴，升起的钢板上布满红漆，像断头台。

9

蔡大姐说，自杀是懦弱的表现。

她说："我09年的时候，进过富士康，在里面三年。我们不是正式员工，因为超龄了。老板进去，把活外包出来给我们干。里面很忙的，真的是来去匆匆。人好多啊，谁也不认识谁。今天的朋友，明天就走了。那时候，有很多人跳楼，我亲眼就见过三四次。不过，过了一两年，就没人跳楼了。里面有人说，是因为富士康合同上写，跳楼不赔钱了。"

"我也经历过好多苦难。"她说，"有时我想，我们家本来就够坎坷，为什么倒霉事还总让我们给碰上？"她继续回忆道：

06年，在东莞茶山镇。一天晚上，老公说出去理发，路上给儿子买冰激凌时，掏钱给人盯上了。经过一片荔枝林，过来两辆面包车，一群人下来，拿着铁棍和刀，把他拉上车，打成重伤，身上六百元全抢了，然后把他扔在远处的工地上。

我在医院里看到他，都昏了过去。头上两刀，大腿小腿全骨折，整个人像已经没了。儿子也在，那时还没回老家，他抱着我哭，哭不停。还好，命是保住了。我们算幸运的，那一年东莞抢劫特别风行，很多人就死在废弃工地上。

老公在医院里一个月，家里又躺了三个月。我告诉他，我们要一起康复起来……

人一辈子也不容易。油尽灯枯，到死去的那天，想一下，要是对得起自己，就可以了。

10

我会说，工厂的故事，是历史的另一种口吻。真切，聚焦于个体而非抽象名词。然而大多数时候，我们都喜欢历史冠冕堂皇的模样。

历史在一个东莞工厂汇聚。从这里开始，延伸去广西的荒野，湖南的监狱，汶川地震，桂平大水，南水北调。甚至还有意料之外的侠客人物，谁会想到一生与蛇斗的叔伯，最后还是没有活过自己的手下败将。而工人的视角，天才的形容词（"摇晃的房屋像水里倒影"），重构了那个，被狭隘、自诩精英的宏大叙事所垄断的历史叙述。每个人的偏见都在故事里得到化解——同学说，你要去融入底层；成成对我说，工人没能力改变自己的命运；小杨告诉我，那个老男人，就是个苦力。现在，我希望自己提供了他们不想要的答案。

在这里，他们叫我，"查户口的"，因为我总喜欢寻根究底，叫什么名字，哪里人，家里有几个兄弟姐妹。

其实，我才要感谢他们对我诚实。平时，这种诚实很稀有。但当塑料被烧烂，机器在喷火时，事情仿佛又变得很容易。

末篇

1

在工厂的日子并不让我意犹未尽。它是一段很清楚的时光，清楚到在许多日子过去以后，试图挖掘它仍像嚼一颗樱桃的核那样一无所获。故事的果肉早已被吮干净，而劳动的核食之无味。缺乏创造力的劳动并不能使我觉得光荣，但也不使我觉得空虚。我知道自己在做电容器，是某个庞大工程的一个小关卡；我的劳动有意义，我的人格无关紧要。从三楼的层层卷绕到一楼把它放进试错机里，我是小电容被动的、缺乏激情的创造者。我看着它被装进箱子里，被卡车运走，被运去新的工厂。在那里它被焊在电路板上，电路板被组装成笔记本电脑，被拍卖，被拥有，被遗忘。它让我想起不久前在火车站书店墙上读到的一幅墨字，"一母读书十代圣贤"。小电容显而易见的命运，在经过我的流水线后就与我无关了，如同人群里我与无名的圣贤之母擦肩而过。也许某个晴天我会回忆起它的模糊样子。

在流水线上我就开始计划起我的出逃。一个晴天，一个货不多的日子，最好在中秋节以前。做工会阻碍思考，双手忙碌着，挣扎的大脑一会儿就空荡下来。而机器像是顽皮的孩子，喧闹，时刻需要关心，但永不成长。在嘈杂声里，只有不现实的自由幻象会闯入脑中，它催促我逃避。事实上，流水线上的每个人都有这样的幻想——等本金足够了，离开工厂，去开一个小店，想开就开，想关就关。如果这辈子注定要在工厂里，那就努力让自己的孩子将来可以自由。

在中秋节之前我辞工了。一个晴天，北回归线边的东莞一如既往的大太阳。会计翻阅电脑上的 excel 表格，条条框框里的数字向她报告我的表现。总共的工资是 857 块。她说，"有两个晚上加班你都没有来，所以扣了 52 块"。她把我领到楼下，让我坐会儿，等会儿她会统一把工资拿下来。和我一起等的是一个老头，穿着成龙在洗发水广告里披的功夫衬衫。他说他叫陈勇，五十三岁，岳阳人，岳阳楼的岳阳。他在食堂工作了二十天，天天切菜翻锅子，太累，吃不消了。"我本来也不需要打工的，儿子和女儿都已经当家了，一个公务员一个教师。"他二十天前过来，是因为在这里打工的老婆生病了，他过来陪她一下。陈勇说，他回去之后老婆还要继续在食堂干活。"因为她才四十二岁，年纪还轻，吃得消。"

莫燕也来了。我第一天上班时就遇见她。记得她说，教会小黎以后，她就辞。没想到，我们同一天走。这天她穿着浅绿衬衫，花裙子。一开始，我没有认出她。工厂里，我们都穿统一的蓝色工服，让我以为这是他们的本来模样。

莫燕说，"啊，你也在"。

她说，等一下她老公就会开一辆小面包车过来，接她去深圳。

我冲她笑笑，没再多说了。我想象他们一同回去的路上，后视镜上挂着廉价的玻璃菩萨像。空调坏了，他们把窗户摇下来，亚热带的风打在脸上，混着尾气、商场、尘土和叶子的味道。丈夫吹着口哨。莫燕抱怨这个月辛苦疲惫，而她迫不及待要去见见两个人的小屋。外面的风景与他们无关。在明天到来之前，他们快乐又自由。

2

"我本来想开一个奶茶店，去年。"胡哥告诉我。

他说，本想东借一点，西借一点，就先勉强开起来。后来，去了各种学校周围，不是已经有对手了，就是位置实在偏僻。最后，觉得自己不现实，还是回工厂了。

我知道他在说什么。他的 QQ 空间，我早已看过一遍。我问他，"为什么想开奶茶店？"

"因为她。她说，'你不可以一辈子在工厂里，一辈子没出息'。"

胡哥继续说：

我喜欢她十多年了，从中专起就喜欢，而那时我们已经不在一起了。我和她上一个小学，她一直是那种假小子，活泼，还有些湖南人的泼辣，对谁都不客气。大家都喜欢她，然而她不喜欢我。她喜欢另一个男孩，我一个村上的，我一直叫他哥，但从小就讨厌他。

后来，她上了师范大学，学钢琴。现在，应该也毕业了。我不知道。我们已经半年没有联系了。之前我们的关系一直是若即若离，这一次，应该是彻底结束了。

我知道她并不喜欢我，只是因为她喜欢的男生对她没有感觉，而我却总是站在她身边。我也遇到过许多对我有好感的女孩子，甚至以前厂里有一个十七岁的女孩说想嫁给我。但为了她我全都拒绝了。有时我想，如果我只能像这样一直站在她身边，我也很满足。她和我开过情侣空间，也和我在

QQ炫舞里成为夫妻,可我表了许多次白,每次她都只是说,"我把你当最好的朋友"。

其实我也知道我们不可能。她爸爸是教育局的,妈妈开店,我们家境差距太大,她父母不会同意。但我总觉得,我们有种特别默契的感觉。你懂吗?灵魂伴侣。

我还在上学的时候,一直想要两样东西。一样是钱包,因为我零钱总装在口袋里,老是掉。一样是手上环的红丝带,我看别人女友送他们的丝带环在手上,好酷。但是男生自己去买,总显得娘气,我就一直憋在心里。结果你猜怎么着?那年生日我收到她寄来的包裹,撕开,里面是一个钱包,钱包里是红丝带。

我们也并不是说性格完全就合适。我比较随便,人大大咧咧,只要过得开心就好。她较真。回家了发现超市多找了一毛钱,都会走一公里的夜路赶过去。我也理解,因为她学钢琴。我曾经坐在她旁边看她练琴,一个句子好几遍都弹不对,不较真怎么行呢。这样就容易闹矛盾。我在厂里上班,平时每天都很累,下班有时聊着聊着就睡着了。她就发火。等我醒来再发给她什么,她都是过半小时回个"嗯"、"哦",好像根本不在意似的。后来,干脆三个月不说话,两人都把联系方式删了,要永别。

然后三个月以后,有一天,我突然想她了,翻来覆去地想,可是已经联系不到她。这时候,电话就响了,是她。"我想你了。""你怎么会知道我手机?""我怎么忘得掉呢。"

你说,人是不是真有心灵感应这种说法?为什么我想她的时候，她恰好也在想我？我们就又熟络起来，又分开，又熟络，再分开。每次分开久了，突然有一天我想她想到辗转反侧，她就偏偏也会通过各种方法找到我。

"灵魂伴侣，soulmate。"我说。
"你刚刚说的那个词怎么拼？"
"s-o-u-l-m-a-t-e。"

对，就是这个词。她说，我就是她的 soulmate。

她较真，她说我不能一辈子待在工厂里，一辈子没出息。那是去年了。其实，谁想待在厂里呢。每个人都想出去，可出去能做什么？

但她那句话击中我了。我想搏一次，为了她也为了自己。第二天下午我就从工厂里辞工，一个人坐火车回了湖南老家。你知道的，我失败了。没有人借钱，机会也不好。后来我就回到厂里，一直过着现在这样的日子。到了今年，她快要毕业的一个晚上，她突然打电话给我。那时她已经在 KTV里喝得烂醉。她走出喧闹的房间，告诉我，昨天有个男生跟她表白了。

我问，"那你答应他了吗？"

她含糊其辞，说她也不知道。她也不知道自己是不是喜欢他、做好准备要谈恋爱了。

我说，那你告诉我，你到底把我当什么？

电话那头她不说话。顿了一会，她跟我说，从今往后，你在那边要好好保重自己的身体，一个人照顾好自己。

那是她和我说的最后一句话了。

胡哥说，做人还是得脚踏实地，一步步来。他说，其实厂里的生活也挺好。他是个归属感特别强烈的人，而厂子就是他的家。

"难道不是在家里更有归属感？"

他摇头。他说，"有时回家，坐在空空的凳子上，熟或者不熟的亲戚过来招呼一两句，会觉得陌生，尴尬。而在一个地方待久了，比如过完年回到厂里，就会觉得，啊，又回到熟悉的地方了"。

"但是，"他说，"有时过节，也会突然想家，想一些人，许多事情。"有一年他还在广州打工，过年他留在厂里。大年三十的晚上，他一个人在宿舍吃泡面。前一刻他还在玩手机上的游戏，觉得好好的。吃着吃着，就哭了。

3

相识是件奇妙的事，它让我记忆充盈起来，像浴缸里吹起的斑斓的气泡。从前我只记得姑父厂里的那个半裸男人。他在火炉边用黑色毛巾擦汗，而我既不知道他的名字，也忘记他的长相了。而现在我会想起许多人，记忆里他们神态迥异。但气泡总有破碎的时候，那时生活又要回归平庸，作为自私的叙述者，我渴望在那之前就将它收进包里。我离开工厂的时候是个清晨，中秋的前一天，室友们都在睡觉。我拎着拉杆箱就下楼，并没有打招呼，也没回头最后看看。我坐进车，挤进地铁，去深圳热闹的街，那里人们三五成群享受假期。

我是惭愧的，逃离并不能缓解它。我倾听，甚至引诱他们说出许多故事，然而知道自己对此无能为力。除了附和和推波助澜，我并不能帮助他们，或者说，帮助并非我的初衷。我走了之后，每个人的生活都要继续，许多失败和妥协还要往往复复。

在走的前一天，我去了观澜高尔夫球场。那是亚洲最大的高尔夫球场，从我们厂里走过去，只有三百米。后来小杨告诉我，他吃过午饭常去那周围转转，但从不知道那里是个高尔夫球场。观澜高尔夫有二十平方公里，绿水青山，但门口有虎视眈眈的警卫和石狮子，不坐车就没有资格进去。球场是个世外桃源，里面一应俱全，会所，国际学校，像金字塔一样的物业大楼。在里面兜风的时候，我有时会忘记三百米外就有一片比球场还小一些的工业区，那里有打铁声，塑胶味，一群忙碌无言的人和一堆日夜不休的机器。在酒店前面我看到一辆法拉利，一个大腹便便的人坐在右侧的驾驶座，应该是个香港老板。他看到我在盯着他，眉头紧锁，如果身边有把扫帚，大概会招呼门童来把我清理出户。我想，他是不缺镁光灯的，世界会记住他口中的自己。和尼采所说的正相反，强者迟早要在历史里脱颖而出，连同身后一大群闪闪发光的乌合之众。然而对于很多人来说，弱小并不是他们的主动选择。他们生活在舞台的影子里，他们的故事同样值得被传颂。

在中秋节之前，我网购了一箱月饼，到货了才发现是隔壁食品加工厂的产品。四天前它们刚刚出炉，随着淘宝货车浪迹天涯，最后回到了一墙之隔的这里。我挨个儿宿舍送月饼，许领班，蔡大姐，王姐，暖娟，最后送给李师傅。那时李师傅在躺椅上睡觉，我把月饼递给他，他不好意思要。我硬塞，他穿着一条内裤就追出来，追了一整层楼。他说，"不用，不用，你自己吃，你自己吃！"我说，"快中秋了，就一个月饼小意思一下"。他乐呵呵的，高兴坏了，忙说谢谢。李师傅在最劳累的岗位，身边的朋友是张牙舞爪的铁架和两台布满焦油的电扇。粉尘渗进他的皮肤，吞噬已经稀疏了的头发。或许中秋的时候他会想家，想妻子和孙子，想被南水北调的大水冲到湖底的家乡。

当然了，还有胡哥和阿雷。胡哥先吃了一个，觉得好吃，就又带了一个在身边，说上夜班吃，结果早晨回来也没舍得拆。而阿雷则是一直把月饼放在床头，到我走的那天也没动。我说，"吃吧，还有好多呢"。他笑笑，说，"吃，吃"。

我记得第一次走进宿舍的时候，是个黄昏。空调在吹，风不冷。胡哥和阿雷是半裸着的。窗户是一片碎玻璃，碎了的地方用旧报纸填上。窗外是厂房和田野，田野上是回家的农妇，她弓着腰，戴着斗笠和红色袖套。我和他们问好，互相交换QQ，阿雷的名字叫"葬の一生"（胡哥说，葬和殇是小学生最流行的名字），胡哥的则是一堆我念不出的部首（显然比小学生成熟），而成成的叫"我的男神希特勒"。阿雷改备注的时候问我的名字。我告诉他，"中伦，中国的中，伦理的伦。"

"什么伦？"

"伦理的伦。"

胡哥在旁边嘀咕说，"放心吧，他不认识的"。

"滚蛋！"阿雷说。

过了一会儿，阿雷还是扭扭捏捏地走过来，说，"我真忘记是哪个伦了"。

阿雷，阿雷，永远天真可爱。我辞工那天胡哥轮休，我们一起去吃路边的烧鹅饭。胡哥说，二十天前他和阿雷坐车过来应聘的时候，也路过了这家烧鹅店，阿雷当时口水就快流下来。之后每次想出去吃饭了，阿雷就说，去吃烧鹅饭。他一直念念不忘。

我最后一次见阿雷是辞工那天的晚上，我想请大家最后吃一顿夜宵，但阿雷要上夜班。夜班之前，他像长途汽车上的青年一样，在宿舍里用手机公放起了音乐。最后一首是《同桌的你》，他边唱边出门远去："那时候天总是很蓝，日子总过得太慢。"

4

辞工的那天晚上我请大家去吃夜宵，以此作别。

我叫上新室友炫朝，胡哥，成成，庚壬（许领班，我们同龄，他不让我叫他领班）和小杨。路口我见到十五岁的小黎，他是我在厂里的第一个朋友。他正要和室友去网吧，我叫住他。我说，一起吃夜宵吧，明天我就走啦。他"啊"了一声，东张西望。室友在前面催他，他看看我，摇摇头，转身走了。

我们一起去吃潮汕虾粥。两锅粥，十瓶啤酒。饭桌上，我问，"大家一个个说说，接下来有没有什么理想？"他们笑起来，我也跟着笑。话题太突兀，和刚刚谈到的女人们格格不入。这时候，喝红了脸的炫朝第一个说话。他说，"我的梦想就是一点点攒钱，以后有一辆自己的货车"。

炫朝是我们宿舍新来的室友，比我来得还晚。新人是厂里的常见主题，以致后来人们都对陌生面孔习以为常，而他所填补的空缺，那个离开的人，却很快被大家遗忘。炫朝今年二十七岁，是品管部的阿全介绍来的，虽然都是桂平人，但不在一个村，所以炫朝没见过蛇。他之前几年都在中山开货车，中山工资太低，就想来东莞打拼。炫朝以前告诉我，他姐夫是黑道上的，十三岁就出去闯，现在在老板的赌场里工作，每天上班六小时，老板就给六百元。有人在赌场里欠钱了，他们就把他关进山下的小屋子，拿竹扁抽他，第一下皮就会开。如果打昏，就再泼辣椒水让他醒过来。但炫朝说他绝不会去做这样的行当，他只是想有一辆自己的货车。饭桌上他告诉我们，老爹把一生的积蓄，三十万，都给了哥哥，希望他一步步做自己的货车生意，但哥哥转手把车卖掉，赌博和玩女人，现在都败光了。他涨着喝红的脸说，"我现在只能靠自己，但总有一天我会有自己的货车"。

胡哥说，"我还是想先一步步来，攒到钱再说，不要一开始就想这么多"。

胡哥说，"我曾想开奶茶店，但后来才知道不切实际。人不能想得太远，否则会忘记自己是谁"。我说，"你放心，你是我们这里最会说话，最有人缘的一个，以后肯定有机会"。胡哥似乎给感动到了，说，"你和成成才是我出来打工这么久遇到的"最好的室友"。他说，之前的厂里全宿舍的人都是低头玩手机，有时候一年也说不上一句话，还有的人喜欢在上铺自言自语。"这些天我很开心，然而你这么快就要走了。"煽情的胡哥让我也想起许多和他一起的日子，他在烤鱼铺里跟我抱怨他坏脾气的亲弟弟，总在外面被人欺负，回家找老人发火。我也希望有一天我能在郴州街头的奶茶店里看到他，那时我排在一队小学生后面，他们手里攥着皱了的十元钞票，摩拳擦掌。最前面的胡哥披着围兜应接不暇。他抬头的时候，我们都看到对方。

成成说，"我的目标就是赚很多的钱，找一个女人。"

"然后呢？"

"赚更多的钱，找更多女人。"

大家都给他逗乐了，只有他自己不笑。他没有说实话。第一天晚上我看到他的 QQ 名字，我问，"为什么你的男神是希特勒？"他告诉我，"希特勒还比较冷门"。我说，"难道你对种族灭绝情有独钟？"他思考了一下，说，"不，我不认同这个，但是我崇拜他从一无所有到靠自己奋斗登上巅峰的精神"。他偷偷告诉我，做人不能像工人那样，只盯着眼前小利，而要想着做大事。他在之前的大工厂里组织公会，想办工人报刊，让每个宿舍的工友签名，结果第二天就给人举报开除了。"白手起家固然好，但你要权力做什么？"我问他。他又陷入沉思。他说，"光是那一步就够难了，之后……做好事吧？"我的追问让气氛迅速变得尴尬，于是他给我说起他过往的女人们。

庚壬说，"我也想一步步来，先提升自己的硬实力，再去想出路"。

庚壬，我仍习惯叫许领班。他和颜悦色，任何时候都处乱不惊，好像事情永远不会搞砸似的。他说，"我要是能继续读书，一定会读下去，但家庭条件不允许，所以现在，我休工时会自己看一些管理类的书籍"。他说，初中毕业的时候十五岁，去深圳的工厂里打工，黑压压的都是人，没有假期，没有休息。他今年二十一了，和我一样，见过的社会却比我大得多。有一天我在 QQ 上翻到他去年写的状态，"从今天起斩断自己所有情感，让自己变成冰人，现实社会什么人都假，不再相信任何人，可是说到做不到"。我想他大概也被伤害过，侮辱过，而如今的处乱不惊则是浮士德的交易。在众多安慰的回复底下，只有"love me"说，"想爸爸了吗？"庚壬回，"嗯，还有两天，就是三年了"。

小杨说，"我不知道。没有"。

小杨是很现实的人。专心工作，有个女朋友，一起租了房。他喜欢在网络上发"永结同心"和"知足是福"的鸡汤图，如果只是看生活状态，你会以为他是高楼里一个声称喜欢跑步的办公室白领，或是静安区一个四十二岁的幸福妈妈。他看大家都看着他，沉默之下有些尴尬，便说，"我是个随机应变的人，等机会来了，就会抓住"。他其实不必说这些话，没有目标并不可耻。我想起在深圳遇到的一位畅销书女作家，三十一岁，花枝招展，已经把一切都安排得井井有条了：一个外国老公，一个文化公司，一群奉她为天才的粉丝。签售会上，她说，"接下来我就只想慢慢等我的公司上市"。仿佛她对未来已经了如指掌，生命只剩下播种和坐享其成。正因如此，我喜欢小杨。他不生活在幻觉里。

小杨转头问我，"那你呢？你是什么想法？"

"我啊，"我说，"我想写本好书，四处走走。我还想不清楚自己是谁，要做什么。"

他们似是而非地点头，炫朝的脸已经喝得红透了。我们兴尽而归，互相作别。工厂里机器仍未停止轰鸣，月亮是圆的。接下来去哪里？我越发憧憬，感到这块土地上，还有许多地方召唤我过去。我想，人不能漂泊一辈子，但在声嘶力竭之前就安居乐业也未免可惜。我希望，有一天还能再遇见他们，那时我们都沧桑，衰老了。也许我们说起之前熟悉或者陌生的故事，都笑逐颜开。

Letter 3

M,

　　离开东莞时，我以为，这是我最后一次见到胡哥了。这不是说，我要忘了他。而是这个世界上，已经有那么多让你落空的期待。擦肩而过的情欲。近在咫尺的善意。无疾而终的爱情。有限的经验里，那么多事物蒸腾而上。离开的失落，我觉得你能明白。

　　那时，站在工厂外面，我想，有一天，我要去胡哥的家乡看看。不为别的，只是去完成一段叙述。或是说，只有当叙述完整，我才能完整地记住他。九个月后，我终于成行。我在湖南郴州找到一份银器厂的工作。一个早上，我去了胡哥的家乡。我们绕过九曲回肠的山坡。灰色的玻璃窗外面，我居然又看到他。

　　当然了，没有那么巧的事情。胡哥和工厂请了假，是因为一个纪录片导演想拍我们的故事。为此，他没有事先告诉我，而是自己穿上了一件显瘦的黑色 T 恤，头发也抹了油。但是 T 恤上的印字，"starting looking for the past"，却是意料之外，冥冥之中。他告诉我，这件 T 恤是他的新朋友给他买的。新朋友也在厂里，不过是我走以后才来的。是的，他已经有了新朋友，而我也已经走过许多地方。

他给我讲厂里后来发生的故事，"成成走了，后来他整天打游戏。阿雷还在，年初追了一个女孩子，失败。小杨走了，但听说又要回来"。"那你呢？""我？还是老样子。"

他家在一个拥挤的乡村，门口有许多木桩，一条总是熟睡的黄狗。他妈妈是个能干的女人，说起他，"小时候，爱干净，生气也不坐地上"。他爸爸很沉默。弟弟，总低着头，沉默寡言，让我想起之前胡哥曾提起，他在外面总被欺负。我在他家两天，和他聊了很久。"你留下的那箱月饼，我吃了好久。大部分都是我吃的。"他说，"后来，我每天晚上在床旁边拼命做俯卧撑减肥，做到吐。"我笑了，"你穿上黑色 T 恤，看上去是挺瘦的"。我又问他，"还念着那个女孩吗？""嘘。我不希望片子里提到她。"他说，"其实，也不常想起了"。

我时常想，这些巧合，这些重逢，是否只是成全了文学。我们分别以后，我去了下个地方，他回了工厂。我绕出九曲回肠的山坡，那里的黄狗继续熟睡，那里的人们继续辛劳。车上，我有些失落。但是，我又想，也许文学本身就意义非凡。叙述不仅对我，对他也是珍贵的。你看，我总能说服自己。

我不是一个犹豫不决的告别者，你知道的。如果我是，当时我就不会这么快离开工厂。我记得离开的前夜，月亮真圆。

他们都睡着了，我站在宿舍外面。下面要去哪里？我心里有几个选择，但是都含混着。我有些厌倦工厂了，想做些别的。

　　我最终没有继续向北走，而是去了云南。没有再去工厂了，相反，转战服务业。我还以为，找到了更适合自己的工作。当然，怎么可能呢？我们这样时刻热切的写作者，总是无法明白自己别无所长。

L

人民街

1

人民街是大理古城的一条街。它原本叫人民路，我叫它人民街。

人民街夹在苍山和洱海之间，像一条石灰色的脐带。从洱海门的那头走进来，可以看到远处的苍山环绕着街道上鳞次栉比的瓦屋，仿佛维多利亚时期的女人被束起的乳房，而煎饼果子铺的红旗则是她们刻意露出的蕾丝花边。我想起初一时男孩们趴在窗口讨论远方若隐若现的山坡，我们叫它奶子山，因为它有两个山峰。那时我们还住集体宿舍，有着像雾里山坡一样神秘的情欲。白天在课上，我想起奶子山的名字，总会笑出声。

人民街和当代中国的所有古街一样，除了石板路和拥挤的老房子，并没有古代的影子。人民街遍地是酒吧，餐厅和客栈，一路的喧闹混杂着游客的叽叽喳喳，无济于事的叫卖声，以及忧伤失意的二流歌手唱的流行民谣。我去过许多这样的地方，照理来说应不足为奇，可有一天我从山上骑行而下时，满街灯火和无关的熙攘竟让我感觉温暖。我惊喜又手足无措。是庸俗与我产生了共振，还是更有趣的东西在冥冥之中引我前去？于是我想留下。

2

　　大半个月前我来到云南大理，那时正值国庆假期的尾巴。拖家带口的大人收拾行李，准备回归日复一日的辛勤耕作，而戴着旅行社帽子的老人们则倾巢出动。那天晚上送我到人民街的是一位白族大爷，老赵，三个女儿都结婚生子了。他一路上指给我看他开的两家酒店、三家餐馆，以及不忘提醒我现在正开着的SUV。他说他和其他白族人不一样，是最拼的一个。从十八岁开始，和他老婆（罕见的自由恋爱）一起，开大货车，加工鱼干，"已经拼了三十七年"。开过原来的军区大院时，他还回忆起1976年的一天，他说那天毛主席去世，所有人都哭了。"没有毛主席，哪有我们现在的生活啊！"

　　我到人民街的时候已经是深夜，苍山关灯睡觉，酒吧里的歌手都唱累了。在左拐右拐的巷子里我终于找到小米院子，我将在这里度过在大理剩下的时光。

　　小米院子是家民宿，我在这里做小二。

3

　　小米院子是小米和贺姐开的。小米这样形容和丈夫锅巴的关系，"相恋十一载，一个北大一个浙大，北漂生活十余年，两年前定居大理，一个院子一门手艺一套客房，开启大理新生活"。朋友圈里的她常发长篇大论的感悟和积极向上的句子，让人觉得只要努力幸福便唾手可得。她温柔，没脾气，习惯于满足客人的一切无理要求。而贺姐则不同，她充满大龄单身女青年的不安和焦虑，虽然外表自由自在，但困惑如影随形。不同于小米喜欢夸奖"好棒啊"，"好聪明"，贺姐的评价一向是"还挺好的"，"还不错"。同时，贺姐对我前来写点东西的身份保持着极大的警惕，企图信口开河捍卫自己的隐私。

　　"几几年出生？"

　　"1998 年。"

　　"今年多大？"

　　"45 岁。"

　　"谈过恋爱吗？"

　　"和时间最长的一个男朋友已经谈了三十年了。"

　　小米院子不大。一个院子，两间客房。藤蔓从阳台上垂下来，像是从水下看到的岸边孩子们的脚趾头。书房里摆着小米旅行时淘回来的奇珍异宝。"说不定有客人会来买。"她说。小米和贺姐对院子有许多设想，不过都不急着实施。她们自己也没有明确的理由，为什么要盖这样一个院子。"可能是一种生活态度？"她们说。城里的生活太千篇一律，朝九晚五，每天两小时的交通，不需要想象力。目睹地铁上的孩子撒尿,或者酒吧里彻夜未眠的偶遇,可以津津乐道一整个星期。于是人们来到大理,一些人留了下来,更多人只是过了一个国庆假期。

在院子里,我负责拖地浇花买菜烧菜洗碗洗晾床单,以及捡起客房里女人们无处不在的头发。多数时候,我独自完成这些工作,没有互动,没有反馈,不过做多了,也就对乏味习以为常。在一个暖意十足的下午,当我从屋顶收完床单下来,我突然觉得自己像一个家庭主妇,或是说,有了她们的通感。我觉得两个星期像是眨眼而过,充实,但细节都消失了。我能记起碰碎花瓶的瞬间,油从锅里溅出来的声音,但剩下的时光都被卷起来,塞进一个紫色的小瓶里,然后砰的一声,烟消云散。我想起我的姑姑,她不识字,但勤劳能干。小时候她接我放学,四点到校门口,五点做饭,七点洗碗。我坐在她的自行车后座上,每天放学我们都驶过一个高坡,姑姑在前面自言自语:"拖啊,拖啊。"我在后面咯咯地笑,时不时还蹬脚蹭一下地面。我也学着她说:"拖啊,拖啊。"

拖啊,拖啊。日子就这样过去。

4

在东莞的工厂里,最后一个夜晚,我想要做一个店小二。那时工厂里机器仍未停止轰鸣,月亮是圆的。成为一个店小二。做咖啡而非电容,洗碟子而非机器,叫主人而非老板。

一个大学师兄在大理。"这里值得一来。"他说,"Probably the only hipster city in China"。师兄是写程序的,平时却喜欢看费曼和德勒兹，这让我更相信他，因他本人就与 hipster 相差无几。听了他的形容词，我决定来大理。后来，他带我去布满蓝藻的洱海里游泳，我差点淹死在岸边，而他却快游到对岸去，我才开始明白 hipster 少很多人情味。

关于 hipster 是什么，我心中一直模糊不清。它让我想起六十年代西欧的 Gegenkultur（英语：Counterculture 或 Counter-culture，亚文化的一种），作家在电视上割开额头，用涌出的鲜血写诗。或是世纪之交的纽约酒吧，喝醉的复古青年畅谈大麻，腐烂的政治和文化符号。不过，定义和解构 hipster 可能恰恰是这些后现代流浪汉们所反对的。最好它一直模糊不清，神秘莫测。最好像莲花丛中不洁的淤泥，只可亵玩，不可远观。

可以说，理发师是我遇到的第一个 hipster。他白天上门理发，下午和晚上搞乐队、玩音乐。我在院子里遇到他。那天我约他上门理发。他是个高瘦的年轻人，披着夹克，紧身裤，还有一头黑黄相间的头发。理发师进门四处环望了一番，踏了踏地板。他问，"这里就是小米院子？"

与理发师外形不相符的，是他柔弱的声音和温柔的手指。剪刀在我的头上跳舞，我看着头发纷纷落下——风起柳絮差可拟，未若撒盐于空气。理发师说，他是 82 年的，今年三十三岁了。他是大连人，二十岁出头北漂去了北京，十年后来了大理。他说他虽然个性内向，柔弱，像女孩子，在音乐上却爱热闹，爱噪。他是野路子，纯粹因为热爱而去学习音乐。去年他们乐队玩 Post-Punk，今年转成舞曲。

"舞曲？迪厅里的那种？"

"我们做的是电子舞曲，和迪厅那种不一样。"

"为什么不去酒吧里唱？"

"我们的音乐就算在酒吧里，也太噪了。"他说。

据说，连他们每天排练、创作的时候，房东都会上去提意见，最后只得塞钱了事。"酒吧也要营生，不可能为了音乐赶走客人，而客人都喜欢听流行歌。"他也曾和乐队在人民街上卖唱，在演出前，他还特地化了浓妆，抹粉，涂口红。然而游客欣赏不得，他们都绕道而行。他穷得连房租都付不起，只好重拾北京的老本行，剪头发。"世风日下，中国的音乐越来越浮夸，越来越没有音乐性！"理发师表达越发激动，语调和手指却温柔如初。他说，那些创造性消失了，取而代之的是哗众取宠。艺人们自以为是，故步自封，连人民街上的许多歌手都堕落了。他们唱游客喜欢的歌，希望晚上能领一个漂亮姑娘上床。

"一样，一样。哪里都一样。"我和理发师说。无论如何都可以怪罪于时代。身价亿万的火箭少年。历史系第一名的金融领袖。人们喜欢听虚幻的故事，靡靡的音乐。

"不是所有人都自甘堕落的，哪里都有人在执着做自己的东西。"他反对说，"在北京，我有一群音乐朋友，不为名不为利，就算出了名也低调得很。"而更多没出名的，他们靠剪头发、卖画营生，默默活在各行各业，但每个夜晚都因为音乐走到一起，不管是在酒吧、破屋子，还是在地下室。"到大理以后，这样的人少多了，人们都太年轻，音乐上还不成熟，就被诱惑夺走了心。"

"你不会被诱惑吗？"

"也有。人怎么会不被诱惑呢，但我会告诉自己，这样下去不行。

我来到大理，是因为音乐上已经有了一个独立的人格，知道自己不会走偏了。"

理发师让我想起茨威格笔下的蒙田，他们筑起心灵的高墙，只求身在其中自由自在，无拘无束。出不出名是细枝末节的事，世界混乱或是平静，高尚或是庸俗都不能侵扰他们。他离开的时候很干净，把剪刀和电线有条不紊地放进包里，提起，轻声告别。他让我想起小学时的邻桌女孩，不喜欢说话，但把桌肚收拾得一尘不染。我记得她打开铅笔盒的时候，铅笔是排好的，橡皮顶在最边上。

5

我最常去海豚阿德书店。

书店在人民街的中段，有块不起眼的蓝色牌子。我午休时去一个小时，下班后再去，待到书店关门。生平第一次，我开始在有限时间里自愿加紧读书。

书店买书的人不多，大部分都是买小王子的玩偶和明信片。有个胖女孩进进出出好多次，最后还是忍不住掏出五十块钱买了小狐狸。她抿着嘴唇，反反复复地纠结，而小狐狸却一脸天真，不食烟火。还有一对西安来的男女，女人漂亮，像丁香一样。她说话的声音很急，刚进门就掏心掏肺，"聂鲁达是我最爱的诗人，可他的诗总和别人的一起出版，在这里我才找到了单独的诗集！"她和丈夫穿着情侣布衣，包也是布的。"七百元买的。"她说。男人在后面假装看书，他忽然抬头，"你们这里有 ×× 书吗？ 423 页，有我的名字。423 页，我的名字被提到三次"。他竖起三根手指。

大多数时候书店是安静的，放着安静的音乐。墙上 2012 年的海报已经翻开了一个角，像是一宿没吹的头发，在第二天醒来时竖了起来。它让你感受时间。那些因为潮湿而竖起的，和那些因为衰老而花白的头发。你知道总有一天海报会变黄，四只角都翻开来，最后脱落。墙漆也碎落在地上。房屋倒塌了。整条街都荒无人迹，只剩下苍山的风。而现在，对门的男人在叫卖墨镜，他喊着，"墨镜十元一个，中间那盒都十块"。人民街热闹非凡。

我在书店里遇到诗人。

诗人对每个进来的人说，"你好，晚上好"。第一天晚上，我站着看书看了一小时，读奈保尔，《康拉德的黑暗我的黑暗》，感觉一般。不过，书店下班时我还没读完，于是狠下心想买。诗人对我说，"想看书，就过来看，我们这里不一定要买的。我一直觉得好多人买书，却没有人看书，是件很可惜的事"。从此以后，每天，我都搬着一张小板凳，坐到他旁边看书。诗人并不比我大几岁，却像长辈。后来他告诉我，他是书店主人阿德的朋友，帮他在这里看店的。他每年有半年时间在大理，剩下来半年时间拿攒下的钱云游四方。

"写东西？"

"对，写诗。"

诗人只拿牛皮纸写诗，连做成册子也只用牛皮纸。有天夜里我去路上喝酸奶，经过书店，看到他在写诗，摆摊。我说，"原来书店关门你也会在这里"。他说，"对，每天有五首诗的时间"。

"卖诗？"

"分享。"

诗人说，他二十四岁开始写诗，而之前都在上大学。光是考大学，他就考了三次。第一次考完录了没有去，觉得不好。第二次没考好，直接把志愿表撕掉了。第三次才考上。他学的汉语言文学，但和现在写的没关系。他自称是最差的学生，整天只想着打篮球。大学毕业，他才开始写东西。

"为什么？"

"孤独。歪路走了不少的。"他说。

一开始，他写浮夸的东西，自鸣得意。那时候，一个台湾姑娘告诉他，写这样的东西，再多，也只是像流星一样，稍纵即逝，长久不了的。只有写有灵魂的文字，才能沉淀下来。"那时我的心里，有什么东西突然就跳出来了！"他说。如今，他早就丢失了台湾姑娘的联系方式，但她的音容仍历历在目，因为她，从此他的人生都不一样了。

2010 年的时候，他去了杭州，坐了三十个小时的绿皮火车，身上只有十一块钱。"穷得连水也不敢买。"初到杭州他自卑，去咖啡馆应聘，一开始就问，"包吃吗？""可以。""包住吗？""可以。"人家问他的理想薪资，他说，"那你们看着给吧"。那时候待遇不好，九百五十元一个月。"但是我在那里学会了服务生心态，对人温和，谦卑，直到现在也十分受用。"他说。

三年前他来到了大理。他本来只想待三天的，可来到人民街，他看到有人摆摊，摆自己画的明信片和 T 恤衫，就像随便画的一样。他们说自己每天只花十块钱过活，然而那潇洒的眼神，诗人说，"却像过着千万富翁的生活"。他说他们是很好玩的一群人，有时候聊得开心了，他们会把东西免费送给客人。但有时候挑剔的客人要砍价，他们就摆架子。十五块？三十块。十五块！四十块。"没见过这样叫卖的，价钱随着兴致越说越高了。那时我就决定要加入他们。"

他们帮助他。他挑他们拍的有意境的风景照，在反面写他自己的诗，写完也去摆摊。游客过来，他说，"你先读诗。"然后，"你觉得值几块钱，就给几块钱。"

有人给两块，有人给五块，有人给十块。有人给五十块。有人给一百块。

诗人问他，"为什么你觉得它值一百块？"

"我希望我明年来的时候，你还在这里。"

他便收下了。

客人再没有来，但他们一直保持了联系，成了好朋友。

他说，再后来，他办了自己的基金。每天放一点。有人每天给他打两块；有人感动，微信一下子转给他一千块。诗人说，"我不要你捐助，要你加入"。

"我不喜欢慈善这个词。我所做的，就是帮助一些人。做着做着，我突然明白了什么叫大爱无疆，而以前对此一直都懵懵懂懂。原来只有相信了一件事情，才会有更宽阔的感觉，就像夜空中的一颗星，你知道此刻有许多人都在看它！"他说。

是吗，相信之后才会有宽阔的感觉？我明白，他的信仰是一种非宗教的，纯粹现世，人手相传的信仰，可仍无法说服我。我说，"我没有相信的能力"。从什么时候开始的？我想起小时候，走路跳格子，时刻不踩到人行砖的边，仿佛这样的细心是无人知晓的神秘祈祷，菩萨会保佑我身边人平安健康。我想起笛卡尔的循环，康德的仰望、黑塞的大河，他们催促我：跳吧，信仰只需纵身一跃。要是那么简单就好了。像是个悬崖勒马的人，我想象自己的粉身碎骨，还是走回风尘里去。

"你的故事真温暖。"我告诉他。

<h1 style="text-align:center">6</h1>

在启蒙时期文学课上，拉芙教授说，小说无非两个视角，都从荷马衍生而来。一种是"旅途上的行者"（奥德赛），一种是"陌生人来镇上了"（伊利亚特）。若说去东莞是旅途的视角，在人民街则是坐看人们熙来攘去。到人民街的第一天晚上，我在路边吃了手抓饼。卖手抓饼的小伙是山东泰安人，他说，"这辈子就是去各种各样的地方玩"。他很小就出来，之前在拉萨待了三年，卖烧烤，赚了钱就去和朋友花掉。现在他来到大理，喜欢这个地方，打算安顿下来。那天晚上我让他放了两个蛋，还说，以后会去请他喝啤酒。三天以后，店铺没人了，手抓饼推车上写了转让两个字。再过了一些日子，那里变成了一家鲜花饼的店铺。有一天，我听到喊声。一个戴墨镜的卷发女人正站在店门口破口大骂，她披着白色丝绸披巾，像是游客。她叫着，"我一辈子没被这样侮辱过！"，"两个小孩，你在外面是过着什么偷鸡摸狗的生活！"她面对的男人并没有看他，而是面朝大街，用手托着下巴。周围的人们都窸窸窣窣，欲观而不言。中心的两位就这样对峙着，男人静若处子，女人动如脱兔，仿佛两个神情浮夸的演员，时刻提醒观众身在戏中。再过了两天，我又路过时，男人和女人都消失了，换成一位女孩

看店。她扎着马尾辫，皮肤黝黑，大概是本地人。鲜花饼的招牌还在，红底白字，香气扑鼻，仿佛之前都阳光灿烂，玫瑰在爱情里争先恐后地盛开。

他们都离开了，然而我只看得到人民街的尽头。有时我想起他们，画面是一帧一帧的，在图像里只有我能自由走动。有一天我回想起来的时候，他们也许会像失控的幻灯片一样一闪而过。这让我想起在洱海边潜入水下的瞬间，成群的绿色蓝藻像气泡一样迫不及待地往上冲。什么都看不清。像巫婆锥形瓶里的热滚浓汤。像刚拧开盖子的可乐。像人群。

Letter 4

M,

　　在大理的小米院子里，我遇到一条叫六六的狗。六六是一只中华土狗，主人们在北京四环的路口捡来的。虽说只是一只土狗，它却有着与土狗身份不相称的高贵。便宜的酸奶，不吃。咸了的碎肉，不吃。每天我在烧饭拖地时，它都只是安静地伫立在院子门口，连伫立的姿势——前肢并拢，后肢半蹲——都那么讲究，时刻提醒着我，自己卑微的身份。我常想象它复杂的身世——一条二环贵妇犬和五环土狗的结晶，因为身份的差异，贵妇犬隐姓埋名来到四环产下它。而它如今诗人般深邃的眼神，注定了它以后要回去光复北京的。我不喜欢六六，正如我不喜欢重要的人，但往后的旅程里，我却时常想起它。

　　我在人民街度过了快乐的时光，但我知道，这不应该是我旅行的主题。在大理的最后一天晚上，我去了久负盛名的三月街。老杨带我去的。68年的老杨，如今是一个黑车司机。他与许多就要步入五十岁的男人一样，平头，肥胖，横看竖看都能让人想起郭德纲。在三月街上，老杨如数家珍地给我介绍情况，对我而言，进入这里就像一场危险的游戏。

我在那天晚上遇到了布谷。她和另外两个女人一起，坐在大厅里。碎格丝帘，猩红灯光，白裙黑丝。女人的眼皮耷拉着，像刚走完疲惫的一生。她们挥动着手，替布谷跟我交涉。在布谷锁门之前，我问她，"今天我们就聊聊天，行吗？"她笑了，说，"可以啊。"在那半个小时里，她告诉我，她叫布谷，是彝族人，今年十九岁了，刚来这边半个月。小时候，家里安排了童子婚，还是娃娃就和别人订了婚约。若想重获自由，需要付给男方家里五万块钱。今年的十一月是他们的春节，回去时，如果不凑满五万块钱，就要结婚。

那晚之后，我再没见过布谷，只在她的微信朋友圈里，看到她家乡漫山遍野的牛羊和庄稼。有时我想，她结婚了吗？我没有胆量问她。她像大理的一个注脚，在洱海的苍茫，石街的笑声里，慢慢融化，直至消失不见。然而她使我清楚地意识到，轻盈的大理，是一个幻觉。那么多人还匍匐在贫瘠的大地上，那么多记忆还躺在黑色的边缘。如此，这些漫步小巷的曼妙时光，怎能被称为旅行呢？

离开大理以后，我去了甘肃定西，做一个初中老师。而在这三个月前，我刚去了会宁，就在定西边上。会宁是状元县，学校外面的墙壁上，挂着考上清华北大学生的感言，多半类似。"天才出于勤奋，成功源自认真。""努力并不一定会成功，但放弃一定会失败。""所谓奇迹，并不陌生，如果肯努力；所谓梦想，并不遥远，如果肯拼搏。"除却教育，会宁城是贫瘠的。拖拉机驶过街区，男人在小轿车里午睡。红色旅游区里，导游大声地说，"这是朱德同志住过一夜的屋子。这是他用过的扁担和水桶"。

做一个初中老师，是我给自己的一个交代。多少年过去，我始终没有把握，去直面初中时那段日子。有时我想，若你也在，生活会不会更好一些。至少，我可以知道，有人将同样因此孤独、困惑。或者，我们干脆一起成为了快乐的小镇青年，想象自己以后称王称霸。可是，你并不在。我也随即意识到，我给你写的这些东西，都是没有回音的。

我听说人民路上的海豚阿德书店没有了。我也没有了布谷的消息。我很庆幸，我记住了他们。我想，记忆是有力量的，对吗？因为此刻是那么的脆弱——阿伦特说，我们被夹在过去的"不再"和未来的"还未"当中。是记忆和期待让我们完整，是记忆和期待让时间流动起来——所以，我应当去直面那些记忆，那些我曾逃避的，带着希望去，在那些熟悉的细节里不断再生。你说是吗？

L

定西孩子

1

在离开定西之后的许多天，某个安稳的梦里，我梦见了我在定西遇见的人们。雪夜里我们团坐在一起，聊些听不清、如雾气般的话，仿佛互相之间都很熟悉。我想这是旅行的意外馈赠——在许多日子之后它又姗姗而来，以一种非线性的语气，把所有人物和遭遇糅杂在一起，像是时间以外的人生。

我是十一月到甘肃定西的，做县城初中的英语老师。说不清为什么要来，也许是少年时候的一个执念。十一月的某天我坐上去往定西城的颠簸大巴，穿梭于层峦叠嶂的山脉，它们像琥珀里的浪花逼近又远去。夏天我去会宁时也路过这里，我记得路边有男人抽烟，他把衣服卷到胸部，沙尘涂抹了他的脸。三个月后，我坐进定西初一年级的教室，英语课上王老师在讲现在进行时。

"Look, Chen Yu is standing. But, I often stand."

王老师在同一个讲台前站了快二十年了。黑板槽上日复一日地积满灰尘，然后被吹落。空气中能看到飘散的尘埃与微粒，那是老去的粉笔灰和西北的黄沙。二十年前那些羞涩的乡下姑娘把它们吹散，如今她们嫁入南宁和郑州，有着一个或两个孩子，过着比在定西更好的生活。坐在底下，我好奇王老师是否曾思索过现在进行时的滑稽。小胖子 Chen Yu 站着的这一刻显得如此漫长，而过去却一闪而过。

在那一闪而去的过去里，有许多要被忘掉的事。五十年前的定西曾饿死过很多人，那时开展了引洮工程，"苦战三年，基本改变干旱面貌"。大队征用了整个陇中地区的青壮年，结果引洮不成，粮食也荒芜了。人们挖树皮。恍然五十载，洮河水终于在去年通入了定西。如今黄沙里长出绿色的柳树，糖炒栗子在石英砂里翻来覆去，驼背老人在街边卖橘子和葡萄。

我坐在教室里，正前方是一面钟。钟的两边是几个红体字："团结拼搏，求实创新"。教室墙壁上贴着另外一副对联："静中显竞，竞中取胜"。教育里时刻充斥着这种伪善的命题——老师要求学生尽可能谦逊，但墙上的警言暗示人要笑里藏刀。在五十多个学生的教室里，有一股干了的牛粪的味道。窗外有一根锈了的大烟囱，如果我在这里上学，我会整天整天地看着它。

我任教的初中在县城里，然而八成学生都来自农村。事实上农村学校的慈善捐款源源不断，但孩子已经所剩无几。农民都把孩子送进城里，更好的教育是他们的唯一出路。下课之后，没做作业的孩子跟着老师回了办公室。有个孩子矮小而瘦弱，他戴着一副墨绿边框的眼镜。

"作业呢？"

"什么作业？"孩子喃喃自语。

"什么作业？"老师生气了，拧住他的袖管。孩子害怕了。他张开的嘴唇抖动起来，合也合不上。紧接着，泪水从眼眶里一粒一粒滚出来。

"第几次了？空白的给我交上来？"老师的表情严肃。孩子攥着作业本，随着老师的一声"走！"连滚带爬地跑出办公室。我想起二年级的清晨，在姑姑的自行车后座上，我也突然脑袋一空。啊。真的忘记做了。怎么办。

"老师，我忘带了。"我走到老师的桌前，头别向一边。

"回去拿。"

"喔。"

"现在！"老师把红笔一甩。她抬头吼我。

我呼哧呼哧地跑回教室，从桌肚里掏出空白的作业本，只敢翻开一个角确认一下，就匆匆塞进衣服。出门的时候，同学们都用耻笑的眼光看着我。我后悔了。我会对将来的孩子说学习改变命运。我会告诉他我这一生的厄运都是从二年级的那个清晨开始的，因为我忘记做作业了，因为我没有认真学习。

我的命运在那一刻改变了吗？如果那时我选择忘却羞耻，现在或许就变成了一个恬不知耻的人，游荡在街头，以恃强凌弱来荒度时光。这是我一直困惑的地方——当你是个孩子的时候，你就要开始为命运负责了。而作为定西孩子，你要为外出务工的父母疏于管教负责。你的父母也曾是孩子，他们要为年少时的饥饿与贫穷负责。命运是环环相扣的，然而你没有反驳的余地。是你自己选择了沉沦而非破釜沉舟。

"在定西，学习是唯一出路。"王老师说。"如果我没有上到学，我会在楼下的街道旁卖水果和蔬菜。"

此时的办公室里，早操时讲话的几个孩子正一字排开地趴在地上，班主任拿木棍打他们的屁股。他们"啊啊"地喊着，用膝盖顶住地面。后来老师们告诉我，"许多乡下孩子，不打不长记性"。仿佛如果手下留情，孩子们便会将成人后的窘迫归结于此，并记恨于心。传说初三年级一位德高望重的老师常把学生打得在地上满地找牙，可学生毕业以后都泪流满面地拥抱他。他们明白了老师的良苦用心，明白了伤口和疤痕使人成长。有朝一日，其中幸运的孩子们终于离开了那个黄沙漫天的家乡，他们会回想起那段黎明前稍稍有些疼痛的时光。

2

王老师有时会看着窗外的烟囱发呆，上面的锈迹像皱纹一样一根根连进心脏里。她想象锅炉的轰鸣，那些直上云霄的气体——它们总是在工作，夜以继日。她想起自己小时候，就生长在学校附近，那时这里还是一片土坡，烟囱也无影无踪。她觉得万物好像都在一瞬之间出生。那些砖瓦，那些石路上裂开的缝隙，那些气势凌人的办公大楼。像是快进的镜头下盛开与枯萎的花朵。

通常王老师不让自己停下来。她是学校里最出色的英语老师，做事雷厉风行，也最让人放心。即便如此，她仍不停地批作业，教导学生，实在无事可做时也会帮着办公室拖地打扫。回到家，她帮家里做饭，做家务，帮高三的女儿辅导作业。日子纷纷而过，她得到各种各样的赞誉，人人都羡慕她，然而她有时还是怅然若失。

"也许我就是喜欢干活。"她自言自语。这难道不是社会对女人的要求吗？能干，吃苦耐劳，把所有事都安排得井井有条——然而她却总觉得像少了什么似的。她问自己过得是否开心——除了命定的磨难和必须背负的责任，她过得并不难堪啊。那么，她又在担心什么呢？

她想起小时候，七十年代的定西农村，那时她过得无忧无虑。她是七个姐妹中的老三；她记得有一次学校里的男孩叫老四"王八"，老四哭哭啼啼地回来，她头也不回就上门去教训那个臭小子。那时哪想得到将来要为人师表——甚至连理想都了无边际哩。她只是觉得做老师威武，可以光明正大地吃公粮。她想以后最好也能当个市民，拿城市户口。

她的童年已经不用忍饥挨饿了。大饥荒已经过去，她只从妈妈的嘴里听到以前人家的凄惨故事。"1960 年的时候，我十一岁，住在十八里铺。那时候……"妈妈说，然而女儿都不爱听她的故事，刚开口她们便四散而逃。一到九月，或者十一月的傍晚，炊烟四起，泥土上都弥漫着洋芋味，那是她一年里最爱的时刻。富有的人家会宰猪——六七点钟的时候，她们姐妹几个守在别人的家门口，闻着肉味望梅止渴，像吃大餐一样。癞蛤蟆也陪在一旁呱呱地叫着，晚霞像染缸里碎了的蛋壳。

那时洮河还没有通水，他们喝的都是城里供应的自来水，一毛钱一担水，但如果用装汽油的大桶去灌水，一桶只要六毛，却相当于十二担水。孩子们不知道珍惜水，一到夏天还是常常戏水打闹。到冬天，大家都躲回土房了。开春寒的时候，老师会让她们背柴去学校生火。老师在火苗摇曳里一板一眼地讲课，孩子们的脸都被熏红了。

她又念起爸爸妈妈了。八十年代定西包产到户，他们一家就在路边开了一个压面铺子，每到赚了些小钱的时候，父母就带孩子们去兰州玩。爸爸开着一辆大拖拉机，后面托着小山坡一样的沙丘。爸爸在沙子顶上挖了个坑，她们姊妹几个就坐在上面。现在坐大巴车，一个半小时就能从兰州去定西，然而她却更怀念爸爸的拖拉机——到兰州的时候，已经过去四五个小时了，太阳都快落山咯。阳光透过黄土高坡的尘埃落在她身旁的沙丘上，触手可及。

现在，爸爸已经走了十多年，她仍时常想起他。爸爸生前最大的心愿，是让七个孩子中有三个能走出农村。他的愿望达成了。王老师有时觉得这都是天意——她并未想过做教师，然而教师让她拿到了城市户口。她想如果自己还待在农村，现在也许就在街边的摊位上卖水果和蔬菜。不过她是个努力进取的女人，她觉得即便如此自己也可以过得丰衣足食。

她最初在乡下做老师，做了八年。农村孩子并非异乎寻常——他们既不会睁着求知的大眼睛，也不会偷鸡摸狗。比起城里的孩子们，他们只是显得脏兮兮的——有些孩子鼻涕拖得很长，也不以为然。他们大多害羞，不敢和老师说话，问一句说一句。王老师把家里的旧衣服带来，送给冬天没有衣服穿的孩子。有些穷孩子早晨来上学要走几个小时的山路，王老师就把他们叫到宿舍，把和丈夫学的一手川菜炒给他们吃。一边吃，孩子们一边讲他们自己的故事。她记得一个女孩姓高，她到现在都记得她的面容。女孩平常不和同学讲话，吃饭也不吭声，只是一个人呆在角落里若有所思。那天吃着吃着，王老师想起女孩儿村里的一个老师，传说他常年对女学生图谋不轨，如今已经被枪决了。王老师问她，"你小学不会是在那个学校念的吧？"姓高的女孩低下头，不说话了。

过了一阵子，女孩来到王老师办公室，说，"老师，我明年不念书了。"

"为什么？"

"不能念书了。"

女孩扭头就走。至于为什么不能念，王老师始终不得而知。王老师再也没听到过她的消息。她希望她后来嫁了好人家，有了几个漂亮娃娃。她希望再偶然撞见她时她变得能说会道，催促身边的女儿喊奶奶，仿佛过去的阴霾都一扫而光了。

王老师 2000 年初来到定西城里。光考上城里初中的老师名额她就用了两年，而再过了两年她就成为了这里的招牌老师。家长倾其所有让孩子上她的班，老师见着她也毕恭毕敬了。她告诉年轻老师，做老师要记着自己的本分，不要昧良心，要一视同仁、换位思考；打孩子的时候注意分寸，想想如果是你自己的孩子你会怎么做。年轻老师们点点头，若有所思。王老师每天忙忙碌碌地工作，并没有在意今年是她教书的第二十多个年头了，仿佛日子重叠在一起就不值一提。某一天她接到学生的电话。"喂？是王老师吗？我是赛儿，你以前在山里的学生，你还记得我吗？对，就是那个回族男孩儿。那时候，你还帮我缝衣服呢。我现在在宁远镇的乡里做乡村老师，过得很好，结婚了，有一个宝宝。"

是在那时她觉得光阴如梭。她望着那根锈了的大烟囱——是什么让她觉得失落？她想也许是女儿的成绩不太好，而人家老师的孩子都出类拔萃，这让她有些尴尬。又也许因为现在是三口之家，总觉得没有从前三世同堂、八个姐妹那般热闹。可她一直所期望的无非就是家人平安健康，现在不正是如此吗？她忽然发现自己似乎从未有过什么奢望，总告诫自己，该有的都有了。偶尔她会去买彩票，开玩笑似地说，如果中了大奖她会先把学校里的操场给铺了。

她想也许她就是喜欢干活。她想女人生来便有鞠躬尽瘁的天赋。她尝试同时做一个好老师和一个好家人，有时忙到一个早晨要在家和学校之间来回六次。她告诉自己，累是活人的特权，不累才奇怪呢。然后她觉得喧哗停止了，她听见生命在运转。她说烦恼一会儿就可以烟消云散。

3

如今我又走进教室，距离我第一次踏进初一教室正好九个年头。九年是很长的时间。

我记得我的故乡小城。我们的初一班主任是曹老师，她有一张漂亮脸蛋。后来我听说她是许多隔壁班男孩最初的性幻想对象。我记得她的双手撑在讲台上的模样，小臂是向外弯的。我们是她带的第一届学生。别被甜美脸蛋骗了，她总对我们大吼大叫。我听说她有一个军区的未婚夫。她总开着一辆红色马自达来学校。

有许多女老师嫉妒她。不知她现在是否还和未婚夫在一起，是否有了孩子，换了车。九年是很长的时间。

我也记得我最初的宿舍和室友们。我记得窗外的野草，腐烂的肯德基纸盒，喜怒无常的空调和快活的臭虫。我们的室长是臭脚，他有一颗非同寻常的大头和一双无与伦比的臭脚。他钻进被窝的时候空气会焕然一新。后来我在大学里听到他的消息，听说他在宿舍里几天几夜不出门。他玩网游。气味像油滴一样从天花板坠落，滴在地上泛起涟漪。蚂蚁爬进他的拖鞋。

臭脚的上铺是四眼，他总在宿舍里放他 MP3 里的歌。我们都知道他的 MP3 里只有两首歌，《隐形的翅膀》和一首日本歌。有一天晚上他问我要不要听《隐形的翅膀》，我说不要。他问我要不要听日本歌，我说不要。他迟钝了一下，又问我那要不要听《隐形的翅膀》。四眼那时是一个黝黑的小胖子，他的厚眼镜让我想象他三十年后坐在办公桌边签文件时的模样。那时他的头发稀疏了；他用官腔和孩子讲话。

胜寒是我最好的朋友，同宿舍我只和他还有联系。他是年级第一名。他每晚都在被子里打手电筒开夜工。他说他的眼睛会在十八岁前瞎掉。

小冯是另一个室友。他人高马大，但是胆子小。他的头是椭圆形的，像动画片里的不高兴。有一天他撒尿没有撒干净，怕弄脏裤子便外八字地走路。我故意推他。他的尿溅在裤子上。他打了我一巴掌。我回了他一巴掌。他告诉了老师。我写了检讨。我们成了朋友。

坏蛋是最后一个室友。他个子小，但他一身痞气。有一天小冯让他熄灯不要讲话，指着他说小心我赏你一个巴掌。坏蛋说有种你打。他凑上前去，用鼻子顶小冯颤抖的手指。小冯咬着嘴唇。他回头去解坏蛋衣柜上的密码锁。不一会儿他解开了，拿着解开的密码锁挨个床头炫耀和握手。坏蛋一把夺过锁摔在地上。锁碎了。小冯躲进被窝喃喃自语说不是我摔的。坏蛋说是我自己摔的。黑夜里我听到坏蛋啜泣的声音。我听说坏蛋后来考了大专，现在和女朋友在深圳打工。他在自己的社交网络上歧视落后地区的孩子；他瞧不起穷人。他成了一个"坏蛋"。他坐在台阶上抽烟的时候，深圳是雾蒙蒙的天。他早就把这些孩子的打闹忘了。又或许他记得最清楚。

对我而言，这样的回忆往往是无疾而终的——在我的故事里他们永远停留在孩子的模样了，那么坚固，以至于多年过去我甚至不愿再去修正与想象。他们是存在于叙述者语言里的人物，是外人，平面的外人，像一张褪色的照片。在这叙述里，仿佛只有我自己是真实而延续的——然而真的是这样吗？当我试图去触碰回忆里的那个自己时，发现连自我都是空洞而琐碎的，像被打碎的、磨光了的玻璃。什么留下来了？什么经受住了时间的考验？

我再没见过其他人，只在上大学以后见过胜寒。他留了更长的头发和胡须；他二十一岁了，眼睛仍安然无恙。他去了杜克，说自己一年以来睡眠都不大好。他会在莫名的时间睡着，也会在莫名的时间醒来。他说他的记忆力退化了，记不清四眼和坏蛋的名字。以前的许多人，都在黑白回忆中成了淡去的背景。

4

欣宇带着实习老师回家的时候，刘姐一下子措手不及。她没有想到老师今天来家访。她用双手捋头发，跑去黑了灯的厨房里端出一碗馍馍和塑料纸杯。她招呼欣宇去倒水。

"来，老师，吃馍馍。"

她怕自己难看，总是情不自禁地捋头发和低头。她记不清自己上次化妆的时候，那也许是二十年前了。她记得嫁给那个男人的日子。那天她涂着鲜艳口红，穿着大红衣裳，人们敲锣打鼓地走过村子。男人握着她的手，她觉得他会疼她一辈子。她会有几个蹒跚学步的儿子，他们摇摇晃晃地扑向她的怀抱。

"欣宇是个好孩子，不过最近数学总是考不及格。"

"他小学是尖子班，都考九十几分……现在他们班的同学好多不及格……他上课听不懂。"刘姐说。她又低下头。即使生活从不以她期待的模样铺展开来，孩子仍一直是她的安慰。她记得老师对欣宇的每一句夸奖，他们甚至不知道孩子三年级之前都在乡下。她转头望着去隔间里写作业的欣宇，他自己开了台灯，白色的灯光打在他红扑扑的脸上，旁边是他两年前买的绿色小猪闹铃——那一刻她觉得这是上天恩赐。命运夺走了几乎所有的东西，而恰恰赦免了她无论如何也无法承受失去的孩子。她莫名地感觉侥幸。

"欣宇和我们说家里快穷得揭不开锅了，所以我过来看一看情况。"

刘姐别过头尴尬地笑——老师又知道什么呢？他们觉得交学费是理所当然，觉得每户人家都可以炊烟四起。她环顾这间租了六年的小房间（房租已经从每月三百涨到了四百）。它一开始一无所有，后来她自己搭起了小厨房和隔间。她每天都打扫，把每件家具摆得整整齐齐。她要告诉欣宇如何直面贫穷。

"唉，对，前段时间的四十元卷子钱，拖了两个月才交上。"她想起那两个月的时间，家里一分钱也不剩了。她期待在沙发或者床单底下藏着意外的二十元钱；她期待从天而降的好运。然而这从未发生。她每晚站在孩子的身边，在他聚精会神的时候给他端水和拿馍馍，但不敢正视他的眼睛。

"不过，打工者马上有稳定工作了，水产促销员，一千八百元一个月，早八点到晚八点，可以交房费和杂费了。"

她看老师皱了眉头，是因为"打工者"吗？她做一个打工者有多久了？她想起和那个男人离婚那天，那年孩子三岁，她觉得生活就快走到尽头了。她之前只是个农民，无非是想过安稳日子，现在离婚了，连地都失去了。男人给了四千元抚养费，说以后你和我无关，不要再来问我要钱，也不要再和孩子来见我。

她和老师说起这些的时候，泪眼婆娑，但她回头用指尖抹了抹眼睛，又恢复平静。后来她和孩子来到城里。因为没文化，她始终找不到稳定的工作。她做了超市理货员，超市倒闭了。她当了十几天清洁工，人家说她超龄，也不要她了。之后，她就每天去人才市场的门口蹲着。许多像她一样的人蹲在她身旁，等着哪个老板给些零活做。有时老板让她挖树，有时让她擦车。她早上过去，干一天苦活，晚上领到六十元的工钱。

孩子原先在娘家。如今妈妈已经七十多了，干不动活，就让姐夫负责种地。姐姐眼睛看不见了；姐姐家的孩子要看病。他们自己的生活也常常无路可退。但每次娘家人来城里看她，总会带来一条鱼，一点米。

说到这里，刘姐抬头望着天花板。她说，"这日子，很麻烦，有时过得都没信心了"。她想起姐夫带来的鱼。鱼缸里的水干了，而河流还无迹可寻。

她想起孩子三年级刚进城的模样，那时他水灵的眼睛看什么都是新奇的。油桶里的番薯，回族人的面缸。然而孩子不开心。后来他和老师说，他心里感觉不舒服，因为城里的同学都瞧不起乡下人，他抬不起头。小学时他就喜欢上了画画。他说，因为没有同学住在一起，他觉得画画能逃避寂寞。

"孩子不知道没有爸爸。我没说过。"

刘姐压低声音说。她也知道自己只是自欺欺人。姓妈妈的姓，和妈妈生活，难道没有一刻问过爸爸在哪里吗？她想孩子不说大概也是不想让妈妈难过，顺便把班上同学的趾高气扬都埋在心里。他只是回到家画画，画脑袋里的各种奇思妙想，画完扔在抽屉里。她安慰自己说，我没说，也许他真的就不会去想。

她有时怀疑自己是不是做了错的选择，是不是本应继续忍气吞声。如今她孤苦无依。她有孩子，单身的男人都嫌弃她。她户口不在安定区，领不了低保，而在户口所在的农村，低保都被村干部的亲属们吞占了。她去了信用社，结果没拿到贷款——因为单亲妈妈没有信用，没有信用的人不能贷款。

"可单亲者日子还是要过啊。"她说的时候云淡风轻，仿佛早就与仇恨和解了似的。她想起街坊的冷眼，想起沉默的母亲——她离婚的时候，母亲六十岁，一言不发地坐在床头。母亲经历过贫穷，饥荒，但都顽强地活了下来——但那时她觉得是自己让母亲一夜衰老，再没有气力去面对世界。现在，她自己也老了。她明白时间消解一切。

"对孩子有什么期待？"

"打工者最大希望就是把欣宇养大，健健康康。最好能考上大学，有一份稳定工作，别和打工者一样瞎苦，就好了。"

是从什么时候起"打工者"成了她的第一人称，甚至连"我"都忘记了？是他们都有相似的命运，而在这其中自我都被轻易操纵而无能为力吗？她不记得上次说"我"是什么时候，仿佛个人色彩只剩下阶级身份和被动语态。然而欣宇不是。他还是个孩子，他有自己的名字——对命运她照单全收，但她不允许其左右欣宇的人生。她说，现在一切希望寄托在孩子身上。

"欣宇有你这样坚强的妈妈也很幸运。"

"没办法，逼出来的。"刘姐说。后来老师和她说，有什么困难要和老师讲。她摇头说尽量不讲，自己辛苦些。老师说那样他们就更不知道该怎么帮忙。刘姐说，主要还是日子过得艰苦，怕人家笑话。

她常常觉得无望的日子就要到头，想着想着，自己就能充满希望。现在欣宇也学会周五做完作业，周六、周日和妈妈一起去人才市场打零工了。她觉得终于时来运转，突如其来的幸福让她无以为报。她记得大半个月前，她蹲在人才市场辛苦挖了两天树，挣了一百块钱。她把钱攥在手心里，却正好看到欣宇眼馋的一辆旧自行车，狠了心，就买下送给他。她摸摸欣宇的头，说，要好好学习啊。欣宇兴奋得睡不着。每天早上，他都推车去学校，舍不得骑它。

至于未来——她想先辛苦干两天零活，给孩子买件棉衣——毕竟下周一天就要变冷了。定西的冬天总是很长，长得她都忘记春暖花开的滋味了。她怕她习惯了霜冻的手在终于触摸春天时会惹人笑话，正如她在老师办公室门前踌躇不前，欲说还休，最后只是转身回家。

5

· 老师考试之前，一而再、再而三地告诉过我们："人生最重要的是诚信。"我敢发誓，我做到了。除了考试没有作弊，还有一件事：我在一个姐姐脚下看见了十元钱。我过去捡了起来，还给了她。这时我又想到了老师说的另一句话："让别人因你的存在而感到精彩。"我做到了，对吗？

· 我思考着：在生活中，我们每个人都在不断地寻找适合自己的位置。位置，有时体现一个人的荣辱与尊卑；位置，有时决定一个人的前途和命运。

· 不知在什么时候开始，我把老师视为了朋友。我想这也是个良好的开始吧！

· 我知道自己的成绩并非优秀，但是告诉老师一个秘密：我没有上幼儿园，而是在乡下念完了学前班和一年级，然后就转学了。其实我从前也是品学兼优的好学生，可是转学后我就变了，变成了中间学生。那段时间我很委屈，为什么？为什么？为什么我会变？您可能无法想象我刚进入城市时的喜悦，我高兴得简直快疯了，但当我看到自己那成绩时，别提我有多自卑了。当同学们对好学生那般敬佩时，我眼底满是伤心和失落，我做梦都想回到从前，我也是好学生的时候。为什么我没有那般的待遇，我不甘心，不甘心。我这种不甘，让我一步又一步地往前赶。

·当我写完我的秘密，竟然都不知道该说什么了，那我就继续吧！

·因为我是留守儿童，我一直都很想父母亲，我真的很想他们。当我做梦都想看他们时，我发现我的眼里噙满了泪水，我记得我刚来定西那阵，当同学们对我的目光是那样的时候，我再也忍不住了。我一路跑回家中，我趴在床上整整哭了一中午，我哭的原因还有一个：太想妈妈了。爷爷问我怎么了，我说我想妈妈了。

……

杨丽认真对待每一次周记，不像那些邋遢的男孩只是敷衍了事。她不仅把心里话都写在本子上，还把本子装饰得像床头的公主娃娃，用荧光笔在本子上点满星星和笑脸，让正文都依稀难辨。她觉得老师会喜欢，会看到她的用心，从此开始偷偷关注这个中等成绩的女孩。然而写着写着，那些女孩的小心思消失了，她把老师当成了最好的朋友。她想老师也许能回答她心里的焦虑和困惑。写完以后,她合上本子,觉得那是痴心妄想。

一个中等成绩的女孩算什么呢?每周放学,她都留下来帮班级出板报,一笔一画尽心尽力,可老师选最负责任班委的时候,却没有一个同学想到她。他们簇拥着班长马倩,一个聪明女孩,总能毫不费力地拿第一名。她看着马倩喜笑颜开的样子,仿佛世界是她一个人的,她是公主,生来便高人一等。马倩过生日时,全班排着队给她送礼物,叽叽喳喳地祝福、许愿,而到了一周以后她自己的生日,却只收到老师的一张卡片。

她有时会羡慕那些调皮男孩子。邻座的景军,期中考试以后和妈妈吵架,咬了她的手指,躲进山里,竟成了风云人物。还有大头欣宇,他天天推着自己擦得闪亮的自行车来学校——当自行车的变速器给偷走时,他大声地哭了,全班人都围在他身边。而她呢?兢兢业业,一丝不苟,却无人在乎,像独自走在山脊上的黄牛,辛劳付出是理所当然,生来死去都无足轻重。

一个中等女孩,一个留守儿童,一个总是事与愿违的十三岁孩子。杨丽想起家长会的时候奶奶蹒跚爬上楼梯;她想起爸爸在土豆地里抬起头,锄头立在泥上。她怕爱和牺牲只换来重蹈覆辙——就像爸爸背着一麻袋的土豆出门远行,回来时只攥着一掌心的零钱——她怕自己就是其中叮当作响的硬币。四季轮回,年复一年,她让亲人失落,让他们空手而归。

杨丽和爷爷奶奶,还有弟弟共住一个小屋子。两张床,一个锅。每晚回来,弟弟坐窗口,姐姐坐门前。弟弟有一盏台灯,姐姐没有。爷爷六十三岁,干不动活了,就来城里带孩子。他不常说话,只是一根接一根地抽烟，直到火苗燃到滤嘴，像生活在沉默中走向尽头。家里只有奶奶是最疼杨丽的人。她去参加杨丽的家长会；她早晨五点半送杨丽去学校，天黑，她怕孩子看不见。来城里之后她每天去牛肉面馆里洗菜和切葱，直到得了冠心病，腿脚不好了才歇下——她常说，趁还有力气，多做些活——她说家里两代人都没读到书，儿子读到小学就无以为继。她说再苦也要让孩子上学。

杨丽听奶奶的闲话家常，说今年庄稼不好，土豆破（不好）了，个头小小的。家里一点余钱也没有，刚卖完土豆，就凑了钱交房租，而到孩子上学的时候，又得四处开口借钱。杨丽觉得自己成了累赘，成了家里多余的孩子。她在弟弟玩圆珠笔的时候一个人贴着窗户，想大人的事情。大人的事情她想不明白，外面的世界让她好奇又害怕。只有爸爸每隔十多天回来一次的时候，她才重新无忧无虑——爸爸背着一麻袋的土豆，旧军装上是白色的灰，可刚一进门她和弟弟就扑到他怀里。姐姐帮爸爸脱外衣，弟弟端来脸盆里的热水，奶奶在一旁笑逐颜开，"孩子有饭吃咯！"家里像过起了贫寒的节日。

杨丽和晶晶、肖儿一同回家。她们互相倾诉烦恼，说完便又似有了孩童的快乐。晶晶的爸爸暴脾气，妈妈是文盲。爸爸拿着成绩单打她巴掌，妈妈扔了她借来的课外书。而肖儿，她甚至没有被打骂的福分。她是个回族女孩，父母都在百里外的一家牛肉面馆打工，六点上岗，晚上十点下班，日复一日，在月末拿走两千元工资。肖儿常想，在闭塞的厨房里，在面汤的蒸气后，爸爸妈妈会想她吗？有一天她辗转反侧，拿爷爷的手机给妈妈发了一条短信："没人管我"。两个月后父母回来，她抱着妈妈的腰，说，"你们在家，我们学费交不出，你们不在，我想得很"。妈妈摸着肖儿的头说，他们这代人都没上学，太苦，她希望肖儿好好读书，别像他们那样，早早就出来学手艺。

杨丽对晶晶和肖儿说，最近班里的同学都讨厌她，说她不懂谦让，不会在别人伤心的时候说暖心的话。杨丽觉得委屈，她想在她落泪的时候，也没有过人来嘘寒问暖——顶多是奶奶从身后抱住她，以布满皱纹的手掌和女人特有的沉默告诉她，面对苦痛需忍气吞声。她想大概因为她是留守儿童，才错过了学习繁文缛节，人情世故；因为她是留守儿童，才格格不入。然而她想起儿时坐在地里，看着爸爸挥着锄头汗如雨下的样子，她想她并不记恨他们。她爱他们。她希望，爸爸妈妈也不要因为她的胡思乱想而记恨于她。

老师问爷爷对杨丽的期待时，杨丽就坐在身边写作业。爷爷抽了口烟，说，没有什么期待，之后让这娃学点知识就上社会打工去。杨丽把头微微别向一边，仍装着认真做题的样子。其实，她最想做一个老师。她喜欢语文和英语，喜欢课外书，她想把知识传递给孩子们。老师说，"让别人因你的存在而精彩"。她想，要是能成为那样的人就好了。要是能成为那样的人，那如今所有的辛苦和忍耐就都有了理由，所有的疑惑和纠缠就都水落石出。要是能成为那样的人就好了。

6

颉工仍然记得景军出走的那天。他回到家，看到景妈捂着手指坐在床边上，小儿子在一边玩手机游戏。景妈说，"我和景军吵了架，他咬了我的手指，我打了他，他跑了"。颉工擦了把脸，在景妈身边坐下。他想，若是十年前，他现在已经冲出门。他记得景军还小时，他把他抡起来甩在空中，看到的路人说，像一个风车。然而现在他累了，他记不清有多少平静如斯的夜晚疲惫如影相随，而无力和宿命感一直延伸到1973年的早晨，扼住了他的喉咙，好像年轻与愤怒从未喷涌而出。此时此刻，如往常一样，屋内静无声响，仿佛人人漠不相关。

景妈打了景军。只有在打孩子的时候，她才意识到自己是个独立女人，而其他大多数时候，她只是依附于孩子的母亲。她没有工作，没有朋友，生活被圈在这十平米的租房里，打扫，烧饭和照顾孩子，像猪圈里的草，或被嚼碎或枯萎。到后来，她甚至懒得打扫了。她揣着一块肮脏的海绵，用它擦拭明显的灰尘，而那些乱七八糟的家具和垃圾，就让它们烂在这片土地上吧。"我生于1981年，上到四年级。"她对景军的老师说，眼神涣散，像是遥远回忆将现实肢解了。"景军的爸爸，颉工，他差点考上大学。他是……79年的吧？"景妈意识到自己并不清楚颉工的年龄，她唯一的亲密男人也在此刻变得陌生了——她只是与他一同睡觉，给他生了两个男孩。然而她崇拜他。他是电工，有份稳定工作；他是男人，还差点就上了大学。她听他的话，为他做家庭妇女，为他拉上窗帘。她心甘情愿。

那天景军躲在山里，双手抱膝，风声四伏草木皆兵，他吓得魂飞魄散。夜半三分他自己走回家了，黑暗里妈妈在睡梦中颤了身，他想他最终还是会原谅她。周记里他写，"星期天，我妈不知怎么了老跟我倔。她打了我两拳，我还了她一拳，她一直打我，我哭了好几次，到后面她指着我，我去咬她的手指头，结果她把手指头在我口里一勾我感觉很痛。舌头下很薄的东西变成很厚的，就是肿了"。景军今年十三岁，他爱做些小发明，把不同的玩具拆了嫁接在一起。他的梦想是当个发明家。然而他现在烦恼缠身——他说他的身体里有懒的思想，做作业时有一个声音让他专心，而另一个声音让他分神。在咬妈妈之前，他已经连着一个礼拜没有交作业了，可他内心也想好好学习。妈妈告诉他，你不听话，我就打。妈妈打他的时候，景军说他害怕。

景妈常回忆起她在建筑工地上的三年。那时定西刚刚走出赤贫，黄沙中立起各式各样的水泥房子。她是个二十岁的姑娘，却有着比男人更强壮的身体，干男人都觉得吃力的活。在傍晚，她瘫坐着发呆，看周围水泥工三五成群地打牌和抽烟。这些画面已经过去多久了？如今她坐在床边，散落的油锅和碗还堆在水池，午休的景军和弟弟正在熟睡，阳光在棉布窗帘的缝隙外鬼鬼祟祟。她还依稀记得钢铁和螺丝的味道——然而在时间里它们碎掉了，像晒干的树叶裂开时那般彻底与干脆。她成了丈夫的手臂，孩子的奴隶。她在孩子做作业的时候给他们端水，拿手机，到后来孩子只需抬手她便能心领神会。"他们写字的时候，我就帮着。"她对老师说，"教育方法？没什么方法。不听话，打。打了，用处也不大。"她露出失落的表情。"他们考试好的时候，也会奖励。奖励玩具，想吃的东西，小自行车。"她想起给景军买的玩具，他拆了又装，装了又拆——那是记忆里不多的几个其乐融融的时刻。她想孩子总要长大，男孩终会远走高飞，那时她就真的一无所有了，只剩手边的海绵。"我对他们的期望就是，十年后，考上学校，有工作，有饭吃，不瞎苦。"她攥着黑色的海绵说，"我就是在瞎苦。"

"期望？"颉工笑了，像是宴会上用反问化解滑稽调侃的宾客，"期望就是，顺其自然。期望越高，失望越大"。颉工穿着迷彩服，掸去袖臂和裤腿的灰尘，身边的景妈拿着海绵轻轻拂去桌上的碎屑。他看着妻子，忽然觉得这么多年他们从未交心，而他看她的眼神和方式，像是在看一只动物，一条巴甫洛夫的狗，除了吃饭睡觉再无反馈。平静的生活里他心旷神怡，觉得一切都已注定，正按部就班——然而曾经他也是个愤怒的男人。他说以前对景军有过高的期望，总打他，后来一天他怒火中烧，气结在腹里，使他直到现在都直不起腰。而再在此之前，他是个愤怒的孩子。那时他和景军一样，是个调皮学生，喜欢玩些索然无味的小机械，梦想有朝一日成为工程师。在考高中时他面临一扇大门，要不就考上，要不就回家干农活。他通过了命运的检验。高考时，他没有。他是在偶然性里被筛选掉的中等学生，没有资格说胸有成竹或命不至此。到了今天，人们问他是否遗憾，是否是因为一时运气不佳而被改变一生，他都摇头，说，这是命运，是命里注定的。结婚以后他成了电工，却迷上了道学，常说些"阴阳祸根"之类的理论。"阴中有阳，阳中有阴，阴阳和谐。"他对景军的老师说，这让对面的他们摸不着头脑，"老子的学问太深奥，放到教育里也一样。凡事都不能太极端，只要心正就可以了。我们高中时，老师打学生都要打到嘴角出血为止，教育孩子就要把歪枝剪掉。"颉工说到后来，似乎前后矛盾，然而语气却是超脱世外——讲起自己的辛苦和境遇，都是一笑了之，仿佛心灵盘旋在天界，手脚已是他人的了。"打工就不好吗？不一定。希望越大，失望越大，越危险。"他豁然开朗了；他终于与命运和解。景军出走的那天，他安然睡下，无力与宿命感穿梭回 1973 年的早晨，将年轻与愤怒付之一炬。他的啼哭中止；他的不甘消失。此时此刻，屋内静无声响，这是和谐世界的本来模样。

<h1 style="text-align:center">7</h1>

胜寒在电话里听我讲定西故事，总会出戏地想起我们的故乡小城——除却富裕，它们同样的闭塞、迷离。他想起九年前我们住一个宿舍的模样，那时我们都是十岁出头的毛头小子。然而现在他都记不清坏蛋和四眼的名字。原来已经九年过去了？他是什么时候停止做一个孩子的？

如今他一个人躺在宿舍的床上，Durham 的冬天漫长而无趣。最近的一年里，他都无法很好地入睡。在睡不着的时候，他就思索时间。他的头发长了。他的胡须"周而复始"。他有时计算九年里他剃了多少次胡子——如果每次都把胡须放进塑料袋，也许现在就可以理清时间的纹络。然而它们都被冲进了下水道。那些尖锐如初生竹笋般的胡茬，现在是老鼠床底陈旧的嫁衣。

他记得九年前刚长出胡须的时候，他对着镜子，感觉自己终于成了一个 cool man，一个成熟男人。那时宿舍里还热闹非凡。他记得坏蛋把臭脚打得闷在被子里哭。臭脚说，"我要去告老师，我爸妈很厉害的，我叫老师弄死你"。坏蛋说，"你去告，你去告"。他也记得小冯。刚开始他活泼可爱，总在熄灯前大声倒数五四三二一一——可老师都不喜欢他。每当老师课上羞辱他的时候，小冯就紧握着笔，双眼瞪着老师。后来他觉得这个世界是错误的，心情在狂喜与狂怒之间摇摆。宿舍里他不说话，变得对人爱答不理。他走的那天没有告别。又过了一天，老师把他桌子撤走了，说他以后不来了，去美国了。好像给一个无关的老人收拾遗物，所有珍贵的东西都可以一扫而空。

他自然记得和我的快乐时光。第一次 QQ 聊天，我说，"我要去看火箭对湖人啦"。他说，是足球比赛吗？他觉得自己出了洋相，还不够做一个酷哥儿。在学校里他和我迅速地好上了。中午我们出去骑车下馆子，我坐在坐凳上，他立着踏脚踏板——那时他好像有无穷的力气。路上我们聊女孩子，聊未来，一聊都忧伤了起来。有一次，我们还给小汽车撞倒了。滚到地上的时候我们哇哇大叫，站起来才发现没事，只是自行车散架了。他记得那时候常去的饭馆，扇子肉香味扑鼻，西瓜每次都上得很慢。

胜寒觉得自己只是碰巧有天赋一直考第一名，而内心其实是想做个桀骜不驯的 cool guy。他记得小学常常把上衣束在裤子里，而别人提起他就是那个聪明脾气好的男孩。他生气了。他和坏孩子出去飙车；他在拔河比赛带领发育了的班级战胜了没发育的班级；他留比平头长一点的头发，在出宿舍之前先用冷水抹头，让头发竖起来。

初一的曹老师让他做班长。"你是第一名啊，你成绩最好啊，你来当班长。"他觉得做了走狗。没几天他本性开始暴露了，和后桌的女孩讲话，被曹老师叫出门。曹老师训话的时候他到处乱看。她说，"你看着我"。他就低头盯着她的胸。窗边的小冯和我都偷偷笑他。

他仍然认真学习。初一开学没多久，高中教数学的老师把他和几个孩子招到一起，说一些冬令营、保送之类他听不懂的名词。他觉得好酷，自己成了被选中的孩子。从那天晚上起，他开始每天被窝里打手电筒看书了。他借了一本初三数学书，看了一个晚上，没有看懂。他烦躁不安。臭脚说你不怕伤眼睛吗。他说，他的眼睛会在十八岁前瞎掉。

这些事都模糊了，现在他回望起来无足轻重，一些琐碎的事情反而变得更为清晰。他记得隔壁班扫地的悠儿，她白而瘦，讲话不多，总在门外安静扫地。我对他说，"悠儿可能喜欢你，她路过班级的时候偷偷找你"。他开始关注她，在她拿扫帚的时候竖起头发。后来，一天晚上，我从上铺伸下头，说，"我撒了一个谎"。他才知道悠儿并没真的注意他,而心中的感觉也淡了。上高中以后，悠儿突然找到他，说，"如果你天天请我吃早饭，我就让你追我"。他不置可否。

他想起丁丁。

丁丁有一双大眼睛，从小练跳舞，是班里最好看的女孩。如今他的脑袋嗡嗡作响；他疲惫；记忆如泥沼里撒开的红丝带，若隐若现，无头无绪，然而属于丁丁的那一段却总能如抽丝剥茧般脱颖而出。他记得初一暑假去了一个英语夏令营，丁丁恰好也在。那时她正和班上的雨轩谈得火热哩。有一天，一个傻大个欺负她，胜寒作为她男朋友的朋友给她出头。她以为他和大块头沆瀣一气，就打了他一巴掌。他说，"我是帮你出头"。她说，"哦，那对不起"。过了几天，他一个人坐到门外喝酒，想起她，很忧伤。

初二刚开学，丁丁找到胜寒，说有一个跳舞比赛缺两个男生，让他帮忙拉人。胜寒拉不到人，就拉了我和他自己。他和我从没学过，也笨。每天，胜寒立在顶楼的空教室里，丁丁弯着腰纠正他僵硬的四肢。"这样，这样"。后来无聊了，他们就在教室里追来追去。有一次他俩互相拍粉笔灰，胜寒僵硬的双手不知轻重，一不小心给了她一巴掌。她抬起头说，"你为什么打我？"胜寒看到她惹人怜爱的样子，一瞬间心都化了。

练习结束，大家都回去自习。丁丁一个人俯在窗台的栏杆上，怅然若失的样子。胜寒上前去安慰她，却好像无能为力。他觉得女孩总是难以捉摸，她们莫名其妙地伤心。从那时起他把她当作妹妹。他想保护她。他已经有胡须，是个成熟男人了。

跳舞比赛很快到来了。他们来到现场，发现横幅上写的是英语口语大赛。他们一边在台上咿咿呀呀地唱，What time is it? Summertime! 一边跳着从未协调过的舞蹈。他们拿了二等奖，两个奖项中分量较轻的那个。回去的路上丁丁转过头对他说，"她不想当妹妹了"。胜寒张大嘴巴，啥？过了一会他明白了，说，"我愿意"。

他记得那年冬天下了好大的雪，江南是不常下雪的。我说，"我觉得我们都是这苍茫天地间的吟游诗人"。我对自己的比喻洋洋得意。胜寒记得丁丁在他身边瑟瑟发抖，他就把她的手攥在自己手心里。后来每天自习下课，他和丁丁都不约而同跑去顶楼的空教室，在外墙面前拥抱和亲吻。现在他躺在宿舍的床上，那种感觉又涌上心头，他觉得这就是他能定义的初恋的感觉。九年前的所有事情都变成黑白的了，而唯此情景他仍记忆犹新。后来，他谈过许多恋爱，认识许多女孩，可彼时的丁丁却愈发熠熠生辉。

美好的日子都是白驹过隙。一天他从外面培训回来，看到我的床空了。我去上海上学了。他感觉只是眼睛一闭一睁的时间。前些天我还在他们讲黄色笑话的时候故作正经呢。他想起早已离开的小冯。他已经很久没有想起小冯了。他怕自己也这么忘记我。

他和丁丁开始吵架。他不大说话，总把积怨埋在心里，这就让丁丁更加生气。初三以后另一个女孩出现，发疯似的迷恋他，在他生病时大惊小怪。他焦头烂额。他和丁丁分手了，他觉得就像蚂蚁决堤一样不知不觉。快中考的时候，他第一次烦恼了。学习不再是一件轻松的事情，他感觉沉重。

初三的时候我回学校来看他。我站在窗外，和他微笑示意。老师正在发火，班级期中考试成绩很差。她让我进来，站在讲台前数落大家。我显得尴尬。胜寒觉得老师在利用我，让我被无可奈何地孤立了。他觉得过去再没法回来，就像在火车站目送列车离开。

后来的许多年里，他都觉得自己是被列车遗弃的那个人，被困在过去，被迫做一个车站里的孩子。他觉得时间似乎有一个顶点，从那里开始他像流沙般向两边滑落，滑进童年的泥沼和衰老的陷阱，而那个光辉的顶点像星辰般越发遥不可及。"不过是些平常的事，都会过去。"他告诉自己——可为何他久久无法释怀呢。他喜爱的女孩早已有了新生活，他的朋友也一个接一个地离开，为何只有他仍踟蹰不前？

他一直没能忘掉丁丁。

大学放假，有一天他和同学吃烧烤，正好在丁丁家楼下。他给丁丁发了条短信，没想到丁丁就跑下来。之前他还在和朋友吹牛，说他以前有个特别漂亮可爱的妹子，醉眼迷离的时候，居然看见她。

看着丁丁从未变过的大眼睛，胜寒顿时语塞了。过去又扑面而来。他分不清时间，仿佛这是 summertime，是那个愚蠢的英语比赛。她回头的刹那他觉得滑行中止了。他又与星辰藕断丝连。

8

她想起五十多年前饥荒的时候，她还是一个孩子，一个定西姑娘。那时人们叫她小安而非安奶奶。她住在十八里铺，离定西十八公里。彼时一家七口人，如今只剩下她和两个哥哥。

她常想起当时的情景。那年，她十一岁，眼神是清澈的。干裂的大地横亘在她没有滤镜的记忆里面，五十年来不断闪现在眼前。她觉得是因为老了，因为孤独，童年景象才更加肆无忌惮地纷至沓来。有时她梦中惊醒，饥肠辘辘仍如身临其境。而她随之感到庆幸——她意识到自己已有了女儿，有了孙子，在六十年后有了一段平凡、漫无边际的人生。

她说，她还记得那几年的事情，日子过得辛苦、波澜不惊。在定西，大人们被征去引洮和"平天震地"——把河流引来，把山坡铲平，这样就好种地。大人走后，大队上的人来家里收东西。灶台，锅子，桌子，凳子，都没有了，整个屋子只剩下炕和被子。有床的人家，连床也收走了。

十一岁的小安每天和兄弟姐妹去公社食堂吃大锅饭，两顿一天，没有米，没有面，只有糊糊子。大大（爸爸）在这一年回来，据他说，引洮工程失败了，"平天震地"也没有了下文。

也是在这一年，天开始不下雨了。

人们抬头望天。四季更迭，朝夕交替仍一成不变，只是不再对人施以恩惠。庄稼枯萎了，食堂烧不出吃的。小安饿得不行，一早就出门挖野菜去。有的能吃，有的不能，但人人自危，有的吃就不错了。她记得那时杏子还没熟，是青色的，有毒。她看到便摘下来吃，吃完，居然感觉身体好了许多。大大还让她满山去挖土豆。土豆都被大人们挖空了，小安就跟在他们后面，在地上找他们不小心漏掉的小块头。

一天晚上，他们一家人团坐在屋里，沉默不言——他们山穷水尽了。大大哄骗儿女们睡觉，许诺一些不可能的希望。夜半，他独自起床，去半山腰偷别人家晒干的白菜。出门的时候，他被抓住了。他被人围起来，打在地上。快黎明的时候，他步履蹒跚回到家，躺在炕上。第二天，他不说话，只是看着外面。过了几天，他断气了。家人把他抬出门，挖了小小一个坑，就埋了。

她忘了自己是如何熬过艰难岁月，忘了具体的细节，维生素和蛋白质如何在她体内维持脆弱平衡——然而对于死之渺小、生之无助她却记忆犹新。当她仍是孩子的时候，她就学会对一切苦难习以为常。她记得那时坐在泥地上，从白天到晚上，只是想：

"有白面馍馍吃，就好了。"

"如果吃饱了，就想要一件花衣裳。"

直到1963年，庄稼才终于长起来，小安和家人不必再忍饥挨饿。然而和邻人聊家长里短的时候，人们会刻意地略过那些死去的人，仿佛一段突如其来的噩梦，旧事重提只会雪上加霜。小安留意到那些消失的同辈小孩，那些嬉戏的笑声还余音绕梁。她有时会追问，为什么消失的是他们，而不是她？为什么她在饥饿中活了下来，为什么她吃下青涩的杏子却安然无恙？岁月稀释了她的追问，却没有回答。

丰衣足食的年代里，她喜欢给女儿们讲自己的故事。女儿们没经历过，对残忍的事物，都不爱听。有时候，她嫌饭菜不好吃，女儿们就在一旁打趣："你经历了60年的人，还挑食。"她便低下头去，闷声吃饭。

结婚那天是她第一次穿上儿时梦想的花衣裳。之前政府每年每人发两尺布，可两尺做不了衣服。正如那个时代千万的女人一样，她并不了解当时的丈夫，是因为婚姻他们才走到一起。结婚的时候是67年，她十八岁，丈夫二十一。房间里丈夫告诉她，他希望有个儿子，所有儿女都能念书；他希望一家人上进，有一半的孩子能拿到城市户口。那一刻她觉得自己的苦难画上句号了，命运报之以一个可以依靠的男人。其实，结婚的时候，生活还苦得很哩。那时没有主粮，只有玉米和小米，而长麦子那是70年以后的事了。但她觉得这些都没有关系，比起命悬一线的童年简直不值一提。十八岁的她对未来充满信心。

她最终没能生出儿子，却有了七个女儿。除此之外，丈夫的诺言和期待都一一实现。包产到户以后，他们在马路边上开了压面铺子，赚来的钱供女儿们上学。三十五岁时她忽然觉得自己是大人了。那时她已经有了几个娃娃，开始操心，发愁。是忧虑让她感觉青春已逝。压面铺子里她和丈夫忙得不可开交，十二点睡觉，四点起床干活，然而一年到头看到劳有所得她感觉欣慰，觉得老去也值得。她看着丈夫把兴高采烈的孩子们放上拖拉机后背的沙丘上，载去兰州城里玩耍。在女儿的歌声和拖拉机渐远的轰鸣里，她感激命运仁慈。

三女儿结婚那天，是在山底下。有人拍照，有人录像。在喜庆的时刻，她却感伤。她想起女儿上大学时每周回家，她都送到火车站，目送女儿远行。那时她便知道女儿有一天会离开，走得远远的。这一天很快到来了。女儿走上红毯的时候她想起十八岁的自己，单纯羞涩，而如今的女儿却落落大方。她既宽慰又忧愁；她希望女婿也能像丈夫那样顶天立地。她转头看着丈夫——他是个有个性的人，想好的事情非干不可，而如今却犹豫不决，畏首畏脚，他是否也在分担她的忧虑呢？

在眼看着辛苦日子就要走向尽头的时候，丈夫去世了。那时女儿已经成为城里有名的英语老师，而她膝下也刚子孙满堂——她还以为终于到了他们享受天伦之乐的时刻。丈夫走后日子一天天好起来，定西城里造起鳞次栉比的水泥房子，她却六神无主。直到现在，没有一天她不想起他——他们一起经历过饥荒，贫穷，而那段艰难时世竟成快乐的日子了。

"如果还活着，他就有福享了。"她说，"现在，有福我一个人享，有难我一个人当。"

丈夫走后她觉得自己真的老了，皱纹让她想起童年时看到的干裂的大地。那时她的眼神尚且清澈，而如今已混浊不清。她说，人老了之后，过一天是一天，过一年是一年，一辈子过得快得很，一周一眨眼就过去了。嗡嗡的耳中她可以听到时间的流水声，它们哗哗而过，像是孩子们遥远的嬉闹。在十二岁的外孙身上她看到五十多年前的定西孩子，瘦骨嶙峋，蹲在干涸的地球表皮上寻找大人遗落的土豆。如今的外孙过得相当舒坦，饭要端到跟前才肯下咽。她告诉他，在他们那个时候，生活要辛苦许多。

"再好着了，再好得很。"谈起如今的生活，她说，"我满意了。"

9

那是一座随黄昏而沉没的村庄，用泥土和枯枝砌成的世外桃源。村户如碎了的玻璃渣子散落在山头的四面八方，灰色的梯田连绵不绝像巨人的台阶。它是摩登世界的弃子，地图上无影无踪——为了到达那里，需要穿过参差的乡间小道，与那些蓝色的三轮机车们擦肩而过，紧接着，穿过热闹的集市，女人们站在路中央叫卖洗衣粉和肥皂，她们的粉红毛衣臃肿而黯淡，像被踩碎的、香气散尽的花瓣。最后，我们跟着两个戴着蒙面头巾的老人，沿着干涸如去肠虾仁的河道一路向前。

"再走半个小时，到前面那个山头就是了。"

赛老师记得六年前刚来到这个乡村小学，他坐在颠簸大巴上，像震荡的鱼骨一般越过一座座山坡。那是 09 年，他大学毕业，正意气风发。学校里没有窗户，没有门，校长和两位代课老师孤零零地站在校门口迎接他。校长说，这里一般干旱，但下雨会麻烦，外面下中雨，屋里下小雨。而再十年前，这里还没有屋子，老校长住在学校底下的山洞里，夜夜与柴火相伴而眠。

他记得 2009 年时，学校里还有七十多个孩子，每到放学，就像田鼠般四散而行，有些路远的，要几个小时才能到家。傍晚，他站在山头，看天上的云彩，数路边的羊群。那是久违了的自由空气——在这里他忘掉了兰州的黑烟滚滚和乌鲁木齐的灯红酒绿。

"天蓝蓝的，这里让我觉得自由自在。"

农村在沉没，他是知道的。他也知道那日复一日自由自在的感觉是孤独，悲剧性的。两三年前，政府和某个香港商人捐了钱，通了网络，重铺了教室，泥土上架起两台石头做的乒乓球桌，可孩子们仍然越来越少。到了今年，六个年级只剩下十二个学生。村里只听得到葬礼的哀乐，再无结婚的喜庆。这让他每天傍晚的眺望既辽阔又忧伤，像瞳孔前蒙上了一层黑色的雾，天高地远，人事微茫。

"赛老师。赛老师？"

他回头，是宋洁在叫他。宋洁五年级，扎着两个马尾辫，有溪水般清澈的大眼睛。她正把书包的肩带挂上手臂。

在孩子叫他赛老师的时候，他才意识到在六年前自己就已为人师长。这种突兀感匪夷所思——童年的锅碗和泥土还历历在目，而如今他已是一个成熟男人，大手可以罩住孩子的头。时间像一条收缩的线，飞速地缩短，最后被塞进了一个黑色盒子。在他的印象中，他还是一个孩子——一个从黑色盒子里探出头的婴儿。

那是八十年代的定西乡下，唐家堡，好地掌村。村里全部是回族人，百年前从陕西迁来，至今还说着陕西话。小时候，他在土地上长大。没有吃的，一日三餐都吃土豆。"土豆养活了我们定西一代人。"小学五年，学校里没有炭，从未生过火。一百多个孩子全是回族学生。六七个老师，只有两个是正式的，一天两节课以后，就找不到人。中午，孩子出去捉蛇和松鼠，上树偷杏子。周末，他们随大人去清真寺，听阿訇讲道。有些内容，他一知半解，然而教义却如影子般缠绕在生活的静脉上，时刻散发着隐喻和劝诚。"我记得阿訇每次说话都最强调'善良'。宗教对我的影响特别大。"

然而"善良"意味什么？若需要在宏大图景与血肉之亲当中选择一样，应当何去何从？有适用一切的正确选择吗？火炬在分岔路口前熄灭了。在上一代异常艰难的年代，他的爷爷是一个村干部，有一个刚出生数月的小女儿，因为饥饿，孩子连啼哭的气力都消失了。公家的粮食就在眼前，然而他不愿私吞一针一线。他做了自己的选择……

当童年结束时，赛儿去了团结中学上初中。他不会讲定西话，也不会讲普通话，总在后排默默无闻。第一次英语考试，他连ABCD都不认得。那时的老师都用棍棒教育，其中一个政治老师，总往死里打学生，学生的腿肿起来，下课都走不了路。那位政治老师爱笑，笑里藏刀，冷不丁就扇人耳光。然而教英语的王老师从不打学生。他记得她是短头发，总爱穿裙子，上课都讲普通话。他觉得她是城里人。王老师鼓励他，他的英语成绩也节节攀升，可仍不敢和老师讲话。他记得初二的时候，他的衣服破了，王老师把他叫到办公室，给他缝衣服。他稚气未脱，羞红了脸。王老师低头缝衣的时候，他呆呆站着，看着老师的头发从头路向两边铺展下去，像溪水被包裹在密林中，那是他想象里花团锦簇时的家乡。

"王老师启蒙了我。因为她，我想当老师，从那时起就想当老师。"

初中时，他与李广关系最好。他叫李广"飞将军"，他们住一间宿舍，平常一起打乒乓。"和李广熟，因为都是农村人，没什么心思，没复杂的东西，见得少。"那时住宿是通铺，三四十个孩子挤在一个教室里睡，没有火炉，也没有毛毯，半夜被冻得发抖。尿床的孩子，起床时床单都结冰了。赛儿每天三四点就被冻醒，他便起来，去窗口背书。

到了初三，赛儿家里穷得一无所有，只得举家迁往新疆打工。刚到新疆的中学时，老师看他是甘肃来的，拿着他团结中学的成绩单说，你的成绩表是瞎填的吧。他不说话，暗自努力，每晚只睡两三个钟头，在期中考试拿了全校第一。孤独的日子里，他给李广写信。李广早就放弃了学习，初中毕业去了职业中专，收到信件，也常回寄自己的照片。毕业以后，李广就一直漂泊着。他先去了宁波，再回定西打工。如今的"飞将军"，开着挖掘机，搬砖头。他的命运在初中毕业后就被盖了章，随后的漂泊与逃离既未挣脱它，也无法延缓它的宣判。酒桌上，提前沧桑的"飞将军"喝多了，和赛老师回忆起初中时光。李广发现，并没有什么值得记住的事情。

在去往阿克苏支教的火车上，赛儿认识了自己的妻子，那时他大四。他还第一次见到了外国人，一个来自意大利的老人，他们用嗑嗑巴巴的英语相谈甚欢。此时李广正在宁波的工地上，傍晚的车流里他穿梭、茫然无措。赛儿的表哥在老家种地和放羊。他曾与赛儿住一个宿舍，是班上的最后一名，那时便一声不吭。如今，他仍不喜欢与人讲话。"地怎么样？""就这样。"他的回答简短而敷衍，仿佛激情早已流失于干瘪的大地，烈日下只剩下一具驼背的人形。赛儿的其他兄弟，像命运指派的那样，在牛肉面馆里打工。加汤、加葱、加辣；加汤、加葱、加辣。

大学毕业以后，赛儿成了一名乡村老师。周围的人都不理解他——他是定西孩子中的幸运儿，是难得有能力去选择生活的人。他们说他没有追求，不去市政府，而去做老师。赛老师不以为然。他说自己从小长在农村，自由自在惯了。他说他和王老师一样，并不羡慕钱多的人。他又想起王老师——因为她，他开始想做一个老师，做一个孩子们身边的大人。他怀念她在宿舍给孩子们做的川菜。上一次见到她，是他回乡高考的时候——他看到远处的女人骑自行车飞驰而过。她穿着裙子，短发变成了长发。那是王老师，不会有错。可太远了，他看不清。

或许有许多事情，人本身便无力看清——模糊是其本质。善恶；过去与未来；他每天傍晚站在山头眺望的远方。在迷雾之中，人人做出选择，踽踽独行。贫瘠大地的尽头，是迷蒙的光。

他想起，今晚要家访宋洁。

10

"我喜欢体育。喜欢跳绳、踢足球。以后，我想做一个医生。"

"为什么？"

……

"我有一个哥哥。96年的。他对我很好。平时，周围没有小伙伴一起玩，我就帮妈妈做家务，擦窗和擦桌子。"

"周末呢，做什么？"

……

"我没有什么烦恼。"

"那有什么愿望吗？"

……

宋洁今年五年级，扎着两个马尾辫，大眼睛溪水般清澈。她反应敏捷，能说流利的普通话，然而在特定的问题前，却会像没有听见一样，只是看窗外。

"她害羞。"赛老师说。

她害羞吗？那为何她的沉默从不拖泥带水——没有模棱两可，也没有支支吾吾？在她旁若无人的时候，她像是灵魂出窍，洞悉一切成人苦难了；像是飞到一个配得上她清澈眼神的地方，那里没有贫瘠的山脉，想必鸟语花香。

家访的那天，宋洁的家里正在装有线电视。村支书叼着烟，指挥两个屋顶上的工人。宋洁的爸爸站在村支书的身边，若有所思地朝着村支书看着的方向望去。电视机装在屋里炕的对面，播音女人的嗓音和雪花的杂声混在一起。炕上散着热气，红白的被子，有一股积聚不散的炭味。

"家里种土豆，麦子，胡麻，玉米和豌豆，什么都种。冬天没什么事了，就养养牲口。到三月份再做农活。"宋洁爸爸说，"到了丰收时候，就把土豆和玉米卖了，其他自己吃。我们都是靠天吃饭。天好的时候，一年赚两万；不下雨的时候，一年就一万"。

宋洁爸爸抽着烟。他吐烟很慢，恋恋不舍。今年他四十四岁，带着军帽，一身迷彩服下是一双红色球鞋，像平庸生活里的秘密点缀。最近几年，他早已习惯的一年四季的作息，是早上五点出发种地，晚上九点回家，做饭，喂牲口，十二点睡觉。他说自己"没有爱好，没有时间"。在屋里，他只是一根接一根地抽烟。

"干活的时候，想什么？"

"钱，钱，钱，钱，多挣两块钱。"

宋洁爸爸出生于七十年代的定西山头，直到二十年前弟兄分家才搬来现在的山腰上。小时候吃不饱，上中学每天喝稀饭，连馍馍都没得吃。那时村里的人家没一户有钱，还在做着以物易物的行当。89年，他十八岁，贫穷与饥饿催促年轻人远走高飞。他想碰运气，去内蒙古打工，然而没有文化的汉人，徒有蛮力，只能去砖瓦厂。90年代，他回到家乡，结了婚，生了儿子，留在父母家里，再和妻子外出打工。他随乡人去了内蒙古，内蒙古的砖瓦厂是当地最大的企业。

"在内蒙古那两年，像在坐牢。我们听不懂别人说话，砖瓦厂也不让出去。"他说，"没有一刻不想着回来。哪儿待惯了，哪儿就好。"

他十八岁时挣脱着逃离的家乡，无边无际的荒凉山庄，此刻竟成了他魂牵梦萦的地方。如今他再回想起当时内蒙古的日子，除了苦，竟说不出什么其他滋味了。

"南方人打工，还有玩的。我们这种做砖瓦的，就是做了睡，睡了做。"他低着头，像是想起每晚九点喂养的牲口，"不过，不苦也没有办法。"

"后悔吗？"

"没什么后悔的。自己没本事。"

"有没有开心的事？"

"也没有。"

他说完，报以一笑，露出黑色的牙齿。显微镜下烟碱正在侵蚀牙齿里的珐琅质，如同黄昏里阴影吞噬湖面，残忍，平静，无处躲藏。他用笑容抵抗命运宣判，像一个悲伤而严肃的喜剧演员。

"我是文盲，娃娃学得比我好。"宋洁妈妈说。她正把鸡蛋打进汤里，汤里还有番茄和土豆，这是为老师们准备的。宋洁妈妈矮壮，有着农村女人少见的精力——大部分人，在她的年纪都提前衰老了。

宋洁妈妈的故事在结婚之前是一片空白——并非她没有童年，而是她不去讲述，仿佛女人因婚姻和孩子才变得完整，而之前的故事都成了家族叙事的边角料。宋洁爸爸在内蒙古搬砖头的时候，她正在新疆库尔勒剪棉花，和许许多多的女人一起，让人想起 19 世纪的阿拉巴马。如今，她去了兰州建筑队，宋洁爸爸早晨五点出门种地的时候，她也在工地上醒来了。她和男人们一起建造不知能否有人入住的高楼大厦。

"现在的社会，我们这种人就没办法做。没文化。"她说。社会变化得快，而没有赶上进步的列车是他们自己的责任。像西方人所理解的儒家精神一样，他们内化一切宏观的不公和矛盾。没有抱怨，没有反抗，也不去后悔，因为生而如此。

"现在的生活，保持下去就行。一切为了娃娃，为他们，什么都愿意。"

96 年，她的第一个孩子出生了。是个男孩。他在襁褓里的时候，是由爷爷奶奶带大的。后来，他去了村里的小学，镇上的中学，一路都是好孩子，家里贴满了他的奖状。妈妈告诉他，成长路上要走得正派。许多和他家庭相似的孩子，在镇上上中学时就加入了混混帮派，毕业时节一到，便永远销声匿迹。如今，他正在兰州的一所职业技术学院上大专——这是乡村孩子能得到的最好结果之一，它保证了一份稳定工作。

"我们很重视教育，因为不想让娃娃像我们这样受一辈子苦。"宋洁妈妈说，将将步入中年时，她就给自己的人生盖棺定论了，"我们这里，唯一的出路就是读书。就连打工，也是看天吃饭。不好的时候，老板跑了，我们饭都没得吃"。她又重复了一遍，"我唯一的希望是，儿子不要像我一样受苦。"

"对宋洁也是这样的期待，考上大学，有正式的工作。"她说，"家长都这样嘛。"

她常常将孩子需要付出的额外努力归罪于自己，仿佛命运是摆脱不了的原罪，而对孩子的压迫才是真正的惩罚。前些天，儿子学校里有资助计划，要许多证件，然而她是文盲，根本不懂。什么复印件，网上提交之类，都让夫妻两人一头雾水。所以，他们也尝试励精更始。今年，国家搞精准扶贫，他们是目标户，可以无息贷款四万块。

"快贷上了。我们准备搞养殖，养牛，一个牛娃能挣两千块钱。"

在匮乏面前，一点点希望都可以让快乐节外生枝。宋洁妈妈端上番茄汤的时候，忽然显得轻松了——或许是明年的牛娃让她喜不自胜。汤里有股淡淡的涩味，那是雨水的味道。洮河水还未通到这里，村民们都用存在地窖里的雨水。这里的人们好客，无论何时都是如此。

"对现在的生活满足吗？"

"满足。"宋洁妈妈说。

至少此时此刻，土屋里显得其乐融融——妈妈舀汤，爸爸烧炭，老师谈笑风生——唯有宋洁被忘记了。自始至终，她都安静地坐在桌边做作业，一声不吭。

宋洁的小学时光见证了孩子们的稀零——因为计划生育，也因为生活宽裕的农民都进城了。如今，留下来的孩子大部分是别无选择的单亲家庭。他们都有相似的故事：因为爸爸出去打工，娶了媳妇，媳妇来到这里，看到荒凉景象，生了孩子便逃走；或是因为家里的男人去了附近靖远的煤矿打工，有一年煤矿爆炸，死了七个人，六个是村里的。六个男人，六个家庭，剩下六个孩子。

宋洁的沉默是神秘的，无可参透的，就像婴孩的喜怒无常——是时间让他们习惯了尘世的规则。当然，她也会因为哥哥跋涉而来的到访喜出望外，会在跳皮筋时像个孩子，但更多时候，她超脱于凡俗之外——没有喜怒哀乐，没有纷争，大地如波浪此起而彼伏，生命如潮汐升起而退却。

如此，她的沉默，既是拒绝，又是回答。

11

2008 年，12 月 21 日，"突然发现，家乡的距离，也只是公交汽车上一部颠簸的电影"。

2008 年，我十四岁，这一年，我转去上海上学。若有人问起，我的少年时光比起定西孩子的岁月，有什么值得讲述的，我会难以启齿——即使没有时空的交错和相似的沉重，那些隐忍的自卑、空洞的期冀也让我们的经验相互交融。我的初中，一段我时常羞于启齿的时光。十二岁到十五岁，一半在家乡，一半在都市；一半在城里，一半在路上。

这一年 12 月 21 日，我乘坐大巴车回家。风很大。汽车站的热狗油腻，气味浓重，像廉价的口红与蕾丝袜。站台里，人流来往不息，有婴儿哭泣。那时我已经习惯了周末的长途汽车，车厢里，有一股如魂魄般的幽暗气息。路上，天色渐晚，到最后，抵抗黑暗的只剩下摇晃的车灯，和屏幕里闪烁的警匪片——砰。砰。砰。一片血泊。周润发露出迷人的笑。

若说我在路途上学到了什么，那便是对重复与平庸置若罔闻。乡间的红房子，广告牌上的姚明和罐头，钢厂烟囱里的蓝色火焰……这些景象一次又一次出现，在固定的时间地点，如同牛肉面馆里的葱和辣，建筑工地上的砖瓦。没有灵感喷涌而出，没有惊喜。一如既往的，只有琐碎记忆漂浮在窗外，像劣质、驱而不散的幻灯片。

离开家乡的那一天，我头一次理好了书桌。我最好的朋友，胜寒，并不在教室。他去培训了，丁丁闷闷不乐。徐涛是为数不多和我认真道别的人。他的成绩最差，老师让我帮助他，我却总在自习课把他的名字记在黑板上。我走之前几天，他对我说，他一定要考上船厂的技校，将来，做一个高级技工。他写座右铭的时候，问我 fly 怎么拼。后来，我听说他在船厂打架，被开除了。有人在牛排馆的厨房见到他。

来到新学校的第一天，我尝试变酷。在讲台上我与陌生的同学开玩笑，听到稀稀落落的笑声。回到座位上，我用书挡住自己的脸。温柔的老校长告诉我，不必见外，也别给自己压力。然而第一次考试，我便迟交了，前面收卷的老师大声地说，"别把你们那里的坏风气带到我们这里来！"我抬头看她，愤怒之外，我第一次感到自卑。正是在那一刻，我意识到自己是一个外来人，一个小镇男孩，这是我永远无法摆脱的身份。前桌的两个男孩模仿我说话，总在句子末尾加上语气助词，"这次作业很多的喔。""这个老师好凶的喔。"他们把"喔——"字拉长，哈哈大笑起来。我陪着尴尬的笑脸，仿佛承受他们的嘲笑，我就不必成为众矢之的，而可以变成他们的一员。低头的时候，我多希望我从来没有说过"的喔"，从来没有被生在小城里。我感到羞耻。我憎恨自己，憎恨我的家乡。

初三的某一天我回到以前的学校，从窗外看到胜寒，和他微笑示意。我发觉他的眼神是惊喜而失落的，像在注视一个不期而至的病人。从那时起我就知道在现实中我已无处可逃。后来他告诉我，他看我的时候，就像在火车站目送列车离开。六个月后，我又回来拍毕业照。我们站在巨大的架子上，人头攒动着。队伍一会往左推，一会往右挤。摄影师给手势的时候，拥挤忽然停住了。时间像静止了一样。摄影师的镜头里，我仿佛可以看见自己的瞳孔，和缓慢移动的秒针。我从未如此清楚地意识到，不管在哪里，我都是个局外人。

孤独的日子里，我喜欢走去书店。复旦旁边，有一所叫"万象"的书店，两层，木质地板。在那里我认识了尤金奥尼尔和吉卜林，他们让我感动，也让我昏昏欲睡。在花花绿绿的复旦一条街上，有一家叫 Good Friend 的韩国餐厅，每周我都会去吃石锅拌饭，座位上我可以瞥见厨房，在我的幻想里，那里有不知疲倦的朝鲜族女人。后来，"万象"倒闭了，Good Friend 被拆了，被推土机推平。

有时候，灰飞烟灭是好事，使矫情的人不必再虚情假意地恋恋不舍。

在开始几个星期之后，我已不再担心自己的成绩。每次考试，我将做完的版面留给同桌，他选择性地抄错几题。我总问自己，我为什么要给他抄？我怕他，又渴望证明些什么。内心里，我仍然将自己划分为一个小镇男孩，而一点微不足道的成绩优越仿佛可以稍稍填补我的卑微身份。班级里，我不常说话，只有中午的时候，一个温州男孩会来找我吃饭。他成绩不好，是班里的笑柄，而在遭受嘲笑的时候，他总是随之大笑，好像只要他也乐在其中，那些就都成了善意的调侃。在我转学的第一天，他捂住作业本上的红色叉叉，不时在课上回头对我说，其实他很优秀。后来的某顿午餐，他告诉我，"你看我们，一起考个差些的市重点怎样？"我默不作声。过了一会，我端起饭盆提前离开了。回教室的路上我走得很快——我在逃离什么？一个对我从来真挚如一的温州男孩？逃离了他我就能逃离那个我所憎恶的自己吗？

我忘了是何时原谅自己的，忘了何时与家乡冰释前嫌。也许时间消解一切，也许情绪只会远去而不是消失。在一个周六的中午，2009年的3月14日，我去了汽车站。还有二十分钟就要发车，我坐在候车室里，吃薯条。一个五六岁的男孩到了我跟前，穿着厚重的黄色棉袄，有着短而乱的头发和白里透红的面色。然而他突然用力地抓住我的包，我扯回来；他再拉，我紧紧抱住。

"不要！"我对他挥手。

他呼味地松开，双手悬荡着，如拖线木偶。他的脸上没有表情，嘴巴是微张的，唯独有一双游离的眼睛——那眼神晃动得剧烈，仿佛什么东西让他目不暇接。人群匆匆而过，他是在找谁呢。

后来，一个女人跑来，抓住他的手，打了屁股。随后她抱起他，很快就消失不见。然而男孩的眼睛却不断闪现在我眼前，那样迷茫而无助，在混乱中我们像是有什么隐蔽的联系被打通了，仿佛战火里陌生人拉起的手。我们都是外来者，有着残忍的清醒与自知。我们都是进步的列车后头远去的弃儿。

2009 年，3 月 14 日，"这是个陌生而拥挤的世界。我们都在路上，走的路却不同"。

那天晚上，写下这句话的时候，我知道自己在撒谎。从他的眼神开始，我已无法再专注于自己的支流。此刻，我想去了解他的家乡。

我想，有一天，我也许会去那里做一个老师。

12

如今，在去定西城的颠簸大巴上，我又想起那个男孩。六年过去了。如果他还在上学，那刚好到了初中年龄。按照剧本，他回到家乡，我恰好在那里做了老师，操场上我们擦肩而过，谁也没有想起对方。

三个月前，我绕道去了会宁。那时还是夏天，沙尘里，一个男人在路边抽烟。会宁是曾经的甘肃状元县，那里没有水，教育是唯一希望。而如今，因为警察扩招，大批教师辞职去公安局。在会宁城里，我遇到两个高三毕业的孩子，鹏飞和娇娇，他们都上了一本。到了高三，他们几乎不再放假。每天早上五点半起床，吃一块钱三个的馒头。

"平时除了学习，做什么？"

"就去食堂吃饭。"娇娇说。

娇娇从未出过会宁，她最喜爱的活动是一年一度桃花山的庙会。那个时候，会有卖小吃的、烧香的，和山顶唱戏的人。她的梦想是，"到了大学，老师做实验的时候，能带上我"。

"我想出去自己弄。喜欢自由的生活，不爱为别人干活。"鹏飞说。他的家里开杂货店，父母为了孩子从天水搬来会宁。他的妈妈说，只要孩子能考上大学，出去说话腰都直。鹏飞是班长，从来一丝不苟，然而刚从天水搬来时，他觉得自卑，觉得这里不属于他。从那时起，他有了秘密的爱好，钻研恐龙化石。

"我对美国的印象是，恐龙化石最多的有三个省：怀俄明、科罗拉多，还有一个忘掉了。"

"犹他州？"

"对，犹他州。"他说，"我还听说，在美国，当国歌响起时，每个人都会停下手边的工作。"

三个月以后，我来到定西。我随王老师上课，她讲，我记。每节课后，她都问我，"我的发音标不标准？可不要笑话我"。课余的时候，她给我讲她自己的故事，大多是些琐碎的事情。

"和期待的生活是否一样？"

"一样的。从来没想过，奢求过什么。现在，觉得该有的都有了。其实，本来就是平平淡淡的。"

没有故事是平淡的，只是在叙述了千回百转的人生轨迹后，她重又把它擦干净。这是许多人会做的事，在回忆水涨船高时戛然而止，以便以平静的姿态步入现时。我在独处的时候把它们记下来，仿佛置身事外。在别人的自白里，我从来都是一个他者，一个叙述的幽灵。然而世上真有如读心术般心心相印的叙述吗？我怎能肯定是在讲述别人的故事而非自己的？时常，我怕像《丰饶之海》里的本多一样，在叙述的尽头发现物我两空，一切只存在于臆想，最终都将遁入虚无。

每天放学，我随孩子们回家，风沙很大，他们咳嗽着，用口罩捂住脸。在家长面前，我说自己是实习老师。他们讲述自己家庭的故事，往往越是不幸，就越没有遮拦。诉说的时候，没有人是愤怒的，也无人抱怨。所有人都对命运照单全收——在回顾中所有琐碎的事件都变成必然的，无法回避的线索，如同黑格尔的历史理性一般，成为一种冷漠无情的宣判。

"我是在瞎苦，"他们说，"我希望孩子别像我一样。"

我们的对话是单向的，我从未分享自己的故事。在交谈的末尾，他们会说，"再好着了"，"现在是满意的"，仿佛故事突然峰回路转，在谢幕之前匆忙搬上喜剧结局。我不知如何回答，只是点头，"是的。""现在好了，将来会更好的。"

在所有的故事里，甚至于自己的，我都无能为力。然而在每一次交谈后，我都觉得自己同样也深陷其中，他们的命运与我是真实相通的：从王老师，到欣宇、杨丽、景军，到王老师的母亲、学生、学生的学生，到胜寒，到我，藕断丝连，盘根错节，开开合合。它们扎根于宏大叙事却反抗它，像一颗死去的种子，记忆不再专注于政治、历史与偏见，生长出来的枝蔓伸向四面八方。在遥远的宇宙里我们久别重逢。

那里，我们都长满时间的枝条了，只有一条脉络代代相连：善良，勇气与忍耐。我想，我们都曾是定西孩子。

Letter 5

M,

我常常困惑于死后的世界，虽然在后尼采的时代里，它已经不是一个重要的话题了。我好奇的是，死亡究竟让人更明智，还是更无知。这是我害怕宗教的原因，因为它通常肯定，在虔诚的前提下，死亡是一种升华，从我们现世的浅薄，升进永恒的真理中去。然而，我却总想象另一种可能——死亡让人跌进出生的虚空里去了。那里没有救赎，没有豁然开朗。宇宙忽然变得难以捉摸，只有现象，没有本质。死亡让人意识到，现象不可理解，真理无法解释。一切都正在发生。只剩下一个舞台。

面对这种可能，我更加恐惧——这意味着，我与死者的联系，在他们死亡以后就消失了。而我和这世上每个人的联系，也只是一厢情愿的情绪，最终都会飘散。正如一年以后我终于回到学校，大声叫着前面那个搬箱子的黑人男孩的名字，"迈尔斯！"，而他只是回头呆呆看着我，尴尬地笑。

我对宗教的感情是暧昧的。我敬畏它，却没有相信的能力。两年前，我上了一节基督教史的课。每节课前，我们读那些荒唐的受难与奇迹。一个迷人的金发男孩总是大声朗读，"他不像是一个被烧焦的躯体，反而像是一片刚被烤出炉的面包，或是熔炉中刚被提炼的金银。尔后我们感受到了一阵令人愉悦的芳香，仿佛这是麝香或是某种名贵的香水"。这是圣传里描写殉道者坡旅甲（Polycarp）受难的片段。金发男孩把重音放在"香水"上——我们都哈哈大笑起来。然而欢快的氛围让我不安，仿佛自己化身成了 Polycarp 身边的犹太人和庸众，他的执着让我感觉滑稽，他的神圣让我感觉荒诞。我们把 Polycarp 押进斗兽场，他八十六岁。"渎神者，走开！"他大喊着，"愿上帝的旨意被成就。"不得不说，我羡慕他——怎会有这样信仰坚定的人？他如何确信自己在执行神的旨意？作为一个尽职的配角，我折磨他。我们收集圆木，煽风点火，把他活活烧死。死前他目视天空，烧焦的躯体，居然发出一阵芬芳。

离开定西去北京之前，我去了苏州的一个村庄，做居士。在那里，一个师父给我出了道题，"论孝道"。我仔细寻思他的问题，体内可怕的精灵又开始蠢蠢欲动——"孝道，亲情之类，和教义有什么关系？"我妄想自己接过他的考卷，就写上"梦幻泡影"四字。我想象他气愤的样子，他枯瘦的脸拧成一团。而我则脱下外衣，变成魔鬼的模样。我拉长的脖子绑住他的身体。

"亚伯拉罕在山顶决意向神献上他的儿子以撒"[1]，我在他的耳后低语，"你又会怎样做呢，我可爱的阿辽沙？"[2]

在苏州的最后一天，师父告诉我，五年前，他把孤寡的母亲从湖北接来。她倔强，仍叫他的俗名，不肯叫他师父。两年前她在一间旧屋子里往生了。那里如今已布满灰尘。没有人再进去，没有人提起她。"她直到往生也没有真正理解我。"师父说，不无遗憾。然而他是否理解母亲？他是否尽了孝？他没有说。你可以看出来，这个本不该存在的问题持续折磨着他，如同锁链般的泡影，滑落不下的露水，消逝不去的闪电。"我给你出个题目，孝道，论孝道。"他对我说。两年以后，两天以前。

祛魅的年代里，超越性的联结似乎渐渐失效，而剩下的每个人，都要寻找幸存的意义。这是我来到北京的原因，因为这里是一个布尔乔亚的黑洞，它召唤、诱惑每一个人却也吞噬他们。在此之间，一些人选择虔诚，继续试炼信仰的耐力。而更多人，他们沉没在 average everydayness（平均的日常状态）[3] 里，疏离，前行，疏离，前行，悲剧性地试图寻找渺茫的真我。

我在一年以后回到学校。在宗教系的小册子上，我又看到当初大声朗诵的那个金发男孩的名字。我还记得我们大笑的瞬间。然而在自我介绍里，他这样写道："我曾是虔诚的教徒，

1　参看《旧约·创世记》二十二章一至十八节，这段经文记载了亚伯拉罕听从耶和华神的吩咐，将自己的儿子以撒献上给神的事迹。可是，神并不是真的要亚伯拉罕杀死以撒，后来，神以一只绵羊代替以撒献作祭物。因此，亚伯拉罕常被后人称为"信心之祖"，当作信心和顺服的榜样。

2　陀思妥耶夫斯基小说《卡拉马佐夫兄弟》中的阿辽沙。

3　海德格尔语。

也曾是无神论者。而我现在终于明白了信仰的真谛……"

　　这时，我已经不期冀得救了。从何时开始的？大概，从来到北京开始。那时我便明白，我并无向信仰纵身一跃的能力，那个时代已永久消逝。而我一直以来所追寻的，其实是那个一切都正在发生，却越发模糊的舞台。

L

单读是谁

1

　　我是一个月前来到《单读》的。在此之前，我在苏州的一座小庙念经。人们告诉我，你要去北京，有趣的人都在那里，北京是全世界的中心。我信了他们，在诵经时心神不宁，虔诚的妇人们都斜眼看我。我想念尘土，想念肉，想念飘荡的汽油味。过了些日子，我提着行李来到北京。

　　《单读》编辑部在单向街书店楼上。书店外墙的藤蔓盘根错节，密集得有些刻意。在雾霾里它们都失去生机了，像血管标本般精致而无情。走进编辑部的时候，你会看到一幅巨大油画，一个裹着闪电披风的弱智儿童正漠然看你。我想起《单读》的标语："我们阅读世界"——可世界是否也正阅读我们，如同看一个自作多情的傻子？

"中伦，你来了。Kiva，来，这是新来的实习生。"

这就是主编 57 对我说的第一句话。57 有着磁性的声音，像方大同，像那些你一旦失落就会策马而来的暖男。他戴着一副圆框眼镜，一百年前的款式。他像是偏爱过时的东西，喜欢买表，因此人们也叫他"表哥"。"表哥"在绝大多数时候都是神秘的，不发朋友圈，不说一句多余的话，然而总会在合适的时候春风化雨，抚慰人心，像一个远道而来的天使，一个戴表的天使，他会看准时间如期而至。

Kiva 则不同。57 招呼她来的时候，她就问我，"你在哪里上学？哪个城市？中学呢？"她的提问快速而精准，让我措手不及，而我的注意力还停留在她的低胸装上。如同许多女孩梦想的那样，Kiva 漂亮又性感，还有一个敏锐的大脑，做起事情来，总是急切而充满热情。这种自信是有吞噬性的——在她面前我生怕回答错什么，被她瞧不起，即使只是说些基本信息。有一刻，我甚至想像盖茨比一样坚定而恬不知耻地说自己毕业于剑桥。

巧是总是迟到的那个。我第一天见到巧的时候，她戴着一个白色的线帽，还没有坐下来就心急如焚地投入了工作。

"她是谁？"我问 57。

"我们的前台。很年轻，93 年的。"他说。

"对，我是前台。"巧说。

巧并不在意自己的身份。对几乎所有事情，她都好像无所谓的。其实她并不是前台，而是编辑部最有名的那个"爱《单读》的小姑娘"。她年纪很轻，却好像统治着 57 和 Kiva。选题会上，是她连珠炮般的点子主导着我们的舆论走向。只有门外抽烟的时候她像个小姑娘。吐烟的瞬间，她让我想起喷火的葫芦娃。

这就是编辑部的核心三人组了。当然，还有老大许知远，他是一个潇洒的知识分子。但更多时候，他游离于体制之外，只在意想不到的时刻飘然而来。我常想象，有一天全北京的人都在雾霾里变成僵尸了，许知远面容凝重，最后终于扯开衬衫，露出尘封已久的超人制服。

是 57、Kiva 和巧塑造了单读。你无法说他们是无端地聚集在这里的。即使他们来自不同的地方，有着各异的过往，生活中许多的线索却藕断丝连，最后一并通向了这个地方。你不得不说这巧合让人害怕，正如深思之下的任何命运联系。你会说这一切早有端倪。你对此感到好奇。

2

巧是大二的时候开始抽烟的。后来做单向街的公号，要熬夜，就每天抽两包。如今她养成了习惯，不忙的时候，就站在路边抽烟，一副什么都不在想的样子，像编辑部墙上那个戴闪电披风的弱智小孩。她抽的是白色的万宝路，烟在北京的雾霾里飘散开来，像污水里游荡的锦鲤，它消失，不留痕迹。巧怕自己也像烟一样无枝可依。

第一天来编辑部的时候，我听错了，叫她巧儿。一个丫鬟名字。她说她叫巧，没有儿。巧是她出生就有的名字。

93 年，巧出生在重庆的永川区。她出生的时候，妈妈很突然就被送进医院，那时爸爸还在学校打篮球。那天是爸爸的生日，他本来还要出去和朋友庆生，外婆打电话给他："你老婆要生啦。"他来到医院，发现女儿已经出世了，和自己是同一天生日。于是，他给女儿取名叫巧。

巧的爸爸妈妈都是老师，平时要上课。在巧五岁之前，都是爷爷奶奶带她。五岁的时候，爷爷奶奶去了重庆城里带姐姐。巧说，现在我们一大家子其乐融融的模样还很清晰，而后，时间就像突然快进到了爸妈离婚的日子。中间的一长段时光都模糊不清了——

在那段黯淡的记忆里，她记得那时候住在妈妈学校的职工宿舍，上厕所都用痰盂。浴室和厨房连在一起，爸爸妈妈做饭，她洗澡。巧不喜欢洗澡，爸爸妈妈都骂她。

职工宿舍是个大院子，孩子们都认识。巧年纪最小，被排挤。她把被排挤的不甘带进学校，做了孩子王，组织春游，爬山。她成了班长。她记得因为她姓蒋，孩子们都叫她蒋介石，说她霸道、独裁。有个姓袁的，在野党，还老是和她对着干。但小学五年她都是班长——总有人要当领导者，而唠叨的人们总会人云亦云。

她不记得是从什么时候开始自己变了，不再生龙活虎，不再和老师侃侃而谈。她开始满足于待在自己的世界里。她想那大概是爸爸妈妈开始闹离婚的时候。妈妈遇到了叔叔，他们相爱了。她想了想，认为还是相爱这个词比较好。它让后来的残忍转折变得有迹可循。

3

Kiva 的父母来北京的时候，她邀请 57 和巧一起去她家里吃饭。饭桌上他们一家人相谈甚欢。57说他羡慕 Kiva 的家庭，巧说 Kiva 的家庭让她感觉自卑。Kiva 一笑而过。曾经她以为她与父母再也无法破镜重圆，然而时间依旧调停了一切。

Kiva 十五岁以前的人生都在与妈妈的权威感作抗争，直到十五岁妈妈的权威感忽然崩塌。Kiva 出生于四川资阳，沱江北面。爸爸是援藏军人，一年只回来三个月。妈妈带她。

Kiva 四岁开始学钢琴。她并不喜欢，但家里人觉得钢琴是西方来的，是他们那一代人向往却无法企及的东西。他们逼她学琴，期待有朝一日，孩子会感恩他们的坚持不懈。开始，她身高不够，脚都踩不到地，妈妈就垫了一个小板凳在下面。妈妈还和 Kiva 一起去学五线谱，学会了，回来继续教她。因为练琴，Kiva 挨了妈妈很多打。有一天，她发现自己长高了，不用再垫板凳。那是她第一次觉得自己长大了。她觉得忧伤。她一直想告诉妈妈，她讨厌钢琴，但她从未说出口。

Kiva 说，当她还是孩子的时候，是个特别自卑的人。她在练琴的时候，其他女孩围在一起踢毽子，跳绳。她也希望能得到关注，然而男生们聚在操场上偷偷给女孩评分的时候，居然把她都忘了。她路过的时候，听到他们说，"还有谁？还有谁？哦，还有她啊"。成年以后，她沉迷于买衣服，以为外在的东西能改变回忆里那个贫瘠的自己。

十二岁的时候，她爱上一个混混。

混混叫阿韩，比她大三岁，降了级，就比她大一届。阿韩是校草，长得像古天乐，又是混混，经常打架。他能满足女孩对于坏男生的一切想象。为了引起他的注意，Kiva 只有上课戴眼镜，下课便摘掉，希望走廊上的阿韩能看到她。他们很快就开始谈恋爱了。从恋爱的开始Kiva就知道这是没有出路的，她不应该动感情。然而爱情是那么诱人，它提供一个从阴云密布的钢琴房逃走的选择。

他们开始形影不离。最多的时候，Kiva和阿韩连续通了三十六个小时的电话。他们一起牵手走过回家的路。他们的手心都出了汗，然而Kiva觉得阿韩的手是香的。回去以后，她洗澡时把阿韩牵的那只手举起来，不愿意被水沾到。

有一天他们走路的时候，远处突然放起了烟花。他们把烟花当流星，闭眼许了愿。

许完之后，Kiva转头问阿韩："你许的什么愿？"

阿韩说，"我希望你许的愿能够实现"。

Kiva低下头。她许的愿望是，希望早些摆脱这段感情。

初吻那天，Kiva回家晚了。她的朋友背叛了她，告诉了她妈妈。妈妈疯了，在家里哭得死去活来。妈妈开始跟踪她，翻她日记，审问她同学。爸爸也知道了。他特意回来警告Kiva，"那个男的家庭不好，坐牢的。不要逼我使用特别手段，来让你们分手"。

爸爸说完，Kiva打了他一巴掌。她告诉他："你从小给我多少爱，你欠我的他都给我了。"

爸爸没有还手。

4

人们叫57表哥，因为他喜欢买表。他既不买贵的表，也不买便宜的。不是奢侈品，也不是几百块钱就能买到的小器物。他说自己着迷于机械的精准，"时间是一种必然性，是你无法抗衡的。所以，你必须臣服于它。"然后他顿了一下，说，"浅薄的层面上，买表就像买包，装饰品罢了"。

试图了解 57 是一个不断失败的过程。他平静，稳妥，情绪像指针般无懈可击，连玩笑都开得恰到好处。有时他就坐在你身边，却好像遥不可及。你会觉得善良与体恤只是他空灵内心的面具，是像神明般纯粹却没有缘由的善意。继而你会对他产生一种虚妄的怜悯——他一个人站在那空旷的原野上，孤独如干裂大地里一株老去的草。

我对他说，"写不出一个真实深刻的 57 老师啊。都像班门弄斧"。

他说，"以前有个人物周刊的老记者总结采访经验：看人看表面"。

"表哥有许多表面。"

"狡兔三窟，"他说，"所以随便写哪个表面都是正确的。"

57 出生在湖南的冷水江，资江边上，一个小镇。小时候他住得离学校很近，所以做了班上的卫生委员。每天早上，他去给同学们开门。他因此得到巨大的满足感，觉得自己是被需要的。从小到大他的成绩一直特别优秀，然而是卫生委员的责任带给他真正的快乐。

"无私、集体感对我特别重要。"57 说，"前些天，我和文珍聊天，她说，爱就是被需要。我突然觉得，我一直想被需要，被集体需要。然而，现在不存在一个明确的集体了。集体感作为一种品质过时了。"

57 是一个过时的人。这并不是说他生错了时代，而是他沉迷于自己的过去。时间一往无前，别人都大大咧咧地跨步向前，他却会不断回头，念念不忘。"童年对你的影响并不大容易改变。成年以后你的阅读和成长，并没有推翻你的童年。你并没有感觉需要重塑你的价值观。"

57 生于 1986 年，一个集体感逐渐凋零的年代。小时候，他并没有很多被需要的机会，就连在家里，父母也常因工作原因外出。电视机成了他最好的朋友——只要按下遥控器，它就"嘀"的一声给予反馈。他爱看《大风车》《葫芦娃》《大草原上的小老鼠》《舒克与贝塔》。"电视机是我儿时最亲密的玩伴，它供给我知识、想象，了解世界的机会。"57 说。许多习惯并未随时间流逝而消失。直到现在，每天下班回家，57 仍会第一时间打开电视，再接着做其他的事。只要听到电视机的声音，看到那些嘈杂而热闹的人群，他就觉得自己不是孤身一人。某种程度上，那个每天守在电视机前的小 57 从未远去。那时的他希望长大以后能在卧室里拥有一台自己的电视机。而正如童年的许多梦想一样，它从未实现。

在客厅里，白花花的屏幕前，小 57 想和《大风车》里的金龟子一样，站上舞台中心。但他内心知道这不可能。而儿时的失落似乎成为了成长的隐喻：他发现那个理想的人格始终遥不可及。即使他成了成绩最好的学生，即使他最终考上了北大，成了人们羡慕的人，他仍是自卑的，这种自卑并不会随着时间消解。

如同后来爱表一样，57 开始学着享受那些浅薄而简单的快乐。他长大了。他上了高中。夏天的时候，镇上老停电，很热。他喜欢走去公交站，坐驰骋的内环车，一坐就是大半天。他把车窗打开，随着车就那么环啊环啊。风打在他脸上。

5

"所以，妈妈和叔叔，相爱了？"巧用了疑问的语气，仿佛我知道答案。通常，巧说一不二，工作时会认准她认为有价值的内容，对其他事情都不屑一顾。然而此刻，你可以感受到她的脆弱。在不愿深究的经验面前，她以问句掩耳盗铃。

"爸爸这边，算比较理智，吵了几次架，离了。叔叔的妻子，发狂了，把妈妈从自行车上拽下来，妈妈滚倒在滑坡上。每天放学她在校门口堵我，觉得恐吓孩子就会让婚姻有一线生机。放学回家五分钟的路程，妈妈再也不让我一个人走了。"

有一天巧和最好的朋友走路回家，那个悲伤的妻子突然蹿到她身前，对她说，"你妈这个婊子，过得好吗？"

巧不敢和妈妈说。在妈妈的办公室里，她的同事以为小孩子听不懂，还在那边打趣，"啊，那个疯女人又来砍你妈啦"。巧低下头。

爸爸和妈妈分居了。巧随妈妈搬去了外婆家的老房子，有许多蟑螂和老鼠。在门外黑漆漆的小路上，她常摔倒。有一天妈妈生病了。巧不知道要寻找谁，只好打电话给爸爸。爸爸来了，拥抱和抚摸妈妈，但是嘴里却说些不堪入耳的话。是在那时巧意识到她和妈妈只是两个女人。女人是她们隆起又坍塌的子宫，她们孕育世界而后任之毁灭。

巧开始很排斥叔叔，即使他是个老好人。爸爸听古典音乐、看话剧，而叔叔喜欢看抗战片，她能喜欢哪个？叔叔也会过来看望妈妈。他过来的时候，妈妈就把房门关上。巧会遐想里面在发生什么。而直到现在，她也不喜欢室友带来朋友锁上房门。这让她感觉恶心。她也害怕组建家庭。

妈妈和叔叔也会吵架。他们吵架的时候，十岁的巧就去踹门。她听见妈妈在哭。她在门外大喊，"你不许打我妈妈！"妈妈在门里啜泣，"大人的事小孩子不要管，快去睡觉吧"。

她和叔叔成为朋友，是许多年以后的事了。"我的整个童年，都在不断适应。适应大家庭变小，适应小家庭变成两个人，适应两个人变成三个人。但这还不是最糟的。"

最糟的日子在初三时到来。爸爸被调到城里去了，家里商议，想让巧能有更好的读书环境，就让她随爸爸一起去重庆城里。

那时爸爸交了一个女朋友，巧叫她阿姨。阿姨是商人，有钱有势，是她帮爸爸调到更好的学校。在一起生活之前，巧喜欢阿姨——她带来了从未有过的元素，她打破了永川窃窃私语的教师圈子，她带巧去大城市，吃自助餐，买衣服。巧向往那样的生活。她想有一天也住到大城市里去，那里车水马龙，川流不息。

生活的幻景很快就崩塌了。爸爸和阿姨当着巧和妹妹（阿姨的女儿）的面争吵，而巧自己忙于学校里的功课也无暇应接。她从最好的学生变成了一个中等生，没有办法接受这种心理落差。她想家，想妈妈，却什么都不能说。她还恋爱了。

"三儿是个混混，长得像陈小春。"

和 Kiva 一样，巧也会抛出一个明星的名字，呈现出一种直观的具象。说起三儿的时候，她像是突然拉开沉重的黑色幕布，让光芒暗度陈仓。"他初二被学校退学了，转到重庆。我们两个转学以后的学校，只有一站轻轨的路。"

三儿是个混混，爸爸是领导，妈妈是商人。在永川的时候，他们在一个班。转到重庆，两个孤独的人，情投意合。三儿对巧说他喜欢她。巧答应了。回永川，他的小弟们都叫巧"嫂子"。下雨天，他们一起去广场散步，不撑伞。三儿被雷劈了。巧牵着他的手，也被电到了。只是轻微麻痹罢了，她却以为会死在那一瞬间。

巧和三儿谈了两年恋爱。两年里，她并没有受到什么管教，因为在家里，人人都自顾不暇。相处久了，她开始觉得自己和三儿不一样。她爱看书、看电影，而三儿还会偶尔回永川打架，在她身边，说些有的没的笑话。她心里知道，早晚有一天他们要分道扬镳。

他们前前后后分了很多次手，只有最后一次是认真的。并非三儿混日子成性，而是他生命里灿烂的那面让巧难以忍受。他有个幸福的家庭，会在巧面前抱怨，"我妈又要求我好好打篮球"。巧觉得他是在炫耀，他自知在巧面前他别无所长。他依赖家庭，有什么了不起的？巧不需要。

"只有这一次分手是认真的。"巧说，"我们曾无数次分手，他喝酒喝到住院我会分，他开始抽烟我也会分"。

"可笑吗？现在我也开始抽了。"

6

直到如今，在夜里 Kiva 仍会哭泣。她曾以为，在她十五岁母亲的权威崩塌以后，她就已经成为一个独立的女人，再不需要人造的神明指手画脚。然而镜中那双泛红的眼睛让她明白，或许脆弱是无从摆脱的。即使她已经经历过这么多事，神经也从未丧失柔软——它一次又一次地疼痛，每一次都像针头戳进婴儿的皮肤。

打了爸爸那一巴掌后，生活似乎归于平静。但是家里的每一个人都知道，从此一切都不一样了，而强忍的愤怒和敌意，无非是在寻找下一个时机爆发。"我的初中就是生活在一个循环里——斗争、妥协、斗争、妥协……对家庭和阿韩都是这样。两边都有要求，都逼我做出决定。"Kiva 说。

痛苦但不出意外地，Kiva 选择了家庭。那是读初三的时候，她挑了一个日子，要和阿韩分手，说清楚。与此同时，妈妈偷看了她的日记，知道她第二天要出去了。她和爸爸分析出 Kiva 爱去的两个地方，书店和西餐厅。他们打算分头出马。

Kiva 第二天去了西餐厅。她和阿韩分开出门，阿韩在前，她等了一会，后出去。推开门的时候，她看到妈妈站在阿韩面前。她懵了。呆站着。

妈妈看到她出门，一瞬间又疯狂起来。妈妈的痛苦撕心裂肺，至爱之人反抗了她至高的意愿，她为母女二人搭建的世界眼看就要分崩离析。她冲过去，要打女儿。阿韩跪下来，拉住她。这时候，爸爸也到了。他看到阿韩拉住妻子，以为暴力的念头源自那个混混，怒不可遏——Kiva 已经记不清爸爸是不是打了阿韩。她的世界是摇晃的。她只记得阿韩的眼镜掉在地上，碎了。

她逃走了。她害怕。她进了出租车。那是资阳的市中心，人群涌动着，噪音慰藉着孤独个体。爸爸在车窗外面出现了，玻璃外他的脸庞大而冷峻。他一手把门抓开，把 Kiva 拉了出来，拖在地上。无序的人群聚拢了，围成一个圈，像野人祭祀的仪式。有人嘀咕着，"贩卖儿童啊"。爸爸对他们喊，"这是我女儿！"人们都不吭声了。聚光灯又打到舞台中心的四个人。爸爸妈妈站着，如威严的审判者。女儿趴在地上。女儿的情人摸索着地上的眼镜，不知所措。

模糊的世界里，Kiva 看到人群里的熟人，是妈妈的同事，她冲过去抱住他的腿，告诉他："这是我大姨的电话，你打给她，让她来接我。"

是什么让突然的冲动变得无可救药？是什么让他人的正义和偏执变得不可冒犯、咄咄逼人？你回忆起来的时候，在暴怒之外，一定可以找到某条亏欠的源头。是从爸爸参军那天，女儿的命运就已经被写下了吗？还是她走进钢琴房的那一刻？你想起卡夫卡笔下的父亲，他对儿子宣判死刑。而儿子随后夺门而出，跳入大江。在临死之前，他默念着，"爸爸，我爱你"。

Kiva 在大姨家住到中考。期间，爸爸妈妈发短信来，希望她能回家。她不置可否，并未回答。她恨他们。后来，她高中去了上海上学，对家也没有丝毫留恋。她只想远走高飞。

她十四岁了。她爱阿韩。可他是个混混。有一次，她去棋牌室把阿韩拎了出来。在门外，她哭着对阿韩说，"你为什么不上进？为什么？为什么不上进？"阿韩默不做声。复习中考的时候，她从书桌外的窗里，看到阿韩在路灯下踱步。以前，阿韩总在那个路灯下等她。现在，他以为只要他还心心念念地傻站着，就是在守护她。Kiva 躲在窗户后面看他。从那时起她就知道，他们没有未来了。

Kiva 在中考以后离开四川，去了上海。那一届是上海全国招生计划的最后一年，她终于逃离了家乡。走的那一天，她说不清是快乐还是痛苦。她既无想象也无留恋。她怕自己沉溺于浅薄的快乐或是悲伤。如今她终于一走了之——可她真的能逃离那个阴云密布的钢琴房吗？

"高中三年特别压抑。"她说，"那是个鸡巴压抑的地方。"

"你写的时候，把鸡巴两个字换掉。"她补充说。

她的同学看不起她，觉得她是乡下来的，即使她成绩好，长得漂亮。有一天她穿了一件姜黄色的外衣，同学让她脱下来，说，"你别穿，一看就知道是四川来的"。高二的时候，她是电视台台长。一次和同学谈起下一届一个帅气男孩，有个可爱的闵行女孩一字一句地说，"你放心吧，他不会看上你的，因为你是四川人"。

妈妈不再管她了。初三最后的日子像是耗尽了她的愤怒，她的权威崩塌了。她寄生活费，但再不指手画脚。Kiva 偶尔听到阿韩的消息，听说他在不同的地方打拼或混日子。Kiva 开始觉得，无论在哪个地方，她都离人群很远，曾经轰轰烈烈的生活都淡去了，她不愿再笑脸相迎地融入生活，不愿再挣扎其中。她变成一个局外人了。

"做一个 outsider，这点很重要。能接受这个角色很重要。"如今的 Kiva 转着椅子，不紧不慢地说，"它把你一切已有的秩序打碎，然后重新再来一次。这是你成长的过程。"

高三毕业，她和父母和解了。那是一次再普通不过的谈话，然而话题突然回到了阿韩身上。妈妈面露愧色。她告诉 Kiva，像一个认错的孩子渴望得到宽容般地说，"你要原谅妈妈。这是我第一次做妈妈。"如今她老了。在一切挣扎都坍塌以后，却仍旧脆弱如初。这句话之后，女儿与妈妈冰释前嫌。

Kiva 和阿韩的故事并未结束。大二的时候，她突然接到阿韩的电话，一下子就辨认出他的声音。他说，他在浦东机场。Kiva 开始颤抖，她怕阿韩又惹了事。其实，阿韩赚钱了。他要证明他养得起她，还兴冲冲地给她买了一个 LV 包。Kiva 感动了。他们复合，又分手，又复合，又分手。一次大吵以后阿韩走了。而 Kiva 一直留着他买的 LV 包，摆着，从未用过。

研究生回国以后，Kiva 又在家乡遇到阿韩。那是在一个饭店，他们都看到了对方，但是说不出话，没有打招呼。那时阿韩已经结婚了。后来阿韩发信息给 Kiva，给了她自己 QQ 空间的账户和密码，Kiva 才发现，这么多年来阿韩一直在给自己写信。在他结婚前一天晚上，他写着："直到结婚之前这个晚上，我还幻想着你能突然出现，给我一个不结婚的理由。"她仿佛又看到那个路灯下踱步的阿韩了，他迷茫没有方向，却执着地认为等待终有个尽头，仿佛那是世上的永恒真理。

"阿韩现在不帅了，变胖了。他做房地产的，变得很有钱。"Kiva 说，"但我们偶尔联系的时候，我会觉得他没有变。"

7

57 已经很久没有吹过内环车的风了。如今他每天独自乘地铁上下班，北方的风从车厢间的缝隙里钻进来，打在他脸上，像僵硬的散珠洒在地上，轻弹，滚动。南方的风是不一样的，即使在冬天，它也柔软得发腻。然而本质上，这种经验并未改变，他仍乘坐在环啊环啊的地铁上；生活仍是重复的；他仍是孤身一人。

每天回家，他首先打开电视。《大风车》经久不衰，但金龟子已经老了。她戴上了黑框眼镜。人们辨认出她眼角的皱纹，说她化了浓妆，说她是个老女人。时间过得好快啊。

高中时候，57写过关于内环车的作文，如今他还记忆犹新。他写，他坐它上下学。放假也坐。心情好或不好都坐。一坐，就一天过去了。那是他从理科班转到文科班写的第一篇作文，在新班级里，他沉默、内向。教语文的曾老师看了他的文章，走进教室，在讲台说，"一山更比一山高啊"。57抬起头。曾老师的鼓励让他意识到了自己的才华。原来，在他孜孜不倦追求理想人格的身后，已经有了长长的一条路了。

他和曾老师关系越来越好，老师开他玩笑，叫他"胖子"。写作文的时候，曾老师不拿分数要求他，而是会给出私人的审美评价。有一篇里，57写看书时书桌外的月光。曾老师特别把这段话划出来，写，"月下读书这段有点做作"。他不知道，57是一直开着台灯的。57觉得曾老师误会了。他老是想起这个误会。那么多跌宕的经历都融化了，这个片段却挥之不去。

今年过年回冷水江的时候，57又在街上遇见曾老师。他老了。他仍记得57。他对57说："怎么瘦了啊？是不是在北京吃得不好啊？"

57早就瘦了，念大学的时候他就完成了身材上的蜕变。曾老师是多久没有见过他了？在街上偶遇之前，曾老师回忆里的那个57还是一个才华横溢的小胖子，在书桌前的月光下会矫情地抬头。他变了吗？曾老师误会了，他其实是一直开着台灯的。他变了吗？

57说，时间是无法抗衡的，你必须臣服于他。然而57并不是一个向时间投降的人，他是一个抗争者。曾老师许许多多的学生都与时俱进了，他们从事了各种各样的职业，但大都放弃了对文字的兴趣。57 留了下来，他成为记者，成为主编。大学毕业以后，他在《南方周末》做报道，有一次，把自己的稿子寄给了曾老师。因为是平邮，稿子从未到达曾老师手中。它被堆在邮局成千上万的遗失信件中。它和成千上万复杂的情绪一起销声匿迹。

"是为了向他证明什么吗？"我问 57。

"不，不是。"57 说：

> 我特别怕向别人去证明什么。我觉得这里面有一种很强的动物性。
>
> 尤其和曾老师就更没有这种证明的东西。我会想，我会不会成为他的眼睛。我会觉得，他教过这么多学生，但是真正从事文字工作的特别特别少。所以，这有一种安慰性的东西在里面，我想让他知道，老师和学生的交往不纯粹是一种功利性的东西，他做的努力，他让我去做自己想做的事的尝试，是有可能的。

高考前后，57 都很放松。并不是因为胸有成竹，事实上，最后阶段的模拟考他曾考得很差，但他莫名其妙地无忧无虑，觉得只要把手头的事都做好就可以了。直到现在，57 仍是这个姿态。你很少能看到他紧张，仿佛他对俗事都漠不关心似的。考完之后，他并没有觉得自己考得很好，当然，也没有觉得自己考砸了。打电话查分的时候，每出一门，他就"欸"一声。爸妈在旁边着急得很，以为他考砸了。其实，是每一门的分数都比他想象得高一点。

就这样，他去了北大。在冷水江这个小城里，不是每年都有小孩可以上清华北大的。出分那天晚上，爸爸妈妈和老师一起出去吃庆功饭了。57一个人待在家里，睡不着。

"我躺在床上，想，我现在要面临一个特别庞大的可能性了。"

对57而言，"可能性"就像一个可怕的恋人，他们相爱相杀。他一面痴迷于"可能性"带来的惊喜，一面又茫然无措。来到北京，他既有的生活模式被打碎了——早上再吃不到辣米线，而被迫吃馒头和包子；他得去公共浴室洗澡，而之前他从没听说过在一个地方大家都得裸着身子。

"我花了好长时间才适应。至今也不能说是习惯了，只能说是妥协。"

然而精神世界如何妥协？如何习惯无法愈合的割裂感？在北大新闻系，57开始真正睁开眼看世界。他迷恋文化研究学者戴锦华的课。在很长一段时间里，他每天早上7点起床，拎上早饭，早早去教室占座听课。晚上，再把戴锦华推荐的电影过一遍。他仿佛爱上了她，一种无关性冲动的爱，让他充满"理直气壮的热情和宗教般的安定"。然而这种满足感在现实中消失了。他没有目标，没有期待，可身边的人都仿佛有确定的人生设想似的。他们或是决心改造国家，或是认准进军投资与房地产。57羡慕他们。他也做出各种各样的尝试。他加入社团，实习，写作。在每次新鲜的尝试里，他都想知道他的答案是不是就在这里，热情是不是就在这里。可屡屡的失落感让他隐约知道，他也许永远找不到别人那样专一的热情。他的不安是与生俱来的。

"这是'本体论的不安全感'。"57说。

在他的描述里，这种不安有关存在本身，是深植于人类这个千疮百孔的物种里的。那为何他人都言之凿凿呢？这难道不是因为他自己执迷不悟的"可能性"所带来的诅咒吗？它提供了那么多选择，把每一样都包装得纷繁异常——无论选择什么都会不安的。无论什么都会。

随着时间推移，他熟知了各种各样的理论，它们为他的过去安上了完整的解释框架。他开始明白自己儿时对集体的依赖感源自二十世纪的左翼革命；他是身处一个拥有完整逻辑链条的时代的，他是其中的齿轮，既为之约束又辅证它。他发现道路越来越清晰。他被必然性笼罩。可能性越来越小了。在知识的庇佑下，他终于能摆脱可能性的折磨了吗？

研究生毕业的时候，礼堂里人头攒动着。在陈词滥调结束后，57看到戴锦华上台发言。他激动得几乎要叫出声来。然而这些都是可控的，直到戴锦华说了那句话——

"我希望你们毕业以后，都能去探索生命的极限。"

那一刻，57说，他完全缴械投降了。他号啕大哭。

8

你要寻找一条线索，寻找一个端倪。他们为何来到这里？为何是《单读》？他们互相擦肩而过的时候，一条联系就已经被打通了。无人知晓，无人察觉。它躲在经验的末梢上。或许要等到一百年后，某个历史学家去发现这条线索。他翻过这页纸，如翻过其他被时间定义为无足轻重的人物。"疏离，"他推了推眼镜，"他们都疏离于世界。"

疏离的人才去阅读世界。若非疏离，或许巧现在会成为一个老师，像她的父母一样。她会待在永川区，人们谈起她，会说她是那个蒋老师的女儿。他们会说，"现在她也成了老师了。一代接一代啊"。就像她的好友宇儿。她有个快乐的家庭。如今她成了一名重庆的警察，和她爸爸一样。

她记得那时候是高一，家长会。她靠在墙壁上，看着宇儿和父母手拉着手，走去教室。巧的爸爸妈妈从没有去过她的家长会。前一天晚上，她对爸爸说，"爸爸，你来开家长会嘛。这次我考得好"。爸爸说，"我不来"。她希望他是在准备一个惊喜，希望他的冷漠都是假装的。她在宿舍里踱步，等到七点钟，他还是没有来。她突然崩溃了，哭得不能自已。

"和三儿分手的时候，我没哭；爷爷去世了，我没哭。但那个时候，我真的忍不住了。"

在巧最初的记忆里，一切都是灿烂而朦胧的。那时全家都在，爷爷奶奶、爸爸妈妈，每一个人都喜笑颜开。她也记得爷爷入土为安的情景。她觉得最疼她的人走了，以后她要独自面对残忍的世界了，再没有深知她苦痛的人可以依靠。她哭了。她羡慕别人的爸爸，羡慕每一个路过的、幸福得旁若无人的家庭。她想爷爷了。

宇儿在巧心里，就是幸福的人。在墙壁边，巧亲眼看到她和父母牵着手。连宇儿家庭的烦恼都让巧羡慕：她的爸爸是刑警，每一次争吵，都是担心他的安危。在巧的家里，这永远不会发生。

巧的成绩比宇儿好，世界比宇儿丰富，可这都不足以弥补她在宇儿面前的自卑。看到宇儿，她就看到自己想要但从未体验过的生活。有时，她甚至觉得自己爱上了宇儿。她为宇儿的一颦一笑动容。她给宇儿写信，"你是我生命里的太阳"。她渴望宇儿只依赖她，需要她。这种爱是自我投射吗？为何她的爱情总充满嫉妒和占有？她会重蹈长辈的覆辙吗？她迷茫了。她把冲动埋在心里，从未说出口。

每个周末，她回到阿姨和爸爸的房子里去。家里有一间空房，但从一开始就没有打算留给巧。周末的夜晚，巧要不就是睡在沙发上，要不就是在书房里打地铺。她的东西被装进塑料袋，丢进保姆的橱里。她的书被放在妹妹的书架上。有时，爸爸和阿姨吵架，阿姨生气了，就对他喊道："你有今天还不是因为我？"

吃人恩惠的爸爸。寄人篱下的巧。多少夜晚，争吵由此平息，爸爸无言以对。巧躺在沙发上，觉得离世上所有人和事都遥远得很。世界不是她的，她是个外来者。她像一个手无寸铁的外星人，无论言语还是沉默都让她感觉密不透风。

在爷爷去世后的春节晚宴上，巧在厨房洗碗。她听见房里开始骚动，随之是争吵的声音。她听见阿姨在房里面喊："我就知道你们这家人不待见我。别忘了，是我出钱把你爸葬了的！"她听见奶奶在一旁啜泣的声音。她忍不住了，拿起菜刀就冲进房间，喊，"你们都别吵了！"说完，把菜刀放回厨房，冲出了家门。出门的时候她觉得自己是个懦夫，甚至不敢把菜刀摔在地上。她怕砍到自己的脚趾。她到底有什么可以失去的呢？

有一天她回家时，家里只有她和爸爸。他们坐在沙发上，谁也不看谁，都沉默着。过了一会儿，巧的眼眶红了。爸爸抬起头，看到她，说："爸爸知道你过得不好。爸爸想帮你，但爸爸没有办法。爸爸自己也没有管好自己。"

巧说，那是爸爸从小到大唯一一次和她吐露心迹。他们再没有讨论过家事，但她开始理解爸爸了。

高考的时候，她想去北大，给爸爸争气，证明给阿姨看。但到高考之前，她突然觉得这很没有意思。她在为别人而活，仿佛从来都是如此。高考她考砸了。看到分数的刹那，她没有想着考砸的事情，而是想，爸爸伤心怎么办。她转过身，对书房里的爸爸说："爸，我没有考好。"

"没关系。"他说。

到了大学，她酷爱流连于独立书店。实习的时候，她选择了单向街。那时她已经拿到了英国大学的录取通知，想着，反正也没事干，就来这里玩玩呗。直到有一天，许知远找到她，问她："你怎么打算？"

"我要去英国上学。"

"别去了。北京是世界的中心。"许知远说。

巧说，她当然不会信他的了。但是许知远提供了一种选择，留下。留在这里。

再后来，她来到单读。单读许多人离开了，只留下了一个主编。那是她第一次见到57。他安静，瘦削，戴着小小的圆框眼镜。人们说他喜欢买表。他们叫他"表哥"。

9

Kiva 时常觉得，她并不像其他人一样，对世界有一种直观的经验。她的经验是遥远的、全景式的，超脱于人群之外。她的眼睛仿佛长在飘荡的云彩与幽灵身上。然而与此同时，她的身体是整个图景的一部分，她是参与者。她在进入故事的同时，也正抽身而去。一面作茧自缚，一面金蝉脱壳。

"你也想成为一个完全的主角，像你小时候那样，"Kiva 说，"但从你逃离家乡的那一刻起，一切就不一样了。你是一个旁观者，注定是个外人。"

2013 年她在波士顿念研究生。四月的某一天，她要去采访一个跑马拉松的女孩，贝卡。贝卡是个坚韧的女孩，每次跑马拉松之前，她都会受伤，但仍屡败屡战。在波士顿，她说，"我一定会跑完的，就算用上我的手和膝盖"。马拉松那天，贝卡的家人和男友都去给她加油助威。他们一起站在终点线边，欢声笑语。贝卡就要跑过终点的时候，男友冲进人群。Kiva 犹豫了一下，也随女孩男友跑了出去。她还记得奔跑之前，贝卡的妈妈对她笑着说，"亲爱的，我会帮你看着背包"。几秒钟以后，炸弹在她身后爆炸。她的背包飞上了天。滚滚白烟里，火焰把人群一瓣一瓣撕成碎片。

4 月 15 号。她想起那个日子。2013 年 4 月 15 号。一对车臣兄弟在马拉松的终点线旁放了两个炸弹。

她转头。她感受到扑面而来的推力。一开始，她以为是某个不合时宜的礼炮。像春节时大人用香烟点的烟花，他们拿烟头点燃导线，然后捂着耳朵跑回来。大人们说，要炸啦。

而如今她看到人们都在尖叫。她看到白烟外他们四散而逃。她随着人群开始奔跑。回头的时候，身后的女孩使劲推她，喊着：

"Run! Bitch, run!"

几秒钟以后，第二个炸弹爆炸了。Kiva 知道，恐怖袭击来了。她发疯似的奔跑。然而跑了两个街区之后，她停了下来。如果她是一个好记者，她应该回去，但她没有；如果她想逃命，应该继续奔跑，但她没有。她呆呆地站在街口，拍摄和采访惊慌失措的人们。她并不知道自己应该做什么。

而这并不是她第一次面对死亡。

Chris 是 Kiva 的第一个美国朋友，一个高高的白人男孩。他们是在学校里国际学生和美国学生的联欢会上认识的。Chris 在深夜送她回家；他拿 Kiva 的发音开玩笑。一天晚上，他们讨论起新闻人的未来。

"我并不知道自己应该干吗。"Kiva 说，"我没有集中的志趣，我觉得我什么都喜欢，什么都能做。我既可以给媒体写文，又可以给他们拍照、摄像什么的。"

Chris 沉默了，接着，他告诉她，"你必须知道你要干什么，然后为之努力。如果你什么都做，那么在摄影领域你怎么能和我这样专业拍照的竞争呢？"

在 Chris 的墓前，Kiva 又回忆起他对她说的话。在那次谈话过后不久，一天，Chris 骑车过马路的时候，被一辆货车撞开，尸体倒在马路上。Kiva 走过的时候，看见周围围满了人。她拨开人群，看到马路中央有人躺着，白布盖在他身上，鲜血渗开来。她不知道那就是 Chris。

在 Chris 的墓前，Kiva 和悼念者一起哭泣。她想，如果是死的是她，她将是一无所有的，什么也没有给世界留下。她会卑微地死去。然而这种耻辱感突然给她力量。她对 Chris 说，如果有一天她要死去，她想像他一样，死而无憾，死有荣光。

她本想告诉 Chris 的，她找到方向了。她要拍纪录片。她找到了一个叫贝卡的坚强女孩，她想告诉人们，只要坚持，就终会成功的。

然而，当她推开医院的门，看到截了肢的贝卡妈妈时，忽然无言以对。她记得人群里贝卡妈妈的笑容。在 Kiva 跑走之前，她说，"亲爱的，我会帮你看着背包。"她有罪吗？她是因为爱和善良姗姗而来的，如今却要为此而受罚。命运有正义可言吗？如今她躺在病床上，看着 Kiva 带来的丝绸，说它真好看。

当时站在 Kiva 身后的女孩，肚子上被炸出了一个坑。而与她同行的一个中国姑娘，她朋友的朋友，再没能走出那个马拉松赛场。如果 Kiva 不是一念之间跑开，如果她更仔细地检查随身物件，也许早就面目全非。而如果贝卡没有坚持，如果她在一次次预兆般的失败面前最终妥协，她的妈妈就不会遭遇截肢。那么多美好的事情，变成了一夜噩梦——就像在路灯下蹀步等待的阿韩，他真的以为能等到些什么，真的相信电视里那些人们爱听的假话。命运是没有回声的。我们都是洪流里的孩子，在漂浮，在等待有一天化作白骨。

在马拉松结束以后两个月，一个晚上，Kiva 被两个非裔美国人用枪顶住下巴。他们揍了她同行的朋友，把她的包扯了下来。

"手机呢！钱包呢！全部交出来！"他们嘶喊着。

"在包里……"她紧张得说不出话。

"如果有岔子，我会回来要了你的命。"

说完他们就跑了。Kiva感觉有什么东西卡在口袋里，她一摸，是自己的手机。她吓得魂飞魄散，发疯似的跑回家。高跟鞋在奔跑的途中掉了，她浑然不觉。

"今天晚了，我们明天还会来。"夜里，警察对她说。此时，她一个人坐在沙发上瑟瑟发抖。她没有了护照，没有了信用卡。走出门的时候，她发现自己无处可去。她忽然发现，痛苦是与生俱来的。它从未远去，从来都是生命的一部分。她试图逃避，太久了，如今，她必须试图与之共存。

她开始反思自己的命运。她发现自己是疏离的。然而，这种疏离允诺她旁观者的眼睛，也赐予她某种运气——她一次一次地倒霉，却总会安然无恙，死里逃生。她开始觉得，自己有责任为死去的人继续探索。她要成为Chris的眼睛。她要去发掘、见证这个世界庞大的可能性。无关好坏，无关善恶，只有无限可能。

她回到中国，来到单读。她说，她觉得世界变大了。她感觉自己正身处历史之中。她可以听见历史流动。

10

57去了许多地方，他不知疲倦地旅行。他去了阿尔及利亚，波兰，瑞典，毛里求斯，南非，台湾，西班牙。每到一个地方，他就想，"我在探索生命的极限吗？"他想起戴锦华，距离她的演讲，已经许多年过去了。她在北大过得好吗？他想念她了。他记得，冬天的时候,她会穿高领毛衣、小西装和风衣。她的围巾变化多端。

这场探索注定是悲剧性的。生命是有极限的,生命本身更是如此。你面对的,是一个有限但遥不可及的终点。然而时间是无穷的。你是它困惑的马,无论跑去哪里,嘴中的缰绳仍被骑马的人拿在手中收放自如。在琥珀之城格但斯克,急迫的商人们告诉他,一块琥珀的形成要四千多万年。四千多万年前,一滴树脂落在地球上。多么庞大而荒谬的存在证明啊。在时间面前你只是沧海一粟,时间会把这些无疾而终的朝圣都淹没掉。

在瑞典,57买了自己的第一块表。雪铁纳,两千多块。白底的圆形表面,那么精准,你仿佛可以看到长着八字须的男人在灰黄的设计纸上用圆规画弧。人类感知时间的方式很有趣。康德说,它是一种框架,先于经验,先于意志,是人类与生俱来的知觉结构。人类用自己的方式体验自身消亡。他们把时间装进小盒子里,盖上摆轮与游丝。工匠在那块厚重的放大镜片内完成最后一步。齿轮滚动起来。秒针转动。滴答。滴答。滴答。

"时间是一种必然性,是你无法抗衡的。所以,你必须臣服于它。"

57是悲观的,但他从不是时间的仆人。他是个抗争者,从小就是。他知道抵抗的虚无,却仍抵抗。而他抵抗的方法,是尝试去做一个过时的人。他为曾老师坚守理想。他以过去的友情对抗未来的不安。

"我不懂那些会随着时间自然而然与过去生疏的人。我会从朋友身上寻找安全感,以此对抗时间。我特别需要确信:时间不会改变一些东西。"

他的朋友们并不知道他精神的困境。他们过上了顺流而下的生活。他的小学好朋友，在上海卖日用品。初中好朋友，在湖南做公务员。高中好朋友，在广州做外贸生意——他们见面的时候，她说，她已经嫁给了她的研究生同学，生了一个女孩。

对 57 而言，他从不会觉得时过境迁，因为他们身上共同的东西并未随着时间而改变。在共同的经验里他没有不想面对的，他会试图抓住那些宝贵的东西。"如今他们学会敬酒，打牌了。"57 说，"但是我们见面时，他们都恢复了部分的天真，那些日常里消失殆尽的东西又都回来了。"此时的 57 显得快乐而放松。他确信没有人在逢场作戏。他确信天真一直都在，从未被时间侵染。在这场局部的战争里，他以自身的可能战胜了时间的必然。

毕业以后，57 去了 Across 当主笔，一个旅行杂志。他可以去不同的国家，走不同的地方。然而两年以后他辞职了。人们不理解他。他不是说要去追求生命的极限吗？

"首先，我不爱旅行。旅行很麻烦，而我很懒。虽然我一直很勤奋地旅行。"他说，"而且，旅行是一种逃避。它是一种短期的放松和解药，但是长期上它解决不了任何问题。你对自我的认识，你对亲密关系的认识，你想成为什么样的人，你希望在这个世界上留下些什么。都解决不了。"

坐在杂志社的会议室里，57 听着主编说，销量在下降啊……身边的人都无动于衷。人人都知道，纸媒要死了。新时代来了，老的东西都要被废弃。"好多人并不想抵抗，他们养尊处优，或是苟延残喘，"他说，"人人都知道屋里有一头大象，但都视而不见。你要么就去面对，要么就走开。不能再假装生活仍是安逸的，若无其事。"

57 看到了那头大象。所有人都可以看到，但许多人，他们会假装生活波澜不惊，并且本该如此。57 缺乏熟视无睹的能力，只能选择逃离或抵抗。但越是逃离，越是远走高飞，他就越不安。在波兰，他在华沙王宫里看到一尊人像，是一位背着时钟的老人。57 写道："即使时钟已经停止，他的脸上依然写满了被时间打败的神情，此时他也仿佛开口说话：不要指望一场旅行可以帮助你从时间逃开。我问他，时间是什么？他回答，时间既是在我们头顶呼啸的狂风，也是治疗这个苦痛世界的良药，唯一的良药。它可以塑造一个民族、一个国家，塑造仇恨，塑造遗忘，它也可以建起一座城，或者毁掉它。"

没有什么能从时间逃开。在 57 说话的时候，你时常会觉得，那个他在波兰遇到的时钟老人，就是他会变成的样子。在时空错乱的华沙王宫，他遇见了未来的自己。他驼背了。他遍体鳞伤。然而比起水中那些逃亡者的浮尸，他至少曾尝试抵抗。

"我本质上是悲观的。对于人生这件事，我觉得挺虚无的。"57 说。

"但是人生于世，不能整日愁眉苦脸。所以，我接受自己去享受浅薄的快乐：办公室的玩笑，表，好吃的东西。"他又说。

他开始爱上买表了。不是便宜的，也不是贵的。它们精细的做工让他着迷，人类体验时间的方式让他觉得有趣。他把买来的表放在一个木头盒子里。黑暗的盒子中，秒针整齐地转动着，一刻不停，它们拿捏着全宇宙的脉搏和心跳，一切故事在此面前都变得轻描淡写。然而当 57 把盒子打开时，它们却摆出浅薄而快乐的笑脸，如同一个饰品。

人们开始叫 57 表哥，因为他喜欢买表。他再一次看到自己第一支表的时候，表带已经松了，锈了。他还记得在玻璃柜里第一次看到它的模样，它崭新如同一朵永远不会枯萎的花。他想起冰天雪地的瑞典，想起内环车的风，想起那个电视机前的孩子。时间是多么狡猾又荒唐。

在西班牙旅行的时候，他收到许知远的微信。许知远正在办一个线上杂志，叫《单读》。他说，他需要一个人。

11

我一个月前来到《单读》。来的时候，是一个大风天，尘土像火焰一样席卷单向街，外墙枯萎的藤蔓仿佛可以助燃。我以为走的时候也会是这样，没想到春天这么快就到了。柳絮飘荡在空中，那么猝不及防。

巧辞职了。没人知道她为什么辞职。也许，她想去发现更多可能性？《单读》本来就不是什么避难所，至多是一个疏离者的驿站。人们来来往往，他们的鞋印刻在纸张上。

巧走之前的那个夜晚，大家一起去吃猪蹄火锅。吃完，许知远对巧说，"你还会回来的，因为你要和聪明人在一起"。

"我没在意。平时我都把许知远的话当空气。"巧后来对我说，"因为他老是会说一些很宏大的话。"

巧，57，Kiva 一起去唱 K。在唱到《我怀念的》的时候，57 把圆框眼镜摘了下来，哭了。巧看到他们都哭了，忍不住，也大哭起来。那天晚上，巧喝了很多酒，醉得很厉害。下车回家的时候，她把包里的东西都倒在地上。57 弯下身，把东西一样一样捡起来，放回她包里。

巧说，"我喝醉啦！你送我到楼下"。

57 不说话，默默把她扶到楼下，然后一个人回头走了。

巧去了一个创业公司。同事看她喝星巴克会奚落她，点外卖也不叫她。Kiva 和 57 每天中午都把吃东西的图片发给她。巧和他们聊天，聊 57 那些浅薄的快乐。聊着聊着，总会哭起来。

巧生日那天，Kiva 和 57 买了礼物和蛋糕去她门口等她。她回来晚了，老板让她加班。她回来之后，大家一起吃了蛋糕。她回房间哭了一场，把剩下的事情做完，辞职了。

"巧，"许知远打电话给她，"回来单读吧。"

"嗯。我会回来。"巧说，"我会回来。"

巧又回来了。再过了些日子，我对 57、Kiva 和巧说，我想写一写他们的故事。

"为什么？"

"会有一条联系在里面，可能谁也没有发觉。"我说。

"我没有什么故事。"57 说。他想了一想，然后很真诚地对我微笑，"我真的没有什么故事。"

"总是有的。"我告诉他。我是那么相信端倪，相信藕断丝连的线索。我需要一个自圆其说的叙事，所有问题和答案都水落石出。"不如就从你的童年说起。"

四月三月

1

　　而今我终于逃离北京，将整个四月和三月抛在身后。我将继续旅行。我将把困惑、爱情，一切混沌的东西都留在城市。我将假装离开能解决所有问题。

　　去机场的地铁上，空调吹得我头疼。有那么一刻，我在公文包和行李箱的夹缝里迷失了方向。我分不清地铁是往东开，还是往北开。我知道地图上正划过一个清晰的箭头，但如果机器和我开了一个玩笑？如果它今天视死如归地相向而行，打定主意撞上每一辆扑面而来的列车，那这里气定神闲的每个人，要么是虚妄地胸有成竹，要么和我一样怯懦不敢言。正如时间。正如另一个被空调吹得头疼的时刻，你突然落得清醒。你发现时间并没有让你变得更聪明。你被裹挟着载往应许之地，无论它顺流而下或逆流直上。

我做了一个梦。梦见身处海底世界，一个女预言师需要摄取别人的眼睛，来看见几秒光明的未来。被祭祀的人眼前突然漆黑一片，跪下，疼得大喊大叫。而在水中稍纵即逝的火焰里，我们看到行人走在康庄大道上，梧桐叶正落下。这就是光明的未来，没有战争，不是一片残骸。醒来之后我仔细琢磨这个梦。若行人知道他的安然来自于另一个人过去丢失的眼睛，而海底的盲人再也看不见未来，他还愿意活在虚伪的和平里吗？而如果女预言师的火焰里呈现的是废墟和黑暗，我们是否仍会事不关己地袖手旁观？矛头都指向女预言师。我们把她押上珊瑚编成的法庭。自辩词里她说，这些都不互为因果。而因果本身也只是人造把戏。这个世界上只有该发生和不该发生，已发生和还未发生。

2

临走的那天米卡请我吃了饭。米卡是我在北京的房东。二十八岁，好年纪。她漂亮、大方、善良，对婚姻和爱情保持绝望。我们一同吃饭的时候，她会滔滔不绝地说起她在欧洲的旅行经历。"我在欧洲一个月，"她说，"我一个人去了意大利，法国，西班牙。本来我不想一个人去的，因为怕危险。意大利好美，我的房东是个超级善良的老太太，我来的前一天她刚动了乳腺癌的手术。她家里布满佛教装饰。对了，你知道吗？我最喜欢的意大利男人，马蒂亚·佩林（Mattia Perin），他是热那亚的门将……"

她并不期待我的反馈。或是说，她的叙述中不存在一个对话的对象，只是想把这些话语都倾倒出来。倾诉的最后，她停在一些说了一半的句子上，像卡壳的磁带。"马蒂亚·佩林，你看过他的照片吗？马德里的民居。巴塞罗那的热狗。"她终于抬起头看着我的眼睛。她意识到自己说完了，默默把我们吃剩的瓢盆收起来拿去厨房。

"要我帮忙吗？"

"不用。"米卡恢复了她的矜持。

"你来北京几年了？"

"五六年了。"厨房里的她背对着我说。她打开水龙头开始洗碗。

我对她在北京的经历知之甚少，直到离开仍是这样。我知道她是一个互联网公司的主管，知道她有一群在周末偶尔聚会的单身女友。除此之外，一无所知。在饭桌上，在夜晚，她都只说起在欧洲的那一个月，仿佛在北京的六年是空白的，可以一笔带过。每天晚上她十一点进屋睡觉，第二天准时起床上班。她从不会忘记锁门。她会在打扮上花足心思。人群里她总显得与众不同。

在米卡的家里，我有时会不能入睡，窗外的探照灯在深夜仍张牙舞爪。那是楼外的工人们在偷偷赶班，打桩机不知疲倦地耕耘着。它们在我耳边窃窃私语。我走到窗前，看到如陨石坑般的工地，垂直而下。我感到一阵眩晕，仿佛身处一座摇晃的孤岛。凹陷的工地里，钢板正被挂起来，我看到地下停车场和冰激凌店的骨架。工人们在巨大的坑中行走，像在建造诺亚方舟。有天我甚至梦见在工地里醒来。我睁开初生的眼睛，钢筋是我的摇篮。四周高耸，咄咄逼人。天空浑浊，遥不可及。"哦。"我听见陌生的声音，或许是自己的，"北京"。

3

最后一次见苏三，在朝阳大悦城。孩子们在座位间穿梭，他们背着花花绿绿的书包，吃冰激凌的时候在笑。苏三问我，是不是和秋儿分手了。我说是。我注意到，她的手臂上又多出了一块文身，两个等腰三角形。我没法恭维好看。

"北京已经没有一开始吸引我了。"她告诉我。

我们点了两杯芒果奶昔。她喝奶昔的时候，上唇抹上了一层白色渣滓。我想起第一次约她去咖啡馆，她喝完奶茶也是满嘴奶沫，但没有察觉。那时我告诉她，我想写写北京异乡人的生活。她告诉我，她刚从广西来。她说，她从小就向往大城市。"膨胀感。"她说。她盯着向柜台走去的年轻服务员，盯着她的短裙和稚嫩大腿。

"我一开始想来大城市，就是向往人的渺小，冷漠。没有人管你，评论你。但是开始上班以后，人就不自由了。这种不自由就是你向往的人情冷漠的代价。我前几天和室友说，又想去上学了。"大悦城里，苏三告诉我，"我想上学的原因是，我来到北京了，体验过了。但是我只体验了很小一部分。现在这个样子就会让我想去新的地方。人都是这样子的嘛。不满足。你就会很想要新的体验。那城市里的很大一部分，你也许只能想想而已。"苏三和我说起她目前的理想。

"很虚无缥缈的，你别笑我！"她说，"我想，先在北京，到三十岁了，得到了外派的机会，去纽约生活。去了纽约，赚够钱了，退休之后去法国，买一套房子，在那边死掉。还有一个更悲壮的梦想。我不是不想老吗？我就想，先拼命工作，完全不管身体。然后有一天收到病危通知书了，就去周游世界。到最后不行了，就去爬喜马拉雅山。活就继续活下去，死就死在那儿。我想，你不能选择你出生的地方，但你可以选择你死掉的地方。你想，我如果死在喜马拉雅山，至少死的时候是完整的。你死在暴风雪里，然后被冰起来了。两三千年以后，你被后人做成标本。"

她忽然停顿了，一切动作都停止。

"但其实，你看我现在都二十四岁了。不对，不对。二十三。才到北京。生命好卑微，怎么开始都不太清楚。我跟你讲的生活，就是一个框架，很空洞的。我其实根本不知道从何开始。"

"想家吗？"我问她。

"想妈妈。不想家。家还好，不想家。昨天跟我奶奶视频，奶奶哭了。她还以为我在上学，觉得我暑假就可以回去。我告诉她，我有假就回去。我没哭，因为视频里的她很好。"

"昨天，离开家以后我和我爸爸第一次聊了天。他问我，好不好？工作怎么样？"

"我说，都还行。"

4

"为什么你总要提起她？"秋儿焦急地看着我，"过去都过去了。为什么你还要说起她？"

在秋儿身边，我不是一个好的男朋友。从一开始，我就不断辜负她的期望。"你应该更有热情的，我从没听说任何人在像我们这么短的时间里就没激情了。"她摊手，别过头去，希望我能立刻去反驳她。我猜，我应该上前抱住她，抚摸她的红色头发。脑中我尝试回想第一次看到她的模样，她的眼神，她轻巧走开的姿态。这让我感觉尴尬，像一个老男人尝试勃起。我低下头，说起前女友桃子。

"这事情其实很简单，我爱你，你不爱我。"秋儿说。

秋儿从来是一个真诚的朋友，然而她的真诚时常赤裸，让我欲说还休。有时我把写了一半的文章发给她，顺便发牢骚。"最近就写了这么些。写不出。"心中则暗自期盼她能说几句好话。她端详了一会儿。"读得出，很用力，"她说，"可你总想写出最好的东西，但你不能。你总觉得自己很厉害，但你并不。别真把自己当什么了。"话是不假，但我不爱听。"别老是揣测我怎么想的，就不能说点好听的？"我说，"你就是嫉妒我。""就因为你是我亲近的人，我才不说好听的。"她说。说着说着，她竟然哭起来，"我这么说你，就是因为我自己也是这么瞧自己的……真的很难受，很难受！"我安慰她，摸着她的头，告诉她，"你真是一个北方女孩。我理想里的北方女孩。有话直说"。

我想起桃子。说到北方女孩的时候，她立刻以一个南方女孩的姿态闯入我脑中。在这样的时刻，桃子会怎么回应呢？"你会写好的。我相信你。"她总这样说。我又想起和她那些温柔或残忍的瞬间。我看着秋儿，眼前的她越发像桃子的反面，仿佛她的人格都有了另一个女孩的记号。我是因为她和桃子的不同而喜欢她的吗？这让我恐惧。秋儿总是苦口婆心的。"刀子嘴豆腐心"，她这么形容自己。你可以确保她的诚实，但仍为之伤心。而桃子，一个从来温柔的女孩，总告诉你动人的情话。但你看着她的眼睛，却知道她的真诚稍纵即逝。于是你紧紧抱住她，仿佛你佯装的炽热能让一切成真。

朋友告诉我，桃子结婚了。她告诉朋友们，是真爱。奇迹终于降临了，少年啊，我的生命和我的未来，都是你的。她说。这让我失落。在她的故事里我成了一个反派角色，象征着若奇迹没有降临的庸常人生。在那样的日子里，她将在床榻边老去。她劝告女儿找个安稳的丈夫，她的眼神里没有快乐或痛苦。

桃子结婚了。她总是那么渴望结婚。我们还未分手的时候，她劝我，"结婚吧！你说生几个宝宝？"她畅想着，模样单纯又可爱。但我同时又知道，她是那么不安，需要婚姻和不断的承诺来确定未来。"两个？三个？听你的。"我告诉她，"你真好。你是我遇到的最好的女孩。"然而这句话让我也不安起来。我说，"可我总幻想有一天，我会坐在你的婚礼边，人人都端着香槟或鸡尾酒。那时我已经留出了络腮胡子，穿得邋遢。你是女主人，走过来问我，最近好吗。"

我已经数不清这是第几次和桃子分手，因此标签上"最后一次"盖棺定论。炽热仿佛已经淡去很久，然而直到分手之前不久，我们还在用大剂量的"爱"或"不爱"企图回光返照。吵架以后，我们陷入长时间的冷战。"还爱吗？"我打破沉默。"爱。"过了一会，她说。"还结婚吗？""结。"她用句号的时候，我就明白她并非诚实，也知道她希望我明白这一点。我想象手机屏幕后的她，被承诺折磨得体无完肤，像一具骷髅。"我爱你的！"我说。她不再回我。

我五年前认识桃子，我们那时还都是高中生。她是个美好的女孩，有着一双大眼睛，厚嘴唇，不算性感但可爱。我们把写给对方的信放在学校的天台上，她的文字让你觉得她全身上下的皮肤都一尘不染。你甚至想象那些轻盈的汗毛都是柔顺而整齐的。后来，我们不断地分手，每一次却都因为已有的付出而恋恋不舍。在某次分手的时候，她说，"你去写吧！把我写进你的小说，写啊，写啊！"我说，"不会的！我不会那么做"。然而如今我把她写下来，像是写一个儿时街边的熟人。我的心中充满隐秘的不安与混沌。

"说一句我爱你，那么难吗？"秋儿对我说，"我搞不懂！难不成要我求你吗？"

即使到了这般田地，我仍说不出口。在和桃子分手之后，我对这些话语有了反胃般的排斥。我无法接受自己说出它，也无法容忍别人说出它。此刻我感觉坐在漩涡边缘，还未卷到中心，但我已能看到自己将和破碎的桌椅一起沉入海底，而我只能坐以待毙。与此同时，我清晰地意识到，我不值得秋儿为我付出感情。

几天以后我和秋儿分手了。她哭着说我是个懦夫。

5

我去了苏三在常营的出租屋。三张床并在一起，袜子晾在窗口，小灯泡挂在衣柜上。"漂亮吗？"她问我。"看外面的天街！看夜景！我们这里超美。"

三个女孩刚搬进这里不久，还保持着进门换鞋的习惯，不过已经开始往地上丢香烟壳子。"我们抽黑兰州。"其中一个女孩告诉我。她叫慧静，青海人，是苏三的大学同学。据说她们曾共享过同一任男友，也出于对他的憎恨而最终同仇敌忾。"大学毕业我回了青海，为了奶奶。"慧静告诉我，"去了小报社，闭塞，广告图片上有点低胸也给撤。我害怕自己变成他们，平庸的人。那时我就想来北京。"

躺在床上的是一个新疆姑娘，也是她们的大学同学。那天下午，新疆姑娘教我们用维吾尔语唱生日歌。她要唱给她妈妈听。听苏三说，她不爱动脑。她想找个不用动脑的工作。

苏三，常营出租屋里的苏三，总是那么兴高采烈。"今晚要去三里屯啦！"她高兴得发疯。她给三里屯取名为"时尚的宇宙中心"，因为三里屯排外，而那些短裙和闪烁的指环，总让她有自惭形秽的感觉。但她止不住地渴望前往，即便知晓其中浮躁。你看着她好奇的眼睛，想起她第一天来编辑部的模样。她躲在同事身后，羞怯却忍不住打量四周。她紧张拨动手指，以为每一个调戏的问题都非回答不可。这城市里什么都来去匆匆，她的热情却一直水涨船高。你以为没有人可以做到，然而她却用之不竭。

三里屯灯火通明。麦当劳的门前，苏三和慧静抽烟又欢笑。过红灯的时候，一个老头凑上来讨钱。

"腿坏了，要截肢了，没有钱，只能吃药。"老头说。事到如今，我已经分不清他们谁在说真话，乞丐们好像都分享着一张相似的脸庞。这相似随即成为我放弃怜悯的理由，仿佛只要众人的苦难中掺了假，那些真的不幸就不必被同情。

苏三停住了，凑上前去。"老爷爷，什么时候回家啊？"

"不回家咯。"老头说。

过了红灯，苏三哭了。

"我想我爷爷了。"她说，"我也想奶奶。"

"他们离婚了。我走之前奶奶和我讲，'我还能活半年，你不要走'。我还是走了，我不应该过来的。"

三里屯的灯光下，苏三每走几步，就开始哭，哭了笑，笑了哭。她让我想起陀思妥耶夫斯基笔下的少女，祖母用针线把她缝在身边。她既想与萍水相逢的男人一走了之，又止不住地享受奴役。我想起桃子。挣脱和自由只是提升了奴役的快感。我们都享受做奴隶，不是吗？

那天晚上苏三带我见了刘雨。"她很特别！是我们中间唯一去年考研就考上的。"苏三说，"我觉得你会找到你想要的东西！"苏三的语气很肯定，仿佛成就是甄别特别与否的首要标准。在三里屯的咖啡馆里，刘雨因为加班迟到了一些。她的个子不高，好看。像许多好看女孩一样，她自拍的时候喜欢嘟嘴，或四十五度角亲吻雾霾。晚上的交谈一帆风顺得让我快睡着。"初中，成绩很好啦。毕业的时候，会有男生跟你说，我喜欢过你哦。""我觉得爸妈是世界上最好最正统的人，做事一点私心也没有。""大学没考好，一直觉得和那个地方格格不入，就想考中传。考研之前一遍书都没过完，焦虑，结果考上了。"我一边在电脑里打字，一边昏昏欲睡。我对"蒸蒸日上"的故事向来缺乏信任，然而它弥漫在这座城市里。到处是信心和歌声，它们抚摸你入睡，可你闭上眼，却落入费解的梦。我把目光投向苏三。她时常赔笑，时常又垂下眼。

"我记得那时刚来北京，觉得，四月的北京很干燥。"刘雨说。那天晚上，这是我唯一记得清楚的话。回去的路上，我仍思索着——

似乎有一种怀旧的情绪在里面。我想象刘雨站在新鲜的街头，尝试像每一个冷漠的路人一样行走。轿车轰隆而过，沙尘躺在她的辫子上。她触摸脸颊，像碰碎了一面镜子。

我想起清明节的前夜，我走在大街上。人们独自走到路口，互不侵犯地在自己四周画一个圆圈，把纸钱倒在里面，用打火机点燃。有一个中年男人，他的脸上没有表情。他用树枝鼓捣火焰，像一个厨师。我想，这才是他真实的时刻，而平日可掬的笑容和佯装的强硬都不是。我猜他也有一个心碎的故事，然而怀念在今晚必须停止。庞大的城市容不下死者的位置，活人已经让它目不暇接。汽车在夜晚都加足马力，火焰正怯懦地燃烧。它熄灭了。北京的四月又恢复干燥。

<h1 style="text-align:center">6</h1>

这些日子我常想起秋儿。因为她，我想在北京多待一些日子了。我小心地猜测，她是否也对我有相似的情感。"你接下来准备去哪里？"聊天的时候，她问我。"成都，湖南，东北？"我说，"我也不知道，走到哪里是哪里。""那马上就要走了吗？""也能再待几天。"

有一天北京天晴，她给我发了信息。"今天北京的傍晚很美。太阳最下面是金子融化一样的颜色，向上，变成鹅黄、橘色、宝红、淡粉、藕荷般的紫色。真的很漂亮"。我在地铁里，读到时心中很暖。我焦急地出门，却只有浑浊的夜晚迎接我。我会不会把一切都错过了？

"天已经黑啦。"我告诉她。我也想写一个好句子，但写不出。我说，我也写东西，但最近总焦头烂额。说完便红了脸。她会不会笑我自作多情？我把手机丢到一边。不放心，又调成静音。过了几秒，拿起来，她已经回我了。"不要急。慢慢来。"她说。

我笑了。然而我又想起桃子。不久之前，她也告诉我，"我相信你的"。如今，她已经和一个新的男孩在一起。"我又感觉活过来了！"她说。我想起去年，当她选择了另一个男孩的时候，也说，"他让我感觉活着"。我开始怀疑，是不是我一直让她感觉死气沉沉。我仿佛看到四十岁的自己，头秃了，在家里焦虑地走来走去，面对任何事情都拿不定主意。去年的此刻，我不甘心，飞去了她的地方。她见到我，大叫着跑开了。她把我送的礼物扔进垃圾桶，拍照给她的朋友。她发了朋友圈，说自己从未如此开心。她要伤害我。我想。我感到一阵抽搐和痛苦的快感。我爱她！我想，对此坚定不移。"你爱我，我就必须要爱你吗？"她问我。轻描淡写。我望着她轻蔑的眼神，感觉仿佛在仰视她。她在和我玩游戏，我想。昔日温柔的片段都涌上心头，我想起她俯在我肩膀上久久不愿离开。不，不。我是受害者。"可我爱你啊。"我低声说。"我们一起四年了。"我的卑微为我赢得了道德的高地。她又一阵摇头和冷笑。她以为自己赢了。啊，我爱她胜者的姿态。我不断地骚扰她，每天在狂乱和抽搐中度过，而她在我和另一个男孩间渐渐游移得如鱼得水。四个月以后我厌倦了这场游戏。我对痛苦的依赖枯竭了。我说祝你好运。几天以后她在电话里疯狂地哭泣，说她犯了大错。她说在神的帮助下，她明白了什么是真正重要的。"我才发现我是真的爱你！"她说，"请你回来，我愿意做任何事情！"我摇头又冷笑。又许多天过去，我发现我离不开这场游戏。"我也爱你。"我说。我迫不及待地卸下胜者的铠甲，回到羊群的角色中去。我们又在一起了，第五年。我们相互承诺也用言语确定相爱。我挽着她的肩膀走进朋友饭局，他们都说我们天造地设。

秋儿带我去见了龙哥。"可能对你写异乡人有帮助！"她告诉我。龙哥是北大的旁听生，高考失利，复读又失利，不顾父母反对来了北大旁听。第一年，他不敢去参加社团，靠在宿舍里看一部叫《市委书记日记》的电视剧度日。一次考试里，助教发现他没有校园卡，教授把他赶出了教室。"我觉得，老师这样做挺正常的。是我太怪了。你听听就行了，干吗还去考试呢？"他迫不及待地为教授辩护。如今，他觉得自己成长了，敢上课举手问问题了。"但走在校园里，还是会觉得自己渺小。"他说。在学校里他有两个朋友。一个在经院，到了饭点，会说，"走吧，我请你一块去吃饭！"另一个是秋儿。他在社团里认识了秋儿，一个开朗的女孩，并不在意他是谁。我望向一边的秋儿，她蹦蹦跳跳的，正给我们买来几串冰糖葫芦。

"怎么样？有帮助吗？"结束以后，秋儿问我。"当然有！"我说，"他的故事也是我们的故事。"我们绕着未名湖转圈，黑暗的角落里情侣正在激吻。我们在朗润园湖边的大石头上坐下。"这是杨树还是柳树？"我咽下口水，问她，"湖里没有人投石子为什么还有涟漪？有灯的地方蚊子真多。"我们聊到夜里。

半夜，窗外的工地又开始施工，机器的声音像胶水一样黏在我耳朵里。我睡不着，翻来覆去地想秋儿。我琢磨着她的善良、开朗。一个北方女孩！我心里暖暖的。我想念她的红头发，想念她转笔的模样。她带来的冰糖葫芦我应该慢点吃完的。我睡着了。我梦见自己在工地上醒来，梦见四周是我的摇篮，梦见自己是一个巨大的婴孩。我醒了。心中不安。

秋儿带我去了冷泉，她曾支教的地方，一个流动儿童的活动中心。"三年前我来到这里，冬天很冷，没有暖气。每次来我都惦记着路边的白面馒头，两角钱一个。软软的、糯糯的。那时这里的周姐还挺着大肚子。璇子哥戴着一副厚厚的眼镜，笑起来憨憨的。孩子们总欺负他。"秋儿告诉我，"我们的任务是帮孩子们排一个英语剧，《丁丁当当糖果历险记》。并不是为了教英文，只是为了让他们以后不管过什么样的生活，都记得自己曾闪耀过"。

璇子哥已经走了。他换了电话号码，我们没有找到他。周姐还在，她说璇子哥在深圳。他的家人去深圳打工，他也就跟了去。周姐说，现在孩子也走了许多。外地孩子不允许在北京高考，到了年龄，他们就回家念书。时常念不完，就又出去打工。秋儿说起一个四川女孩：

　　《丁丁当当糖果历险记》，讲的是丁丁和当当在森林里智斗女巫。大半年以后剧终于排好。演出那天，我们租了一个青年旅社的客厅。我们拿来捐赠的衣服，做成小仙女的背心，把翅膀缝在身后。我们在墙壁上贴满孩子们的照片，这样青旅的客人出门就能看到。那天，璇子哥租了一辆大巴车，带着孩子们和家长，一路从冷泉驶进城里。八点钟，演出开始了……

　　四川女孩，爸爸是喷漆的，尘肺病人。她刚来社区的时候是冬天，周姐正怀孕。女孩平时不说话，周姐就推她做主持人。陪女孩做作业，每晚挺着大肚子送她回家。一年以后，女孩成了班上第三。中考前，她被迫回家。过了一年，周姐突然收到她的短信。"我要来北京了。"她说。周姐吓了一跳，以为她爸爸去世了，因为尘肺不可逆，会伴随到死亡。"不是。"女孩说。"那你来北京找我！"周姐告诉她。第二天半夜，她来了——

女孩说："我对演出的态度一直挺悲观的，觉得孩子们并没有特别的热情投入在这部剧里。孩子就是孩子，他们的世界里，可能一包三毛钱的辣条都比这个剧更重要。但是没想到等他们穿上服装、站在舞台上的那一刻，一切都不一样了！虽然我们仍需要拿着白板在底下提醒台词，但是整部剧好流畅。印象最深的，有一个魔术师，他平时是班上最皮的孩子之一，可难管了。他出来的时候，有一段独白，说完，他竟然自己把帽子摘下来，露出狡黠的神情，鞠了一躬。我们谁都没有教他，他就自己做了。观众惊喜，都笑了。你突然觉得，你的所有努力，都神奇地得到了回报。"

四川女孩说，她复读了一年，不读了。周姐气哭了，"你怎么可以这么不负责任？""不想读了，烦了。每次出门，爷爷把爸爸寄来的一百二十块钱给我，说别节俭，该花就花。回来以后，爷爷骂我，怎么花了啊！我就烦了，钱又不是你们的……"女孩轻描淡写地说。周姐知道，只是一个借口罢了。

女孩坐了一会儿，就走了。如今，她不停地换工作，换男朋友。现在，又回了老家。四月一号，她发了一条验孕棒的状态。"不会吧！你怀孕了？"周姐问她。她说，"今天是愚人节"。

回去的路上，秋儿低着头。我想说些什么，却觉得话语笨拙。许多努力本来就没有下落的。我差点脱口而出。可她难道不知道吗？现在她抿着嘴唇，阳光打在她脸上，头发都泛了黄。我不合时宜地察觉她的可爱。这时我们走过村口的那家馒头店，留着西瓜头的山东大汉正在蒸气里鼓捣。我冲过去买了两个两角钱的白面馒头。很烫。我从一个手心换到另一个手心。她又笑了。"接下来准备去哪里呀？"她问我。"成都，"我说，"但我还打算在北京多待一个礼拜。"

在一个傍晚，我拉起她的手。我们趴在天桥的中央看底下车流滚滚。汽车穿过我们透明的身体，呼啸而过。车灯像散落的红色花环。她突然伤心起来。"可你就要走了。"她说。"去一个很远的地方，未来都不知道会怎样。"我握紧她的手。"没关系，"我告诉她，"无论怎样我们都试一试！"我上前抱住她。久违的温暖涌过我的身体。似曾相识。我想起桃子。

7

"膨胀感。"苏三跟我描述起她对北京的最初印象。她看着天花板，忽然脱口而出，像是被突如其来的幸福击中。一个女孩给我们端上奶茶和冰沙。她看上去好小，露出大额头，却涂着违和的口红。她的短裙已经短到了腰上，过于纤细的大腿楚楚可怜。她是亨伯特·亨伯特[1]会喜欢的那种女孩。

两个礼拜以前，苏三来到北京。她躲在同事身后，用前面的身体挡住自己的。她短头发，有文身，牛仔裤剪了大洞。"我叫苏三。"她怯怯地说。那天编辑部来了两个新人，另一个是秋儿。秋儿有一头褐红的头发，眼睫毛很长。那天她穿了一件白色大衣，让我分不清她的年龄，也不知道她的故乡。

1992年苏三出生在桂林，一个兵工厂的大院里。小时候，爸爸不常在她身边，但她深深记得，一年级的圣诞节，爸爸带她去教堂看活动。"这是我和爸爸为数不多的温暖回忆。"苏三告诉我。爸爸从不表扬她，甚至经常打她。"我没有错，我没有错。"苏三哭着对抗，爸爸就打得更狠。爸爸从不控制自己的情绪。有一次苏三倒水，倒在了桌上，她拿餐巾纸擦，爸爸扇了她耳光。"要用抹布。"他说。

苏三恨爸爸，但她没法告诉妈妈。"你要钱，我给你啊。"妈妈对她说，这是她表达爱的方式——把女儿喂饱。高考苏三考砸了，考研也没有考上。房间里她一遍一遍地看肥皂剧，玩一款叫"模拟人生"的游戏，因为在里面她可以住不一样的房子，赚很多的钱。她听到房门外爸爸在对妈妈发火，"就是因为你总护着她，她才那么失败！"她竟开始体谅爸爸了。"他因为自己失败，才把情绪都发泄出来。有些人不会反省自己错误，他会拿别人撒气。"苏三说，"我不恨他了，只可怜他。"妈妈推门进来。她看到苏三左臂的文身，盯

1　纳博科夫小说《洛丽塔》(*Lolita*) 中的男主人公亨伯特·亨伯特 (Humbert Humbert)。

了半天，说，"怎么纹这么难看的图案啊？"她们都笑了。她答应帮苏三保守秘密，不把文身的事情告诉爸爸。苏三想，妈妈还是爱我的。

爸爸开始给苏三设计人生道路。"长大，结婚，嫁人。"他说，"你还要再乖一点。"时间越发紧迫了，他抽走苏三爱喝的可乐罐头。"喝可乐会生不出孩子。生不出孩子会离婚。"他直白地告诉苏三，并没有再继续说下去——离婚了就要没有老公，而没有老公的女人没有活着的意义。苏三开始厌恶这种生活，连带厌恶桂林这座城市。"桂林很小，闲言碎语，楼下大妈都知道男生送你回家。"苏三说，"我来北京，就是为了反抗——我们不是生育机器，每个人都应该理直气壮地生活。"

我开始觉得苏三是个有趣的女孩，却忍不住为她担心——她真的能得到自己想要的吗？如果她发现，从桂林到北京，只是换了种循规蹈矩的方式，她还会对生活充满渴望吗？此刻的苏三，睁着大眼睛摸索四周，甚至忘记擦掉嘴角的奶沫。我害怕许多日子以后再见到她，她已经八面玲珑。我希望她单纯如初。

也许北京并不是一个答案，但她不得不来。"我注定无法忍受平庸吧。"她尴尬地笑着，"然而我却是个平庸的人。"大三的暑假她终于鼓起勇气做了一件出格的事，在左肩上文上了第一个文身。"是一张世界地图。"她掀起袖管，"漂亮吗？我一直喜欢地图。精确，又让人很有安全感。如果有地图，就会知道自己在哪里。就不会身处一个陌生、庞大的环境。"可是，摧毁安全感的尝试最终却赋予了安全感，这是多荒诞的经历啊。

我深深怀疑，人是否真的有能力对抗平庸。而怀疑本身就让我否定自己——正是对平庸的贪恋，对不安的畏惧，才让我每走一步都要唯唯诺诺地回头。我在苏三的眼球里摸索自己，一个小镇少年，一颗不安分的心，以为一走了之就可以对抗生活。多可笑啊。旅行只是徒增了幻象，你以为自己把控了生活的主体。你享受着新学来的平庸，在安全感里意淫。

苏三告诉我，她学了皮具。"就是想让自己变得特别。这事情没有什么人能做。"裁皮刀，菱斩，编线器。她去淘宝店里买下来，记下每个工具的用处，一板一眼地开工。"我没有跟别人交流，因为这是一件很私密的事情。"苏三说，"我愿意做皮钱包送给别人，但是不愿意分享经验。因为分享的过程就像说教，会让我想起爸爸。""真好，"我告诉她，"最好你能一直做下去。"

我不愿意告诉苏三，北京并不能解决她的烦恼。她会发现的，城市人甚至更擅长适应平庸。他们诉说着理想主义与时尚，期冀的却是保住此刻的布尔乔亚生活，即使衣食无忧。明天要比今天过得更好，至少不能更差。然而我希望苏三在幻觉里待的时间更久些——因为即使在虚伪的环境里，这些新鲜的时刻也是真实的。她会想起它，如同女人回忆起少女时爱上的第一个混蛋。

"已经快两个礼拜啦。"苏三说，"仿佛还是昨天刚来的。我一路坐着火车，刚下车站，想洗一个澡。"

8

我告诉桃子，我搬出了讨厌的胶囊旅馆。每天晚上我的小胶囊摇来晃去，我猜是楼下寂寞的人在手淫。而在摆脱了房间里熏人的内裤和脚臭以后，我感觉北京又重新阳光灿烂。三月的北京正正好，还没有那么干燥。

我告诉桃子，新的房间真好，我的狗鼻子闻到一股清香。房东米卡漂亮又大方，她告诉我她在欧洲的一个月旅行。"她好兴奋，都没有办法打断她。"我说，"啊，我突然想做好多事情！"然而我走到窗边，却看到楼外的巨坑，那么触目惊心，让我感觉马上就会失足落下去，仿佛南柯一梦。

桃子告诉我，她也想做好多事情！她想当插画师，想写哲学小品，想做儿童教育……然而她突然不安起来。"怎么办。"她说，"这样要找不到工作了。要饿死了。"我想象电话那头她楚楚可怜的样子。"反正你养我！"她说，"反正要结婚的。"

是啊，要结婚的。我幻想着结婚以后的生活。两个孩子，一条狗。他们吵闹的时候我罚他们一起蹲在厕所里。一个公文包，衬衫上扣不上的纽扣，镜子里秃了的头。趴在办公桌上睡觉之前，我寻思着如何植发。妻子走来的时候，我匆忙关掉色情网站。我吻她的脸颊，像之前每一个无事的傍晚。

"然而你不会过上这样的生活。"我听见陌生的声音，或许是自己的。"你会永远胡子邋遢，永远饥肠辘辘。"我感到恐慌。

"可我总幻想，我坐在你的婚礼上。"我告诉桃子，"人人都端着香槟或鸡尾酒。"我想那应该在芝加哥，一个露天阳台上，密歇根湖的风把窗帘吹了起来。"那时我已经留出了络腮胡子，穿得邋遢。"参加婚礼之前我特意去了街口的理发店。我要去参加一个婚礼。我告诉那个粗心的墨西哥人。然而他不以为然。我拿出了衣柜里唯一一套白色西装，袖口有一颗霉点。"你是女主人，向我走来——"我从未看到你如此美丽。你的大眼睛，你像花瓣一样的嘴唇。我想起许多年前，当我第一次在学校的艺术节上看到你，你背对我，穿着白色的连衣裙。人声鼎沸，我觉得你大概不会回头。你会就那么走开，往后所有的事情都没有发生。然而此刻你向我走来，就那么走向我，走向我，那么轻盈，所有记忆都涌上心头。"你问我，最近好吗？"

　　"傻子。"她说。

M，

　　我的最后一站在一个东北小城。我本想找机会做一个二人转演员，最终放弃了。但是，我每天都去剧场看同一场二人转，听他们讲原封不动的笑话。在舞台的角落里，总坐着一个五十岁左右的中年男人，负责鼓掌、拿道具的。他是小眼睛，炭黑皮肤，嘴唇上面的小胡子比起五官更容易让人记住。每天，他都穿着一件印着"青春"的白色T恤，在固定的时刻，配合台上演员固定的侮辱。

　　"'狼爱上羊，并不荒唐。'这都不荒唐，那这老头和狗开房是不是正常啊？"演员吆喝着。"不正常！"中年男人摇头。"那得先问问狗同不同意呢。"演员说。底下观众笑成一片，都鼓起掌来。

　　"掌声呢，掌声呢。谁不鼓掌让老屌丝拿牙咬他！"演员卖力张罗。然而有一天，中年男人却突然站起来，即兴发挥地配合他，"对！我拿牙咬！"他咬紧牙关，作出凶狠的样子。观众的鼓掌声顿时稀落了。他尴尬地环顾四周，期待演员抖出下一个笑话。唐突的抢戏让他接下来的每个动作都不再自在，连回到角落的座位都磕磕碰碰。可惜这并不会让人们记住他，就像人们不会记住马戏里忽然畏缩不前的猴子。"我忘记那天发生什么了，毕竟只是一个二人转而已。"他们会说，或者，"我记得有一刻我确实感觉不舒服。"那个穿着"青春"的中年男人，他的职责是鼓掌，拿道具和被忘记，他不应该让所有人为难。

在去东北之前，我去了胡哥的故乡郴州。没有见到胡哥之前，我待在当地的一家银器厂里。有个叫华平的男孩刚去不久，负责给景泰蓝拉丝的。"第一个月，我拿了一千一百块钱。"他兴奋地告诉我，"没有全寄给家里，自己留了一点。"我后来听说，他爸爸以前炼金的，工伤落得残疾，全家就靠十五岁的华平。"我以后也不想出郴州，因为外面不认识人。"他告诉我。后来，他老是跟着我，"伦哥"、"伦哥"地叫。我和他拍了照，洗出来送他一张。再过了几个月，微信上他忽然把照片发给我。他把它贴在宿舍的墙上，还崭新如初。"小李，最近还好吗？"我问他。"华平。"他纠正我，似乎在埋怨，我已经把他忘了。过了一会，他又发给我，"一切都好。谢谢伦哥。"

行程最初，我的理想，是要重构叙述。大三的时候，我问教授，"既然真伪只是对历史肤浅的质询，那什么才是重要的？""叙述。"他说，"叙述才是历史的核心，也是文学、艺术以及其他一切汇集之处。"从那以后，我就开始探索叙述的力量，甚至将之摆在个人生活之上，仿佛叙述有宗教般的超越性。然而随着旅程深入，其中哲学的追求渐渐淡去了，它淹没在茫茫的日常细节里，如同一切永恒的发问。我发现，我叙述的目的，无非是想记住他们，每一个我遇到的人，甚至自己。而我们将在其他所有的可能中被忘掉。

离开北京去湖南之前，我去了成都。我知道，我的旅途就要到达尽头了，这让我感觉忧伤。我曾热爱过，也曾厌烦，而在此之后不久，我就要回到真正的日常里去，之前所有的情绪都要飘散。在成都，我去了一家做漆器的工厂。它坐落在宽窄巷子外面，历史很长，时间在这里停留很久。"所以，你是要来找故事的。"漆器厂的王经理说。

不太准确，我是要来把叙述完成。我是要前来记住，所有即将遇见和可能被忘掉的人。

L

成都漆器厂

1

　　成都漆器厂老了，但还活着。如今它藏在宽窄巷子旁的民居里，它的窗口爬满藤蔓，它的墙上锈迹斑斑。四十年前它是附近最高的楼，三层，可以睥睨整个成都。那时新楼刚刚盖好，厂里张灯结彩。楼顶上挂了"成都漆器"四个大红字，鞭炮声中人人都觉得它会欣欣向荣。

　　漆器厂是在 1954 年成立的，到了 1974 年，改建了新楼，就是现在这栋。漆器厂六十来年的生命是跌宕起伏的——它曾在九十年代达到顶峰，那时厂里有两三百号人，整天热热闹闹的。而后漆器厂一夜崩塌，扯进官司，屡屡陷入停产。再后来，它奇迹般又活过来，只是元气大伤。2008 年地震的时候，天花板的粉末纷纷而下，电灯摇来晃去。人们都担心这座快四十岁的老厂房要塌了，可质检员在表格上打上一个个勾，又扬长而去。

如今漆器厂仍不可思议地活着，如同任何一个活过自己期待的老人。轰轰烈烈俱成往事，它的呼吸躲在老城中央。它的器官仍正常运转，甚至出产的漆器也还源源不断，只是厂房老了，人也稀零，只有屋顶下的"成都漆器"四个字仍趾高气扬。如今老人们在路边乘凉，女人从隔壁屋顶探头晾上白色被单。两鬓斑白的保安从保安室里走出来，懒洋洋地问你，"喂，干啥子？"他的眼皮耷拉着，手中的保温茶杯是灰黄的，新泡的茶叶在水中上下翻滚。

"这是个老厂，很老很老了。"阿申告诉我。具体有多老，他也不清楚。总之，比他的年纪更大。他是90年出生的。他知道，厂的年纪比他还要大很多。

90年出生的阿申，有一张75年的脸。他的脑门挺大的，下面的轮廓却缩回去，像一门三角盾牌。他留着浅浅的络腮胡，头发基本都剃光了，剩下的和胡须连在一起。我见到他的那天，他戴着口罩，因为之前体检出有些肺粘连，要阻隔车间里的灰尘。"你猜我多少岁？二十六？嘿！被你猜中了。人家都说我长得太快！"

阿申是我在漆器厂里见到的第一个漆工。他待的车间叫漆工二组，一般有三个人，但今天只有阿申一个：周师傅看病去了；胡姐不知为什么不来，听说也不会来了——李厂长说，她怀孕了，她自己也不知道。

我见到阿申的时候，他正在用砂纸磨着漆碗，并不用力，但频率快得很。磨了一阵以后，他把砂纸在水里浸一下，甩干，继续磨。"漆器中最基本的就是打磨，最基本也最重要，"他说，"刷漆、打磨。做漆器就是这样重复的工序堆积起来。"

他的同伴们大多都离开了。他们或因喜爱、或因做活而前来，后来发现，喜爱无非弹指一瞬，而工资也低得可怜，故而年轻人来来往往，少有人真的留下。厂里的工作桌空了又空，只有阿申还坐着磨碗。有时，他把这里当成自己的工作室。他想象自己像他崇拜的日本漆器大师柴田是真一样，在一个与世隔绝的小天地里做出最精致的器物来。

"只有孤独，才能让人做出最极致的东西。"阿申告诉我，"柴田是真做的是最极致最极致的漆器，别人想恢复都恢复不了。现在他死了，再也没有人能赶上他了。"

阿申也不知道自己为什么对漆器这么着迷。他的手一动起来，漆器仿佛就成了他的孩子，有了生命。他说，用的砂纸，磨的力道，甚至磨漆的心情，都会影响漆器最后的样子。所以，即使到了周末，他也时常来厂里加班加点。他的妻子叫如斯，也在厂里做漆器，到了周日，就随他一起过来，搬一个板凳，坐在他身边，给他打打下手。有时阿申会想起唐山的爸爸妈妈，童年的钢厂烟囱，公路边爸爸的修理铺子。他想起铺子里的铁皮墙壁，石棉瓦盖的屋顶，冬天爸爸嘴边吞吐的冷气。爸爸的双手在周围村子是出了名的灵巧，他总能让废弃的农用车焕然一新。阿申知道自己的双手也拥有相似的天赋，但他从未想过他要去的地方是一个遥远的西部城市。他将远走他乡，他将继承一门古老手艺，他将去到成都漆器厂。

2

在最后几天，我才见到周师傅。阿申那阵子胳膊上长了疹子，去了医院，车间里只剩周师傅孤身一人，他正把黑漆涂到杯胎子上。他的肘抬得很高，使得动作看起来粗犷。

周师傅是漆器厂里最老的学徒，今年四十四岁了。关于他为什么四十四岁还愿意做学徒，厂里没人说得清。人们都说，只知道他年纪很大。周师傅的个子不高，肚子稍稍发福。他通常只说彭州话，说起话来腼腆羞涩，说不下去的时候，就低下头去自己笑。

"你是彭州人的话，和如斯是老乡吗？"我问周师傅。如斯是阿申的妻子，在三楼的大师工作室，有时也下到阿申和周师傅的漆工二组来散散心。

"哈，她在西门，我在东门。她在县城里头，我在县城外头。"

周师傅是去年十月份来的，如今，七个多月了。其实，他和漆器早有缘分。他的第一份工作便和漆有关，是去家具厂里学涂漆。那时他十六岁，只是一个毛头小子。别人做好的家具送来，他们一群伙计便给家具上漆。刷漆是一门手艺，要和师傅学的。那时的漆，都是大漆，从漆树上来。做这些大漆，很有讲究。许多老师傅，刷漆就刷了一辈子。然而在这个时代里，他们没有这个福分了。

"我十六岁开始做漆，学都没上完，做到二十岁，受到冲击。"周师傅说，"我们的那个大漆，被那个新出来的聚氨酯漆冲击了。它又便宜又亮，亮得像蛋清一样。我们的大漆没得做了。"

"聚氨酯的那个'氨'，好像有个耳朵旁。"周师傅提醒我。

做漆家具的手艺很快消失了。聚氨酯漆便宜，做起来也简单。人们蜂拥进这个行业，大多数的人都一学就会。周师傅和身边人的活越来越少，到最后没了工资，只好离开。十六岁的时候他还以为大漆的家具可以做一辈子。

他开始了一段漫长的流浪生活。他尚且年轻，生命充满可能，但命运摆出的选择偶然又有限，他仿佛只能随波逐流。偶尔有人在水流里淘到金子，其他人大都顺着水势飞流直下。

"我出了四川，去过西安，到过云南、北京、新疆。其实也就这么多了。"周师傅说。

"做什么呢？"

"帮着他们。咋说呢？其实就是打工那样子。"

在西安，二十岁的小周在饭馆里配菜。

"你晓得啥子是配菜吗？就是点了菜，厨师负责炒。我们看了那个单单就要给他们准备好原材料。比如宫保鸡丁，就要鸡脯肉切成丁丁，花生粒、葱葱切成丁丁，莴笋也要切成丁丁。都要马上准备好。"

小周做了半年，心气正旺，很快就做到没意思了。他觉得自己不适合做这一行，还是怀念之前做大漆的日子。可是已经没人做大漆了，人们都在做聚氨酯漆，谁还挤得进去？他觉得西安的冬天好冷，温度比四川低好多。他不想长待了。

他去了云南。

这一年他还是二十岁，发生了许多事，时间却仍过得很慢。他在云南是做西装垫肩的。彭州的农村里，有几十户人家都在做垫肩，全球分工的浪潮里，这块特别的棉花莫名其妙地落在他们手中。

"村里好多人都涌去成都，我们就想向外发展。要找个大城市啊？就去了昆明。"

"和老婆一起吗？"

"那时不是，是帮别人一起做。"

小周随着老板去了昆明。老板在服装城边上租了一个出租房，买来海绵，做成垫肩，再拿去服装城里卖。小周不是出去吃喝的人，而是在出租屋里做垫肩的。为了进出货方便，出租屋一般都在底楼。老板租的是单间，有的有窗户，大部分没有。屋里没有家具，没有装修过，暗无天日。老板买来固定尺寸的海绵，他们就用烧红的电钨丝把他们切成小块，然后再做成垫肩。他们总是很精准，进去多少海绵，第二天就吐出多少垫肩。没有家具的房间像是一台简洁、永不止歇的车床。

做了一年多，老板的生意萧条了。他对小周说，"你另找人吧。"

"那我就只好走咯。"周师傅说，"不久，北京一个老乡找到我了。我就又去帮他。还是在出租屋里，还是一样的活。做了半年，生意不好，又不做了。"

已经许多年过去了，如今周师傅不再觉得时间过得很慢。他想起漂泊过的许多地方，但是记忆是黯淡的、贫瘠的。无论在厨房，还是在出租屋里，他都看不到窗户。他的漂泊是从一个房间到另一个房间，其余的壮阔景色则由他人共飨。而无论是在现在，还是在从前，他都总想起十六岁时刷大漆的日子。大漆的味道浓烈，他的手上长满漆痱子。那时的日子很好。今后怕是没有那样的好日子。

3

"你知道大漆怎么来的吗？大漆是漆树上来的。漆树产漆，它的性状就是会分泌乳液状的液体。人呢，就要把树切开一个伤口，用树叶垫在那里接漆。现在，人们都用漏斗了。他们把木桶放在漏斗下面接着，接好以后，用报纸封好，隔绝空气。"阿申告诉我。说到兴起处，他直起身子，把自己比作漆树，用手掌在胸前切开一道口子，仿佛那乳白色的漆随即就可以顺势而下。

漆器厂如今仍用大漆做原料，所以成本居高不下。三楼的余师傅和他的胖儿子负责制漆，他们祖孙三代都在漆器厂里。爷爷余书云是上一辈里有名的制漆大师，好多年前就过世了。如今余师傅接过他的衣钵，常在制漆间里摆个小音箱，放红色歌曲。胖儿子因此总和他闹不开心，常常戴上耳机负气出走。

时代已经变了。好多厂开始用化学漆，如今它像曾经的聚氨酯一样风靡南北。雕图案也不用再找厉害的师傅，直接用丝网印刷就好了。漆器被摆上淘宝货架，人人皆可拥有，不再是"王侯将相"的专属物。

"可是我不愿意用化学漆。我用化学漆做，就像在做塑料一样。"阿申说，"有一次货急，我用了化学漆。它的光好刺眼，直接反射到我眼睛里，而且摸起来，也没有大漆那种柔和的感觉。我心情很差，虽然最后还是交货了，但是我想，之后再也不要用化学漆了。"

阿申告诉我，"漆器有一点很神奇的地方：无论哪一道工序出了差错，在后面都是可以补的。比如木头胎子出了裂缝，漆工就可以在下道工序里填上漆灰，涂上一层一层的漆后一点也看不出来，完美无缺。然后你买回家，放了一年，发现原来木头裂缝那里看起来居然有些塌陷了。可是你摸上去，完全是平的。没有任何问题"。由此，阿申总结出一条人生道理："人心不也是这样吗？

你做了件错事，没有人知道，谁也看不出来。你总能想办法掩盖。但它总会留下印记的。它从一开始就在那里了，从未走开。"

"你是什么样的人，就会做出什么样的漆器。"他告诉我。

1990 年，阿申出生在河北唐山。唐山的城里遍布煤矿和钢厂，里面的工人大都是三四十岁的中年人。二十几岁的，不愿意做那些行当，总喜欢去外面闯荡。环境污染的排行榜上，唐山常年名列第一，有一次屈居第二，镇上居然挂起了喜乐的横幅。阿申住在家里的时候，黑色的皮鞋穿出门，回来就变成灰色的了。

"你知道的，化工厂多嘛。"

阿申有一个哥哥，如今在北京做飞机票销售。小时候，他们常在爸爸的铺子里晃悠。爸爸是一名修理工，农村里各式各样的车子和机械都是他来修。阿申并不喜欢修东西，但是看着爸爸的钳子和螺丝刀，耳濡目染，喜欢上精准的工业设计。

他以为自己会变成一个设计师的。高中毕业他去学了设计，后来在北京找了工作。然而他发现设计和他想象的并不一样，有时自己辛苦做了一个项目，每个人都说好，但老板和客户一句话就推翻了。凌晨两点，他发觉疲惫是他对自我的唯一触觉。

是在成都，他发现漆器是个多么美的东西。有次他负责漆器的胎底设计，来成都出差。交接图纸的时候，器型问题要找做木胎的去沟通对接。他走进工厂，看到安静做工的老师傅和学徒们，突然发现，原来漆器是这么有趣的手艺！

他开始有了兴趣。不久，他和老板说，"我想学漆器"。老板不同意。阿申不管，上班照样做设计，下班了，或者周末，就去学漆器。

"我想做漆器。"一天，他对漆器设计的师父说。

"关键，看你有没有那个心。"师父回答他。

阿申怔住了，半天没说话。

"当时好像在深思，脑子里却是一片空白。"后来，阿申告诉我。

师父又说，"你先去做一段时间，到时如果有什么问题，你再来找我"。

阿申去学漆器了。学的过程里，同伴来来往往，然而最终都选择离开。他有时感到困惑：这个行业是不是不行啦？手艺是不是快失传了？他也理解朋友的苦衷，他们无非是碍于枯燥和工资不高。那么他自己呢？他一直想着师父的话，他有那个心吗？

一段时间以后，他有答案了。他也不必再和师父说什么，一切都不言自明。

"你觉得你的选择是对的，就去做吧！"爸爸妈妈听了阿申的决定，摆摆手说。

阿申知道，其实爸爸希望他留下的。爸爸希望他能继承自己的修理手艺。哥哥已经远走高飞了，他希望至少有一个儿子能留在他身边。可他不善于表达，说不出。

阿申也知道，妈妈支持他出去闯。妈妈是个独立的女人。年轻时，她从承德嫁来唐山，作为一个异乡人，很早就学会了察言观色，但内心里总有自己的主意。从小，妈妈就告诉阿申和哥哥：

"出去闯！如果连社会都融入不了，那还不如留在家里！"

如今爸爸妈妈两个人留守在老家的村庄里。唐山市里嚷嚷着要整治污染，许多农用车都被淘汰了。世道也变了——现在的人不爱修东西，旧了的就扔掉。爸爸的铺子上，生意越来越清淡。有时，爸爸在门口踱来踱去，看国道上的卡车呼啸而过。

爸爸并没有就此清闲下来。他动了脑筋，自己运来旧配件，去改造气动的翻斗车。改造完了，再自己运出去卖。爸爸的双手从来都忙个不停，但一直不喜欢说话。以前他抽烟，一直抽，不管什么时候都在抽。后来妈妈生了一场大病，爸爸下决心把烟戒了。妈妈托姨妈去城里给爸爸带了好些糖块，她说，你忍不住了就含着。

爸爸最开始是农民，攒了些小钱，和几个兄弟一起去东北投资开了钢厂。后来，大环境不好，钢价一直跌。厂赔钱，黄了。爸爸亏了钱，只好去唐山的钢厂里打工，就像如今那些无处可去的中年工人。他们呼吸着肮脏的空气，催促年轻人们远走他乡。

在钢厂里，爸爸负责在钢材从机器里吐出来的瞬间，牵着它。有一天，机器出了毛病，钢材直接飞了出来。它划过爸爸的肚皮，爸爸的皮肉都翻了起来，血粘在滚烫的钢铁上。他没法再做活了。

然而两个孩子就快要上学了，谁来养家呢？养好伤以后，爸爸打定主意跟着村上的打井队东奔西跑，学新手艺。人家师傅不肯教他，因为他不是徒弟。他就在旁边看着，等到师傅做累了，便冲上去说：

"师傅，累了吧，我来！你告诉我，怎么做？"

爸爸打井攒了钱，终于开起一个小铺子。那是一间用铁皮围起来的小屋子，上面用石棉瓦盖住。冬天，唐山冷得很。阿申记得，风会不停地从铁皮间漏进来，爸爸呼出的气都快结成冰。爸爸在这棚户般的小铺子里坚持了八年，直到又盖起像样的房子。

阿申最佩服爸爸的一点是，他一开始也就只是在工地上随着杂七杂八的人学了点电焊，修些小零件，只能在铺子里修修轮胎。过了些日子，爸爸不知去哪里弄到了有关机械的书，凭着自己认得的那些零星汉字，一页一页地翻。晚上，阿申要睡觉了，他总能看到爸爸坐在炕边，一边烧着火，一边翻书。到了后来，他能修农用车的电机，卡车的水泵了。再后来，他什么都会修了。阿申想，有朝一日，他也要成为爸爸这样的人。

如今他成为了吗？很难说。他和父亲所期待的自己南辕北辙，但也可以说是殊途同归。他2011年5月来到成都，今年已经五个年头过去了。

"哇，五年了！"阿申说，仿佛自己从没有想过时间，"来成都五年，就代表做漆器已经五年了。"

"我盼望着中国漆器什么时候也能像国足一样出线一把。"他说。

"还是不要像这个。"我劝告他。

阿申告诉我，他已经定好了将来的研究方向：他要做一色漆的漆器。他说，装饰再好，底子不好都是白搭。一色漆就是底子。

"很多人不喜欢日本，因为他们侵略过我们嘛。"他说，"但我接触漆器以后，了解了他们的匠人精神，对他们有了钦佩。他们就是，一色漆的漆器如果五个月可以做完，他们就会用十个月把它做到最好！"

在成都阿申遇到了现在的妻子如斯。如斯是成都边上的彭州人，他们是在学漆器的时候认识的。去年十月他们结婚了。"结婚以后我胖了二十斤，"阿申说，"即使结婚忙着张罗，还是胖了起来。你看不出吧！我肉都藏在肚子上。"

"看不出。"我安慰他。

阿申和如斯商量好了，要做丁克家庭。他们还没有告诉父母，打算先拖着。

"其实原来很喜欢小孩子，"他说，"但是现在看各种各样的环境问题，疫苗之类的，我和如斯达成共识，还是不要小孩了。我们厂有个阿姨的小孩就赶上了那批疫苗，孩子发高烧，好几天才退。我还听说对智商也会有影响。"

　　"所以现在漆器成了我的小孩了，虽然这说起来有些夸张。"阿申说，"但现在除了家人，最在乎的就是这些漆器。其实我也想有钱，也羡慕那些每个月能挣五千、一万的人。但做了漆器以后，感觉这个想法不是那么重要了。如果能养活家人，我想把漆器一直做下去。"

　　"现代的社会啊，物品流通得太快啦！往往漆器刚做出来，别人就要买走。所以，为了呈现最后的亮度，就得用机器抛光。但那个光泽和漆器沉淀以后的光泽是不一样的。很刺眼，但不润。"阿申告诉我。他终于磨完了漆，把漆碗都放在木板上。"漆器是个很好玩的东西。它刚出来的时候，漆色会越来越暗，但暗到一个程度之后，就越来越亮，润度也越来越高。你越是把玩，它就越是亮。到最后，它亮成镜子一样。然后，它会永恒地亮下去。"

　　许多时候，阿申的叙述都有戳穿时间把戏的力量，而他自己却对这种超越性浑然不觉。你会觉得，也许诚实的人都有这种品质，只是由于他们的数量稀少而显得难能可贵。此刻，木板上的漆碗在阿申的描述下仿佛真的有了生命，你想象它们褐红的皮肤渐渐暗淡下去，然后有朝一日又闪亮起来，如同宇宙坍缩又膨胀。到了那个时候，它的皮肤通透，它的血管发光。在红色的镜子里，你看到自己的脸庞，看到自己脸庞里的镜子。你看到虚妄的现实。你看到永恒的表面。你看到无限的自我和镜像。

"所以啊，我的想法是，你得对来年的时尚有预判，"阿申嘀咕着，"就是你要先把它做好了，晾在那儿，第二年等它自己发光以后，再拿去卖。"

4

1993 年，漂泊的周师傅回家了。

这年他二十一岁。他已经去过许多地方，却仍对世界充满不安全感。在成都城里，他找到一个管理公用电话亭的临时工作。这是一份电信公司外包的闲工，整个成都市，只有十多个人在管理电话亭。小周一个人要管六十几个电话亭，纵横几条街。他负责清洁卫生，检验故障。每天他穿梭在电话亭与电话亭间，如同他往日的漂泊一样——世界无限宽广，他却只留寸土容身。

"这个做了久了。"周师傅放下手下的刷子，看着天花板数数，"哦哟，这个做了很几年！八年。"

也是在 93 年，他结婚了。他二十一岁，妻子是一个村里的人。

"从小就认识吗？"

"算是吧。"周师傅腼腆笑笑，"我们隔了一多里路。小时候还是比较保守，认识归认识，不可能在一起玩。大了，邻居就介绍。见了一面，觉得可以，就成了朋友关系了。有了更深一层的交往。"

95 年他们有了一个儿子。如今，儿子也开始谈恋爱了。他并没有读大学，而是去了双流高速收费站做收费员。女朋友是儿子的中学同学。他们每天下了班就出去玩，经常是一起去网吧。

"我不干涉他，他愿意做什么做什么哇。"周师傅说，"但是我们那个年纪，下了班都得回家做家务的。"

在公用电话亭的日子里，他时常想念彭州的妻子和孩子。妻子在家务农的，那时候农村很少有电话，传呼机却风靡每户人家。有时，妻子有事要找他，便传呼一个给他，他收到便明白，立刻去电话亭打回给她。

"这个太方便啦。因为我们整天就待在电话亭里。"

周师傅打电话不要钱，因为存了许多 IC 卡。这些 IC 卡，都是电话亭里的人忘在里面的。周师傅和他的伙伴们把卡取出来，收集进口袋，这是他们为数不多的爱好之一。他们的出租屋里摆满了各式各样的 IC 卡，像是孩子们吃零食收集的偶像图片，他们珍惜它，仿佛代表某种特殊回忆和特权。

八年以后，周师傅电话亭的工作丢了。这本来是电信公司一个小领导承包的活，后来，公司里的大领导把它承包给广告公司。广告公司想要亭子，因为亭子是玻璃做的，里面可以贴广告。

"所以我们就失业了。也算不上失业,我们本来就是临时工嘛。"

2000 年周师傅去了新疆，种棉花。他听朋友说，新疆种棉花好来钱喔，一年能挣好几十万！

"挣到了吗？"

"挣啥子钱嘛。真能挣，不都过去了。"

周师傅去了新疆，就开始播种。早上四五点钟他就要起床，太阳已经出来了，晚上十一点过了，太阳还挂在树枝上。在短暂的黑夜里，他总是无法入睡。新疆的天太热了，让他没法适应。他想起二十岁西安餐馆里的日子，那时是寒冷让他措手不及。他觉得还是四川好。然而好多年过去了，他仍是一个异乡人。

种棉花的时候，他并没有拿到什么工资。老板来的时候也没什么本钱，他说，等棉花种出来了以后大家分。过了八个月，棉花终于长出来了。大伙兴高采烈地把棉花送上车。棉花被收购了。老板说，拿到的钱里，得扣掉你们的生活费、伙食费，之前都是我垫着的。周师傅回家时，几乎没拿到什么钱。他觉得自己白干了。

"所以，不要去新疆种棉花。"周师傅告诫我。你可以感觉到，他刷漆的手明显开始用力了。他的脸微微涨红，仿佛已经消失的委屈重又涌上心头。他重复了一遍，"千万不要去新疆种棉花。"

周师傅回来了。他约莫三十岁，是小说某个冒险家出场的年纪。但他不想再出去了，不想再出四川。接下来的生活，是简历上一行字可以概括的——2001 至 2014，在成都的中国电信印刷厂，印刷工，印发票。

"也算是稳定了。"

"算是？"

"至少没有东一哈西一哈的。就在那儿干了十多年。"

儿子五年级来到成都上学，妻子在他去新疆时就开始在成都做家政。到了 2014 年工厂倒闭，已经没有人叫周师傅小周了。"周师傅"是他常听见的名字。如果你仔细回想，会发现这个称号来的是那么突然。是什么让他对此习以为常，像一个老朋友身后的呼喊？

印刷厂倒闭后，周师傅又去了外面的厂做包装盒。过了一年，厂搬走了，他又下岗。为何他总是那个被牺牲的人？为何总是他倒在尘土飞扬的车辙里？

"去漆器厂吧。"一个原先的工友劝他。工友在漆器厂的门面铺子里看店，他听周师傅讲过小时候刷大漆的经历，想他感兴趣。周师傅答应了。选择是偶然而被动的，但他在这无常里寻到某种线索，仿佛是命运补偿。已经二十多年过去了。兜兜转转二十多年，他又回来做漆。

"有熟悉的感觉吗？"

"有啊，我一听说又是做漆的，就感觉很舒服。因为是自己做过的，不需要现学，就觉得没有压力，感觉自己做得到。"

"会觉得生活动荡吗？"

"不会，我是个没有追求的人，觉得有个活干，我就满足了。"

工厂给他安排了一个师傅，阿申。阿申比他小快二十岁，但稳重得不像个年轻人。周师傅来厂里的时候，阿申通常已经到了。他不说一句话，也可以安然自得地干活。阿申的妻子如斯常会下楼找他们聊天。装饰车间的云淇没活的时候也会过来散心。她二十多岁，长着一双娃娃脸。她总回忆起周师傅碰漆长漆瘌子的日子。她说，"哇噻，你没看到啊，周师傅长的那个漆瘌子，两只手肿得像猪爪一样！"

"还好，还好，没有我想象得严重。"周师傅说，"因为几十年前做漆的时候，我也长。那时又肿又痒，我以为这次会更凶，其实还好。就手指上长了水泡，不痒。我之前还以为全身都会长满。"

"有想过不干吗？"

"没有没有。我刷这个漆，感觉到很舒服，很亲切。"周师傅说，"我跟你说了，一二十年前做的东西，如今又重新来做了，我觉得很容易上手，也很顺畅，所以也不会想要放弃。"

周师傅四十四岁了。他让我猜，从我的直观来看，他多大年纪。他把肚子挺直，露出笑脸。牙齿黄了。他的皮肤黝黑、油亮，像是汽油稀释过的黑漆。你想象那个二十多年前的少年，少些皱纹，多些汗渍。老师傅教他们给家具涂漆，他以为自己也最终会成为老师傅。那时漂泊还未开始，更未结束。而如今在大漆里他嗅到过去的味道，嗅到隐秘的苦涩和藕断丝连的人生。

"我从没有想过我居然还能做大漆，我感觉很幸运。"

"我希望这个厂越来越好。"他说，"因为我想得到保障。因为我想长久的，一直一直在这里做下去。"

5

如斯记得姨妈第一次带她去看漆器。那时她还是一个高中女孩，除了一台缝纫机别无他求。姨妈说，"有一门手工艺叫漆器，好漂亮，你要来看看。"

如斯是彭州人，90年出生。和周师傅不一样，她是县城里的，爸爸妈妈都是高中语文老师。小时候，她就喜欢做手工。她拿剪刀剪下一块彩色的布，用针线缝起来，套在芭比娃娃身上。有时，她还去地摊上买丝袜，别成一朵花，插在娃娃头发里。

"我觉得好多女孩都是这样的。"如斯说。她并不觉得自己特别。如今她在三楼的大师工作室，和晓波，尹老师一起设计、制作新的漆器。如斯不胖，却跟壁画上的唐朝女人一样，有着小眼小嘴，以及鹅蛋般的脸庞。她的手也很小，白而细致，据说磨漆器再合适不过。

在十年前某个炎热的下午，姨妈带着如斯第一次去了漆器厂。姨妈是卖家具的，并不是漆工，只是某天心血来潮，想把漆器和家具结合起来，让家具卖得更好。这是一个不成功的试验，刷大漆的家具从聚氨酯出现的那一刻起就开始衰落了。它贵且麻烦，没有什么能挽救它。然而姨妈却因此喜爱上漆器。她在失败的实验中找到快乐，常常在周日的下午前往厂里磨漆，一坐便是一个下午。

"姨妈要做一下午，我就看一下午，四处走走看看。"如斯说。她做出左右张望的姿势，像一只啄米的鸡。"大部分时候就看着她们在磨。那时候没想过以后要做什么，长着脑子不用，完全没往漆器那方面想。"

第一次看到漆器的如斯，只是觉得它有趣，并没有想学。她看到一部分人在做灰胎，另一部分人在画拙劣的现代装饰画。她看到粗糙的图案丝网印刷到漆器上。说实话，她并不享受这个过程，但不知怎的，却会一直想着它，像是脑中被他人随意埋下的种子。

如斯总觉得自己头脑简单，不爱思索，对于脑中飘忽的念头，并无甄别的能力。小时候，她从未想过自己将来要做什么。她总是活在当下，体验此刻能带给她的快乐。这在她看来，是一种并不特殊、只有傻瓜才拥有的本事。不过，她的确有想过将来不做什么：首先，她不要当医生，她从小就觉得医院里只有不好的事情在发生；其次，她不要做律师，她总看到那些官司打完，律师被报复的新闻；最后，她不要当老师，因为她的父母都是老师，她觉得他们好辛苦。除此之外，她没有其他想象。高中的时候，她求着父母买了一架缝纫机。"买这个干啥？"他们问她。她没有解释。为什么所有事情都要有一个理由？寻根究底的追问下，世界能回归为一个简洁、再无法解构的答案吗？她在缝纫机上欢度了许多空闲时光，如磨漆的姨妈，打牌的老头，痛苦的哲人一样。她的脚下和手上长出具象的未来。

如斯向来不喜欢思考。妈妈也并不逼她。

"诚实善良。只要做到这两点就够了。"妈妈告诉如斯。

如今妈妈老了，她有些后悔。诚实和善良，似乎不足以成为支起生活的权宜之计。她徘徊在客厅里，谈起如斯，说如果小时候能管她更严一点，就好了，这样学习能更好一些。可她刚说完，又迅速推翻了之前的结论，说，其实也没什么好后悔的，如果管得太严，成绩很好，现在做什么也说不清。说不清是好是坏。她垂下头。她说人生就是说不清的事。

爸爸和小时候的如斯一样，是一个安于现状，什么也不去想的人。他从小的学习成绩一般，到了考大学，顺理成章地落榜。之后他回家种地，却在第一个下午就累得半死不活。他于是决心要复读改变命运。第二年他考上了川师大。他包了分配。他结了婚。生活的空余时间里他会写毛笔字和骑山地自行车。他波澜不惊地过一生，并没有觉得有什么缺憾需要弥补。

然而是爸爸的圆满让如斯开始不安。她说，"每个人都有不一样的生活方式，但我不想过那种日子"。她开始意识到，即使爸爸和她在那么多方面如此相似，她还是无法像他那样心安理得。

"那你想过什么样的生活？"

"没有想好。"如斯笑了，"先过着呗。小时候不努力，长大就多努力一点嘛。每天都开心就好了。"

"那现在开心吗？"

"开心。我回想这辈子，好像就没有什么不开心的时候。即使有，很快就过去了。"她说。

那么她和爸爸又有什么不同呢？她如何知道，二十年前的爸爸是否也有和她相似的困惑，只是再也没有走出"没有想好"的状态？他有了家庭，有了女儿。他的追问渐渐模糊了。如今他藏在圆满的假象里，像一颗琥珀。

但是这个追问却最终击中了女儿。那时的如斯已经大学毕业，去了一家设计公司，节节攀升，成了设计总监。然而在电脑前面，不爱思考的如斯却开始问自己问题了：我要这样过一辈子吗？等到我眼睛坏掉了，我老了，我怎么办？我需要很多钱吗？我除了买衣服，还能用它做什么？

"不是我想要的生活。"如斯说。律师、医生、老师不是。如今的设计师也不是。那它是什么呢？

姨妈又适时出现了。她告诉如斯，之前她有个学漆器的工友，现在去了一家新厂。据说，那家新厂刚开不久，是打算认真做漆器的，没有化学漆，也没有丝网印刷。如斯并没有作出决定，直到她去到厂里，第一眼看到真正的漆器——

"哇，太漂亮了！"如斯当场就被折服，"要是能做出这样的东西，不要钱我也愿意。"

她很快辞掉了之前的工作。去那个工厂的第一天，她遇到一个男孩，他们两个一起在阳台上磨雕刀。后来她听说，那个男孩跟同事打赌，说这个女孩儿肯定坚持不满两天，因为做漆器是个苦活，而她一看就不像会吃苦的人。参观的时候，他看她穿了个高跟鞋，还化了妆。

结果第一天上班，男孩惊呆了。如斯穿了件厚羽绒服，漆黑的裤子，以及家里最旧的鞋，仿佛早就知道做漆器要面对什么似的。坐在阳台上，男孩紧张极了，除了必须要说的几句话，其他时候都一声不吭。

"磨雕刀要按这儿。"他抬头指导如斯，却指导得毛毛糙糙。话音还未落，就低下头去继续磨自己的刀。明明如斯是新来的，却要她来找话说。

"哪里人啊？"她问他。

"唐山的。"他低头说。如斯感觉他像个青蛙，戳一下才跳一下。

"怎么来这里的？"

"北京派来的。"

"叫什么名字？"

"阿申。"

6

晓波是个安静的女人。她安静地做活，在电线吊着的日光灯下。之所以要让日光灯吊着，是为了让它能更近距离地发光，但它的样子很好笑，像一副脱壳的骨骼，电线是它残存的血管。你会担心它掉下来，担心它粉身碎骨。

晓波说，她八年前看到它摇摇欲坠的样子，也害怕它就快寿终正寝。那一刻，天花板上的粉尘纷纷落下，像突如其来的雪花。紧接着，地面摇晃起来，她还以为是老厂经不住隔壁军区的演习。

直到她听到外面的人喊，地震啦。

我见到晓波的时候，她正在给笔筒的底座上漆，上完了，把它倒着举在半空。一只手旋转着笔筒，另一只撮一点沙子，一层一层地盖上去。这样，底座就有了岩石的质感。她告诉我，"这叫洒沙。和上漆一样，要好几层"。我见她戴着一副小眼镜，皮肤淡淡的，头发往两边梳开。她说起话来，就像她的长相一样，斯斯文文，慢条斯理。

"我做的这一套，叫'高山流水'，那一套，叫'听雨'。都是尹老师要拿去上海参加展览的。"晓波告诉我，顺便把手上的沙子用围裙抹掉，给我展示她的手指，"时间很紧，我们得用手把它们抛光。从早上，磨到下午三点。手都被抛薄啦。不过，这个漆和婴儿的皮肤一样，嫩的，是会滋润人的。"

晓波把每道工序都安排好。洒沙撒完，用酒精洗印泥盒，洗好，给水盂的底盘上漆。她有时让你想起高中班里那个整洁又内向的女孩。她总能把书本和计划有条不紊地排列好，像是预先彩排过一样。她仿佛知道一切事情，你却永远不知道她在想什么。我只能躺在宿舍的床上，想象她给我整理衣领的样子。

"做漆器，是要讲时节的。"晓波告诉我。冬天太冷，漆不容易干。夏天温度太高，也不容易干。你要让它背风。要保持一个温度和湿度。晓波背靠窗口，说，"最近，春天还没走，夏天还没来，是最适合做漆器的日子了。"

这是她在这里经历的第几个春夏了？从来的第一年开始算起，十年了。那时她二十四岁，有个两岁的女儿。她对气候的感觉比当初更敏锐了吗？她能从浓重的漆味里分辨出季节更迭吗？

她的同门师兄妹们都离开了，只剩她还留在这里。她记得刚来漆器厂的时候，工资是几百元一个月，连房租也付不起。她也记得那时的师兄，一个像她一样安静的男孩，尤其喜爱画画。别的男孩都上蹿下跳，只有他一心一意地雕花纹。她能回忆起他纹丝不动的神态。后来他耍（谈）了朋友，几百块的工资，哪够恋爱的？女朋友和他讲，你别做这个了。他于是转行做了房地产。如今他过得怎样了？应该不差，他家父母就是做地产的，有钱，自然也不会允许他一直走漆器这条路。她和他早已没了联系。她的手机已经丢了，没存他的号码。

她还有个师妹，也喜欢漆器到发疯。和师兄一样，师妹也耍朋友，耍得远了，嫁去沈阳。老公是专门帮别人申请专利的，师妹帮着做翻译。QQ上，她和师妹仍有联系。聊天的时候，她们总聊到漆器。

"在做什么呀？最近有什么新式样？"师妹发信息给她。

晓波于是把最近做漆器的图片发给她，有一丝得意洋洋。她不知道师妹是不是会后悔。她听说，师妹的老公对师妹不错。"别人说，终身大事高于一切嘛。"她说。她想，如果他对她不好，那她可能就会后悔了。

这些都已经过去十年了，她仍会想起当时的日子。算起来，这本应该是她做漆器的第十个年头。

"但是不是，之前回去过几年。"晓波低着头告诉我。

"地震了，我们什邡是重灾区。"

地震了。2008年5月12号。晓波在漆器厂二楼做学徒。

她感到地面在抖，天花板上的粉在落，砖瓦都掉下来。他们一边跑，砖瓦一边掉。大家都冲到地面上来的时候，她才确定是地震来了。每个人都吓得魂飞魄散。

她合租的房子也住不了了。所有人都去公园里搭棚，怕再来几场余震，躲都躲不开。她和几个一起租房的女孩儿一起住在用蛇皮袋搭成的小棚子里。外面的广播粗糙又含混，她听到在滚动播报着重灾区的名字。"什邡。"她听到什邡。

她心里什么都不想了，光是急得要命。可是电话打不通，直达的车也断了，她怎么联系家里人？棚棚外面，她听到一个男人正在打电话给他的妻子："你听没听说洛水中学啊？那里楼全塌了！你赶快，明天把钱全取出来，花掉！谁知道以后还有没有得花哟！"

她的心怦怦直跳。等男人打完电话，她立马凑上前去："老师傅，你说的洛水中学，是哪里的洛水中学啊？"

"什邡的嘛！"

晓波转过身。她的亲弟弟正在洛水中学读高三。

7

如斯并不一开始就喜欢阿申。阿申是一个少言寡语的男孩，说起话来总显得笨拙。但如斯从阿申的面相里看出来，他是一个老实人。这大概不是阿申想听到的答案，尤其考虑到如斯也并非什么挑剔的女孩。

不过，如斯会留意阿申生活里的细节。每天下班，工友们三三两两地走了，阿申会把所有的工具都收拾好，摆放整齐，也不说什么。如斯因此觉得他是好人。"肯定不坏。"她推测说。

如斯和阿申凭着在阳台上一起磨雕刀，渐渐培养出一种不自然的友情。不过，阿申的紧张并未消退。面对如斯，他还是不主动说话。如斯猜到阿申可能对她有意思，因为他对所有人都很好，但对自己好像要更好一点。

他们一起过的第一个三八妇女节，阿申送给如斯一盆百合。不是一束一束插在一起的，而是送了一个盆栽。那天阿申搬着一个大盆跟跟跄跄地走进工厂，泥土都洒在地上。如斯看得出来，他想表达"百年好合"的意思，又怕人猜测，所以选在妇女节这一天掩耳盗铃。如斯注意到阿申的细心——他是精心准备过的。几颗开了，几颗含苞待放，几颗仍旧是花骨朵，他都算计好。如斯随即点破了阿申的小算盘，残忍地拒绝了他，觉得还是做朋友比较好。

阿申伤心的，这一天他没怎么说话。但第二天过来，他仍以之前的方式对待如斯，温暖，关心人，一点也不显得尴尬，没面子。"我很吃这一套。"如斯说。阿申有意或无意的纯良最终打动了如斯，恋爱一发不可收拾，直奔结婚而去。

"为什么送我盆栽？用盆子装百合？"后来，沐浴在爱情光芒里的如斯问起阿申。你可以想象她依偎在他怀里，用手指轻轻点他的胸口。

"因为我不喜欢没有生命的东西。如果剪下来，第二天就会腐烂。"阿申告诉如斯。

阿申喜欢有生命的东西，一如漆器。在旁人看来，他甚至有些走火入魔。即使和如斯在一起的时候，阿申也要抓紧时间和她讨论漆器的事。

"隐红磨到什么度最好看？口沿上红漆多一点好看还是把它包进去呢？"

如斯喜欢和他讨论。但她更喜欢看他认真、专注的样子。

"不都这样说吗，男人认真的样子是最帅的。"如斯窃窃地笑。

由于起步晚，阿申周末常去厂里自己加练。如斯总过来陪他，给他打下手。阿申说，有朝一日他要做出超越日本的漆器。如斯点点头。阿申开始过分地努力，有段时间都开始掉头发。如斯手持剃刀，大笔一挥，干脆把阿申理成了光头。面对纷纷落下的头发，阿申开始是抗拒的。然而结束以后，他感到光头带给他重生般的愉悦。他把 P 过的自拍发到朋友圈上。那是两年以前。

一年以前他们结婚了。如斯陪阿申回了唐山，见到了他的父母。"喜欢他们。"她说，"阿申爸爸和阿申一模一样，长得也一样，性格也一样。"阿申爸爸已经戒烟很久了，如今，嘴中常常含着姨妈从城里捎来的糖块。他不怎么说话，于是如斯猜想，三十年后的阿申也许仍是腼腆而诚实的。这让她舒心。阿申的哥哥看起来更加成熟些，他是从北京赶回来的。她听说他在卖飞机票。她还听说，他是因为爱情破碎去了北京。他曾有一个合适的女朋友，但女孩家长不同意，嫌弃男方是农村来的。他们被迫分手，不到半年，女孩就嫁去了唐山当地一户好人家。哥哥于是远走高飞。

他们一起去了爸爸的修理铺子，在国道边上。如今这里已经盖起了房子，不再有石棉瓦。铺子里有两个伙计，一个四十多岁，另一个是小孩。阿申和如斯去铺子里的时候是冬天，阿申爸爸拍着他们的肩，催他们赶紧到里屋去。他说天冷。如斯看到，阿申爸爸呼出的冷气是那样清晰可见，像光晕一样弥漫在唇边。这缠绕了二十多年的寒冷如今已深入骨髓，成为他自身肖像画的一部分。油画家会用细笔勾勒寒冷的形状，如同勾勒他抽象的脸庞。

如斯和阿申离开了原先的厂，他们对它感情复杂。一方面，那里的漆器做得非常好看，让他们开了眼界；另一方面，老板言行不一，公司里有人生了病，本应算工伤，结果老板却扯什么因果报应敷衍塞责。最后，阿申的一个老师傅告诉他们，"你们去成都漆器厂吧！"

他们就这样来到了热闹的宽窄巷子。老师傅本来也想一起跟来，可惜因为合同问题没能成行，如同电影里引路的配角一样领了便当，消失在我们的故事之外。

今年是如斯做漆器的第四年。她和晓波、尹老师一起在三楼安静干活。闲下来的时候，晓波会劝如斯早点要个孩子，老了可以有个牵挂。

"每个人都告诉我这一条。那你说说，还有啥？"

"三个人在家里，热闹。"

"那养条狗不也一样？"

问到后来，晓波不劝了，因为她自己都困惑。女儿上初中，摇号摇到了成都最好的四中，可数学不好，老师成天打电话让家长来学校。晓波每天五点起床，十二点多才睡觉。她自己也找不出什么要生小孩的理由了。白天，她俩拉拉家常，磨磨漆器。如斯更喜欢这样相安无事的日子。

她还喜欢漆器吗？喜欢的，不过和开始不同了。美只是一个引子，艰深的创造才是往复的主题。"越往里面探索，越发现这里面深奥的东西太多。比如漆性，数字上的温度湿度没法描述全部的东西，有的时候，它就是偏偏不干。"如斯说，"这方面，阿申比我厉害得多。磨漆的时候，他和漆是有交流的。我没他那么厉害。"

她和阿申商量好了，往后，就算漆器市场不好了，他们还要拿自己的时间做漆器。

"我们都不擅长市场，擅长的就是一根筋做事情。"她说，"这大概就是漆器吸引我的原因。做的时候，不用去想那么多。可以一直专注，就只做一件事情，直到把它创造出来。"

"因为我不喜欢思考嘛。"她说。

创造者们大都是单纯的。他们在偶然与荒谬中创造世界，并无使命感与利弊权衡，也正因此，无聊的人类生活才多了些有趣的可能。我想告诉如斯，你是一个特别的创造者。我想告诉她，精明的人大都死去了。他们的呼吸止于浅滩。他们复杂而缄默的思绪飘散或被上传进巨大的数据垃圾场。他们忧虑而后一事无成。

8

晓波靠在玻璃窗的边缘，洒沙的时候她总不怎么说话。浅蓝的玻璃外面，老人在拍打被褥，轿车减速驶入小巷。你好奇她的安静是与生俱来的，还是灾难之后的处乱不惊。你好奇她面对苦难的姿态。然而这是交往的局限所在——你只能看到此刻的一个侧面，从而推测时间的某种惯性。可你的推测是武断的，你永远无法直入她的过去，无法透过她的眼睛去体验天崩地裂。你只能解释却无法感受。像一个乞丐向路人重述他在沙漠里听到的故人往事，他在模糊的情绪中目瞪口呆，看到的却只有沙子。

"女儿的数学不好。她喜欢手工，但她数学不好。"晓波说。如今她过着一种循规蹈矩的生活，中心在女儿和漆器两边来回变换，在琐碎的担心与快乐里她度过一天又一天——并不是什么大富大贵的生活，但相比废墟之下的人们，足够幸运了。她会因此更加珍惜吗？

5月12号的那天是地震的八周年。下午警笛没有再长鸣，人们短暂地刺痛，而后回归工作。流年的默哀是逐渐停止的，如同斗转星移般不知不觉——人不能靠哀痛活下去，但遗忘可以寄托。默哀停止之日，长眠才真正开始。

"我还以为是十一号。"晓波说。

她还会想念弟弟吗？弟弟地震里侥幸的脱逃会不会反而减轻了她的思念？如今他也在成都了，是个房地产销售员，过着并非十分稳定的生活。可活着难道不是最好的事吗？如果他从小就是一个要强的孩子，说不准早已有了一个糟糕得多的结局。还能奢求什么呢？

她记得八年前弟弟给自己报平安时，心中那种劫后余生的舒缓。洛水中学的弟弟是用公共电话打来的，他脑子活，座机一通就和姐姐联系上了。家里也没事，父母都平安。"只是家里房子都塌了。"他们在电话里说。她的心里又落下一块石头。电话里，大家再没多说些什么。公园的广播里在播报，"请把通话时间留给更需要的人们"。

幸亏是那天拉铃的人弄错了时间——本来应该上课了，他没有拉铃。许多孩子在操场贪玩，弟弟就是其中之一，他们幸免于难。

而那些没有下楼活动的好学生,都被埋进了废墟里。坍塌的前一刻,他们还正奋笔疾书。玩忽职守的拉铃人成了救人的英雄,他得到命运莫名其妙的表彰。

晓波院子里还有个女孩,也是洛水中学的。那天下午,她和好朋友一起去底楼上卫生间,好朋友先上好,匆匆跑上楼。楼梯上好朋友还喊着:"你快点啊!要上课了!"

几秒钟以后,楼塌了。院子里的女孩跑了出来,楼梯上的好朋友却与她阴阳两隔。好朋友的葬礼前,女孩的妈妈拽着不让她去。妈妈迷信,觉得死去的小孩年纪太小,阴气重,而女儿本来就身体不好。女孩大叫着,"我死也要去!"葬礼上,她哭得不能自已。

人是如何消化伤痛的,如何对抗不可抗拒也无法参透的悲剧?晓波选择沉默。"不说地震了。伤心的。死了好多人哟。"她戛然而止。然而沉默真的可以帮助短暂的遗忘吗?

"这些经历对你做漆器有影响吗?阿申告诉我,你是什么样的人,在什么样的心情里,就会做出什么样的漆器。"

"可能有吧。"晓波说,"我不知道。"

二十四岁以前,晓波卖过服装、鞋子,也在农村医疗保险上过班。

"但对这些行业都没有什么感情。"她说。

对于漆器,她小时候是听亲戚讲过的。但直到第一次看到的时候,才是真的惊呆了:

"哇!好漂亮哦!这是什么?"

她看到精致花纹,她看到柔软的形状。但是,是那层黑漆真正吸引到她——那是一种比生命更长久的颜色,仿佛永远不会因为人世的时过境迁而今非昔比。

"像镜子一样，不可思议，光彩照人。"

"漆器和其他东西不一样，它的颜色就是自然的颜色。它可以调出各种各样的色彩，在那里面，可以看到春天，夏天，秋天，冬天。就像不同时节不一样的叶子。"

她想，"要是自己也能做出这样的东西就好了"。

她对爸爸妈妈说，"我想去学漆器，这个东西特别好"。

"喜欢就去呗。"爸爸妈妈说。他们都是四川农民，女儿做什么，他们都支持她。晓波觉得，也有可能就是不想管她。

她开始只是想去成都城里，让女儿之后有更好的教育。然而成了学徒以后，她爱上了这个行当。可工资这么低，根本连自己也养不活，怎么办？丈夫告诉她，你喜欢，就去做。丈夫是开货车的，也不阔绰，但他每月都给晓波寄来生活费。后来他去了云南做生意，两年前，看晓波独自带孩子辛苦，就回来了。

"丈夫最支持我，"晓波说，"他是为了我和孩子才回来的。"

"那他也在成都吗？"

晓波腼腆地笑了——他不仅在成都，而且就在一楼的漆工组。

我在一楼的水池边遇到晓波丈夫周大哥。他比我想象得更年轻精干，喜欢不停地说笑话。那天他穿了一件粉色衬衫，正和杨阿姨一起磨碟子。他是一个滔滔不绝的谈话者。谈到美国，他说，"美国鬼子就是最大的搅屎棒，哪里乱哪里有他们，整天把军舰开到我们南海，干啥子么。哎，美国一年学费要多少钱？哦，所以说嘛，我们这些家庭怎么可能去想。"谈到女儿，"摇号上了四中以后，也就开心了一会儿。你说一个农村娃娃来城里，要有多大压力啊。

你觉得是更好的机会，错！农村娃娃来城里就会跟不上。你要是见着她，要气得吐血了……"谈到晓波来学漆器，"她喜欢嘛。喜欢就让她来。"

06 年，晓波风尘仆仆地来到漆器厂门前。

"只要想学，就可以啊！"尹老师对她说。那时尹老师已经被评为大师了，是一个五十多岁的女人。她刚刚步入衰老，双手却越发灵巧。

尹老师每天都会下楼给他们上课的。她，还有另外三个师兄妹。尹老师从最基本的教起：水彩、调色、上色。她每天给学徒们布置回家的作业，第二天检查。

"尹老师不收钱。"晓波说，"其实，我们没帮到她什么，但她就希望能把自己的手艺传下去。"

学习过程里最痛苦的是长漆痱子。晓波记得自己第一次长漆痱子，都吓哭了。漆痱子是身体碰到漆会长的痱子，长得快，全身痒。有种邪门的说法，不仅碰到漆会长漆痱子，连听到这三个字都会长。漆工之间把这叫"带信儿"。

正是这听了都能长的漆痱子，让晓波无所适从。

"我第一次长漆痱子的时候，晚上不知道，早上照镜子一看：天哪！我手上、脸上都长满了。眼皮上都长，根本睁不开眼睛，只能张开一条缝。我不敢坐公交车，我想没有人愿意站在我旁边的。"

她忍不住哭了。哭完，给尹老师打电话。

电话里，尹老师告诉她，"不要怕，没事的。让师兄开车来接你，过来看看再说。"到了厂里，尹老师看她长得严重，马上捎她去医院打了点滴。路上，尹老师安慰她说，"放心，以后就不会有了。我第一次长漆痱子的时候，全身都长满了水泡。"

尹老师的第一次漆痱子，那该是三四十年以前了吧？这么多年过去了，如今她仍神采奕奕，就像那发光的漆碗一样历久弥新。晓波忽然觉得，也许所有的事情都会风轻云淡。倒塌的房子会立起来，肿起的漆痱子会黯淡。花会枯萎又盛开，人会死去又出生。而十年以后，晓波终于能够泰然自若地说出这些故事。

"如果可以，我想自己给自己做一个漆器，放在家里。"她说。如今她的"高山流水"完工了，她端视着它们，如伯牙端视古琴。漆色、纹饰均超脱人生与时代之外，你却执意说它们息息相关。

9

"我这次来是为了做一个匠人精神的专题，然后也因为漆器是我们成都的文化遗产嘛。"新来的记者朋友进门便向尹老师表明来意。他穿着黑色的夹克，大概也因为天热，显得坐立不安。"我们这个采访过程会控制在一个小时以内的。"

尹老师正在磨一把镇尺，向他点头致意。记者站起来，端着手机拍照，"尹老师，好，别动，哦不要看镜头。对，你就继续做自己的事情就好，就当我不存在。头往右边稍微别一点，再左一点，好！"

"你可以给我扫扫盲吗？"他收起手机，放心地坐下了。

"我们这个漆器啊，是大漆做的。大漆是一种涂料，从漆树上来的，耐高温，抗腐蚀。我们漆器有八千年的历史了。"尹老师对这些台词早就烂熟于心，连停顿都练到恰到好处。"我们叫这些工序'三灰三磨'，刷一次磨一次，这是最基本的。特别好的精品呢，就要'四灰四磨'了。我们每天只能做一道工序，所以磨完至少要七八天的。然后还要再刷两遍底漆，才能进入装饰的环节。所以说，漆是磨的艺术，你看，我大拇指和食指的指纹都快磨光啦。这次去巴黎交流，闹了一个笑话，指纹识别的时候，差点没录进去。"

尹老师把大拇指和食指展示给记者看。记者凑上前，端起眼镜仔细端详了一会。

"所以说，这就是匠人精神啊！"他若有所思地评论道。"谢谢！"他说。随后他提起包，说了几句恭维话，去往下一个车间。

关于匠人精神是什么，尹老师似乎从来对答案避而远之。匠人精神是近两年才兴起的新词，为人们对互联网经济的恐惧量身打造——它呼唤消费者们，来吧，这片热土上诞生的不是稍纵即逝的垃圾，而是无瑕的宝藏。我是在一款上门理发的 app 上学到这个新词的。图片上的理发师们梳着油亮的头，把手指戳在裤子口袋里。啫喱水下的发丝坚硬如冰糖葫芦。他们每个人都有一个难读的英文名字，自称匠人。

人们叫尹老师匠人，细想也没错，她的确一辈子都在做漆器，今年，已经是第四十二年了。但是对人生的简短定义总叫人难堪，仿佛除了漆器，她再挑不出一件值得她回忆的事情，剩下的都是动物性的时光。她创造性的时刻被压缩在漆器里，而日常的涂鸦和素描，她烧出的一桌川菜，都只是注脚罢了。表匠，馒头师傅，漆工——多么廉价而方便的身份识别！可当你面对他们，试图命名时却毫无办法。你只有喊出他们陌生的名字，而喊出的刹那你又明白，这是另一个你无法理解的偶然性象征。

尹老师接受这样的命名，"匠人"，并不推脱或妄加评论，正如她张手欢迎每一位来客，接受他们的来去匆匆，自己从不因此慌乱或失落。自从她十多年前被评为工艺美术大师以后，她门前的记者朋友就络绎不绝。她早就习惯了吗，知道人本质上无法相互改变，知道交流与反对的徒劳无功？又或者她已经把命名内化了，把"匠人"的逻辑脉络渗透进生活的每个记忆角落？她很聪明，绝不发表评论。她谈的只有漆器，她不谈自己。

尹老师今年六十三岁，看起来却绝没有这么老。她有一头弯曲的长发，卧蚕明显，总是笑容可掬。她对自己的穿着很讲究，喜欢浅色的衣服，时常有不同的花样。你好奇她四十年前也是这样吗。

"一个女孩，学画画的。"她这么形容四十年前的自己，让你联想到帆布和画笔，也许还有单色的裙子，五星红旗在纯洁的天空下迎风飘扬。她是画院的，一个刚满二十二岁的女孩。她跟着师父，以为一辈子也就画画水珠和帘子。然而包分配的时候，她被分到了成都漆器厂。刚盖好的新厂在招工。

她当然是不满的，即使不断安慰自己说，"找到工作已经很不错了"。客观来说的确如此——在那个年代，能进入画院学习的孩子，若非极有天分，那一定也得是背景过硬。然而要想在美院里留下来，光有天分不够。尹老师自然没有那层背景。她一个要好的同学则成功留下，后来又转行做了公务员，前几年刚刚退休。尹老师想象过，如果她过的是同学那样的人生，会是什么样的感受。

她一定不会再把某一个行当做一辈子——那么这样的生活也不一定值得，她想。所以她不后悔了，可这需要时间。

二十二岁的她带着不甘来漆器厂参观，陈列馆里好多漆器，她都不熟悉，但唯有一件当时就把她征服了。

"绿宝砂。它叫绿宝砂。像大海那么漂亮，蓝绿蓝绿的，特别亮。"尹老师说，"那就是一个盒子罢了，但我再也没有看见过那么好看的漆器，自己也从未做出过。它后来丢了或是被人买走了，只留在我记忆中。我想，什么时候我要把记忆中的这件作品做出来。"

创造记忆中的绿宝砂，她还从未成功过，或是说，从没尝试。她一直想做，但总觉得没有合适的产品去承载那种技法。她擅长绘画和设计，她雕过各种缤纷的花纹，但是这最原始、最纯正的绿宝砂，她却从没有勇气涉猎。"大概是我把它看得太重了。"她说。

她1975年进厂，每个人都要做三年学徒。她们装饰组做学徒的，一开始是学磨刀，学雕。学漆工的就惨一点，一进来就是磨胎。刚进厂的时候，老师傅把学徒们都叫到一块："你们耍朋友没有啊？没耍，好！耍了，如果不方便推掉，组织上可以帮你推掉。这三年里不许耍朋友啊。"她跟着陈春和学装饰，跟着余书云学做漆。她也和隔壁教漆工的张福清打过交道。"他们都是上一代有名的老师傅。都很慈祥，只是没有文化，只会写名字。"尹老师告诉我，"不过他们虽然是文盲，不会说话，却是会手把手教你做漆器的。他们就叫你站在旁边，做给你看，也说不出什么道理和总结。"

老师傅自己没有文化，但是知道小尹读过书，便帮她借来《考工记》。小尹把里面的句子抄下来，现在还背得出："天有时，地有气。材有美，工有巧……"

她记得张福清喜欢喝茶，从不喝酒，偶尔吃点烟。余书云则是每天要喝一杯酒的，都在固定时间喝。老师傅们都住在厂里。每到过年，开年上班第一天，他们都去拜神，他们请求神灵保佑这一年风调雨顺，气候适宜，保佑他们做漆器顺利。"那时是旧社会嘛。"尹老师说。如今没有人这么干了，有了机器，还祈求什么缥缈的神灵呢？信仰在确定性里失去魔力了。

　　她是厂里为数不多有文化的人，有时候，上面让她去记录一些老师傅们的口述，她才发现，他们都是一九二几年、一九三几年就学艺的。当时也都是乡下的孩子，一穷二白，送进城里。学艺的代价是要帮着师父们做家务，带孩子，余下的时间留给手艺。如果做得不好，还随时会被踢出家门。如今，这个传统已经消失了。旧时代的东西都被淘汰。当时的师傅，也已经一个都不在了。

　　她比李厂长早一个月来漆器厂，而李厂长进厂没多久就和她玩在了一起。李厂长说，那是因为尹老师比较"正"，不像其他女人那样喜欢整天唠家常。张福清看重她们的潜质，特意把她们叫到一边，告诫她们，"好好学，学到的手艺是你自己的，贼娃子也偷不走！"那时她们咯咯地笑。

　　每到周末，她们会约着一起去龙泉山写生，去公园拍照。小尹还办了人民公园的年票，只要两块钱。在写生的间隙，小尹告诉小李，她谈了朋友，但家里不允许。她们的友谊在女孩间的推心置腹中升华。不久以后，小尹去四川美术学院进修了。她给小李写信："我学了重庆的技法，研磨彩绘，比成都的更丰富啊……我很兴奋，老师对我也很好……厂里情况还好吗？你呢？家里人都好吗？"四十年后，李厂长仍可以背出许多尹老师信上的内容，然而某些时刻她会突然卡壳——她咽了口口水，努力在记忆里搜索细节却无功而返。"老师对我也很好……老师……什么什么的。"她最终含糊带过。为什么她能记住琐碎的问候，却记不起小尹老师的神态和细节？记忆里重要的东西落入深渊，轻微的部分却被留了下来，而后人诠释它，如同从蟑螂化石里追寻恐龙的过去。

李厂长和尹老师的友谊持续了下来，她们一起走过轰轰烈烈的八十年代。尹老师记得，厂里的工人越来越多，多到两三百号人，订单却仍是赶不完的。那时厂里还没有屋顶，是镂空的结构，天空一览无余，阳光照下来如同穿过银色的戒指。而如今被蓝色玻璃过滤后的阳光落在她单薄的指尖，她还能回想起八十年代的炽热吗？"那是一个好时代。"她说。她以为将来会更好的，而她和李厂长，和其他的所有人都可以相安无事，一如既往。

也正因如此，95年漆器厂的一夜潦倒让她猝不及防。她记不得她是如何离开李厂长的身边，记不得回头看厂房的最后一眼。天空是旋转的。记忆再一次在关键时刻一哄而散，如同她身后的陌生人锁起厂房的大门。她听到上锁的声音，而剥离的铁锈还未及落地，一片黑暗就已经降临。陌生人把她的记忆一并锁在里面了。他抛出无关紧要的细节，将珍贵的、重要的瞬间都收入囊中。他露出时间狡黠的笑。

10

95年下岗的时候，君琳正怀孕，挺着大肚子。

她是个刚进厂四年的女孩，什么也不懂。她听身边人说，当地政府要"换笼养鸟"，让所有的老工厂搬出二环，厂里操作上不谨慎，惹来一身官司。据说是有个老板把老厂买下来了，付钱给了中间商，可中间商出车祸死了，付的钱都消失不见。如此，厂里既没了钱，也没了土地。"回不去咯。"他们说。

君琳听得云里雾里的，直到最后一句盖棺定论，才感到强烈的失落袭来。她能改变什么呢？意外在她听闻时就已经发生了。怀旧的情绪加剧了不甘和对自己渺小的无奈——她像一个目睹家乡被淹没的人，而昔日的晴空都还历历在目。我们难道不都逃亡在无端和他人任性的博弈中？如同蚂蚁逃出儿童的掌心。

她随着剩下的工人们搬去了三江的布鞋厂，做些剩余订单。三年以后，又搬去西门，是一个农村的小棚棚。然后，厂里彻底停产了。

91年，她十八岁，漆器厂在招工。她们这群新招的工人们聚在陈列室的门口等待参观。是那时她认识了后来一生的朋友冯琴，冯琴告诉她，自己喜欢烧菜。她们一起参观漆器的时候，君琳惊呆了："这是什么？是瓷器吗？怎么这样亮堂堂的。可是如果是瓷器，为什么会是黑的呢？"

她随着厂长去车间里继续参观，发现这个东西好神奇，不用烧瓷，只用一些木头胎子，居然就可以做到瓷器的硬度。"我当时就好想来上班。"她说。

她在厂里过得很快乐，而这段快乐时光在她下岗以后不断闪现。停产以后，她去了商场里面卖衣服，负责陈列衣服的位置。邻里的售货员总是笑容满面，她们聊着家长里短，有时大声招呼路过的客人。然而君琳却总放不下过去的日子。她觉得自己好不容易喜欢的工作就这么失去了，一切又得从头开始。

那是98年，她的儿子三岁了。她看着他蹒跚学步，想，年轻时候就卖卖衣服吧，年纪大了，给孩子们烧饭去。如同许多中国父母一样，她开始把可能性寄托在孩子身上，作为对现状的消解，仿佛孩子能因此收获额外的快乐，而自己无私的奉献终将在尽头被认可。他们从这种想法里获取养分，用以对抗无从控制的、浮萍般的此刻。

如今儿子大了。他在兰州的师范学校读大三，长成了一米八几的大个，却有两百多斤的体重。他不是一开始就胖的，而是在高中才胖起来。高三的时候，他不知是紧张还是偶然爱上了进食，整天在家里喊，"补充能量，补充能量！"吃完以后没多久，又开始念叨，"补充能量，补充能量！"高考结束，家人看他胖了太多，就送他去兰州上大学，他们觉得西北是苦地方，也许在那里儿子可以瘦下来。当初补充能量的目的，变成了遏止补充能量的手段。儿子并没有瘦下来，反而更胖了。他变得自卑，不敢出去打工，怕别人看到自己。到了暑假，他宅在家里，玩电脑。

"你说该怎么办？"君琳突然转过头问我。而她飘忽的眼神和略显尴尬的笑容，似乎印证着她正认真期求一个答案，却隐隐知道提问的徒劳。她最终没有成为在孩子身上押注一切的那种母亲——因为漆器厂的复活，她拥有了可以继续热爱的事业——但在孩子的教育上她却仍然总是事与愿违。也许有些事情本来就没有办法改变，人们不是都说，人生就是说不清的事吗？那么，或许她是幸运的，回到漆器厂使她找回在家庭之外的角色。她不必再为他人而活，不必再试图掌握却不断失望于别人的人生。

她本以为回不去的。

她听人说，厂子陷进官司里，没有未来了。同时，九十年代，下岗成了家常便饭，能像上一辈那样，在一家厂里待一辈子，有多难呢？然而她仍保持着在家里画素描的习惯——是因为之前教她的王红老师说过，做漆器的装饰，你必须得每天花两个小时画素描。如此，她的习惯更像是一封无法寄出的情书。

李厂长给她打电话的时候，她正在丈夫的铺子里做精加工模具的小本生意，夫妻店，日子没有太多期待可言。晚上，她忽然接到李厂长的来电。

"君琳。"李厂长说。君琳屏住呼吸。

"现在厂里又准备投入生产了，想找以前的老工人。你想不想回来，和我一起，我们一起把这个厂再做起来？这个厂是我们自己的厂，我们大家一起努力，把这个漆器再搞起来！"

"……好嘛。"

"那，明天就来？"李厂长试探地问。

"好嘛！"

她挂下电话，跑去丈夫房间，说，"我们漆器厂又搞起来了，我要回去了！"丈夫还没反应过来，她就已经激动得不能自已。

刚回去的时候，厂里积了好多灰，像黑色的雪花一样没过鞋底。她们一群女人，在底楼风风火火地打扫卫生，打扫了一个月才清理完毕。厂里接到第一份订单的时候，她们激动又憧憬——有了订单，就意味着又有工资了！

装饰车间只剩下她和冯琴两个人。她俩是一起进厂的，都记得鼎盛时候厂里那副热闹的景象。现在,她们成了稀零的中坚力量,倒也享受这份清闲。聊天的时候，冯琴时常说起她的父母，说起她喜欢烧的菜。然而君琳更着迷于漆器本身。有时下班回家，很累，但突然脑子里有了灵感，君琳会赶紧把它画下来，下楼去复印。否则要忘掉的。她说。

"你是一个事业型的女人。"冯琴这么评价君琳。

08年地震的那天，君琳听到"咚"的一声，接着，整幢楼都开始摇。

"怎么了？"冯琴问。

"地震了。"君琳说。

"快跑啊！"冯琴拉君琳。

"等一下，我把这条线勾完。"

后来，冯琴老拿这件事笑君琳——"不要命了"，冯琴说她。君琳则告诉她，"该你倒霉，你总会倒霉的。要是那样，第一下就把你压下来了。我觉得，还没轮到我"。

厂里的情况渐渐好起来，许多年轻的娃娃陆续进了厂。转眼，君琳成了老师傅，而如今，整个二楼都遍布她带出来的徒弟。然而她最得意的门生，江云，却已经不在厂里了。江云有天分，痴迷漆器，到了年纪，也不愿找老婆。几年前，他不满厂里的批量生产和固定式样，出去做自己的漆器了。他现在过得好吗？她时常想念他。

三年前，冯琴离开了。她眼睛早就不好了的，然而做漆器需要聚精会神。她有时和君琳讲，做了几十年，她累了，疲倦了。但她想撑到工厂被兼并，拿到给老工人的那笔钱再走。三年前她终于拿到了钱，辞职回家，开了一个饭馆。

"她一直喜欢弄菜嘛。"君琳说。所以是适得其所。挺好的。

她听说最近冯琴又把饭馆交给了别人，自己回去照顾八十多岁的父母了。是她的风格。一个家庭型的女人。她如今怎样了，快乐吗？疲倦吗？

冯琴走后，君琳成了最后一个九十年代进厂的师傅。在二楼，她被年轻的娃娃们环绕。路上，人们叫她王老师。她有时跟娃娃们一起出去吃饭，唱歌。一个月得有一次，这个月还没唱过。

她后来和江云一起吃过一顿饭。江云仍旧没结婚。君琳可以看出来，他的日子过得很一般，因为衣着仍和离开漆器厂的时候一样。但他精神很好，完全没有颓废的样子。吃饭的时候，他给她看自己最近的作品。"你完全是用心在做，我看得出来。"君琳告诉他，"你们总有一天会超过我们的！"

有没有其他人也这么告诉过江云？如果没有，他如何撑过一个人的漫漫时光？君琳还想说许多话，却都欲言又止。他们互相微笑以度过饭局，而后分道扬镳。回去的路上她又想起许多人，他们的生活交织在她心头，而她自己的则隐于其中。她又被自己的母性淹没了。她总是操心太多。

11

尹老师时常让我想起我在成都的住家主人，鱼阿姨。她们都已年过花甲，却未曾遭到衰老的冒犯。事实上，她们的一生大相径庭。鱼阿姨是记者，而尹老师一辈子都在做漆器。于是你想，也许这正是成都的魅力所在，它不许诺永葆的青春，却鲜有人真正老去。

我叫她鱼阿姨，是因为她的网名叫"梦游的鱼"。许多年前，有段时间她无法入睡，便趴在鱼缸边看金鱼游来游去。朦胧的尾迹里，她觉得自己也变成了一条梦游的鱼，漫步于深夜人间。

　　我喜欢吃她做的茶叶蛋。"在台湾的日月潭我吃到了这传说中的香菇茶叶蛋，当时觉得，怎么会有这么好吃的茶叶蛋！现在，我也学会了。"她说。每晚饭后，我们交换故事。她说她的老城往事，我说我的漆器厂。她总说起她的爸爸，老成都的文化局副局长——事实上，来成都的第一天，我就发现她的书柜上摆满爸爸写的书，最上面是薄薄一本《刘邦与吕后》，作者叶石。我想，真是一个好听的名字。

　　"爸爸的一生很坎坷。"鱼阿姨告诉我，"他有理想，在北平念书时就是一个地下党了，国民党抓学生的时候，还进了监狱。后来他去了延安，再后来回了成都。然后就是一次又一次运动，'反右'、'文革'，每次都牵扯到他……他和我们说，谁的监狱他都坐过。说的时候，像开一个玩笑。"

　　"运动结束以后，他不问政治了，专心写书。所幸，经历了这么多磨难，他还是像以前那样善良、宽厚。"鱼阿姨说，"不过，到去世之前他却突然开始出现幻觉。他总说，有人要加害他。门外有人就要枪毙他。"

　　漆器厂里，我从来听不到这么传奇的故事。我告诉鱼阿姨，我写的故事都是普普通通的。但有一天，鱼阿姨读了我的日记以后，忽然来找我。

　　"读到晓波长漆痱子那里，我都掉眼泪了。"鱼阿姨说，"我想我们身边有这么多人，有着他们自己的坚持，我们却不知道他们的名字。"

我不知道，这感动是出于对坚持的敬意，还是对籍籍无名的同情。坚持从未带给工人什么好处，直到三年前改制的时候，老工人的工资才刚上一千。"当时都不好意思告诉外人，我们工资这么低。"尹老师说。他们的坚持并非出于什么高尚的缘由，只是在旧的传统里，厂就是家，工人一干就是要干一辈子的。如今，人们变聪明了，天下攘攘，皆为利往，坚持反倒成了美德。人们口耳相传，如同诉说一个天真的故事。

98年，漆器厂彻底停产了。尹老师来到一个设计公司，成了设计部的主任，和老板的关系也越来越好。然而她仍有一种淡淡的信念，觉得漆器厂还有救。

"我不会在这里一直待下去。"她告诉老板，"只要原先厂里一声召唤，我立马就会回去。"

"你傻啊，现在都市场经济了，漆器厂又不会给你钱。"老板说。

她听说李厂长还在试图亡羊补牢。原先的厂长犯了错误，引咎辞职，李厂长临危受命。她每天骑四十分钟的自行车去乡下的厂里上班，可那里已经没有工人了，只有七零八落的器件堆在农村的烂棚子里。她也不知道去那里干吗。"那时候幼稚，没想那么多。"李厂长说。

家里人要给李厂长介绍事业单位里的工作，因为这么下去不是个头。

"可是现在厂里这样，没法走啊。"她告诉他们。

"关你什么事嘛！"爸爸眼看就要发火。

"我就是想不通。"她小声回应。

一天，尹老师接到李厂长电话，说厂里又有戏了！

怎么回事啊？我们请了律师，他看了判决书说，"这个房子是你们的啊！"我们这才恍然大悟的。那接下来怎么办？唉。房产商已经把房子卖给别人了，别人又拿它抵债，抵给的是西南航空。人家公司这么大，我们呢，无权无势。而且今天老工人已经去踩过点了，有两个保安守着。那还有什么办法？有个熟人支了个主意，'你们干脆搬回去，先斩后奏'"。

99 年的一个傍晚，老厂房的门前小路上，歪歪扭扭地停了七八辆车。突然，下起了倾盆大雨。李厂长从玻璃窗里向外看，说，"老天在助我们"。

几个小时以前，车子还横在乡下的烂棚子前面。这天，老工人们听说厂里要帮忙了，都放下手头的工作，从成都的各个角落赶过来，帮忙搬器件。好几十个人，自觉分成几个小队，一组帮忙搬上车，一组搬下车，一组守东西，一组带路。

李厂长是期待一场大雨的。这样，周边的邻居不容易发觉，而守门的保安也联系不上帮手。这场大雨恰到好处地落下来，如草船借箭般天衣无缝。

他们到的时候，大门是锁的。于是一个老工人去敲门。守门的老头在门后吼着，"干什么？"

"老头子，出来吃烟。"

老头把门一开，门后的车子"哐当"一下就开进去，一辆接着一辆。

"你们干吗？我要打电话了！"老头惊慌失措。他拨了电话，却因为时间晚了，没人应答。

"别吵！老头子，这是我们的厂！"老工人们告诉他。

工人们留在了厂里。厂房和原先大不一样了，灰尘飘荡在车间里，像一块无人问津的坟墓。他们穿梭在熟悉的过道上，雨夜勾起许多回忆。

第二天，大门上贴着法院的封条，一辆警车停在外面。警察、法官、记者、摄像师簇拥在门外，和门里面的工人们对峙着。

"这个厂是我们的！"工人们呐喊着。

"你们这是暴力抗法！"

"我们有判决书，你们看！"涨红了脸的工人把判决书层层递到法官手里。法官紧张地阅读着，无话可说。

记者耐不住了，说，"我们要报道的啊"。

"你敢！"里面的人喊着，"你们敢报，我们就一起去闹事！"

门内的人这样同仇敌忾，门外的很快就怂了。不知是哪个管事的一挥手，门外的人马上四散而去。工人们长舒了一口气，他们回头，望着空落落的厂房。现在是重建的时候了。

恢复生产的过程是漫长的。厂里没有电，没有水，一楼晾漆器的荫房也给拆了。然而厂回来了，所有人都干劲十足。工人们去外面偷砖头，把荫房重新盖起来。要上厕所，就去街道上的公共卫生间。要喝水，就去几里外的工地上接水管，挑水回来喝。

拿到第一份订单的时候，所有人都手舞足蹈。三百个耳杯，这意味着第一个月的工资有了着落！可杯胎子都在城外的旧商场楼顶抵押着，怎么办？尹老师和李厂长决定，去那边把胎子偷回来。临行之前，她们给自己打气，实际就是掩耳盗铃，"反正是自己的东西，不叫偷"。

深夜，尹老师开着一辆卡车到了旧商场。商场已经废弃了，又只剩一个看门的老头。她看到老头正躺在椅子上，像是睡着了。几个工人于是从侧面上楼，把胎子一麻袋一麻袋地运下去。下楼的时候，尹老师发现老头已经醒了，但仍是睁一只眼闭一只眼的。反正不是他自己的东西，不管了。

正是这些断断续续的订单，让漆器厂一点一点复苏起来。

到了 06 年，厂里已经能自负盈亏，新的一批学徒也进来了。不知不觉，尹老师已经到了该退休的年纪，可后继无人，她还是忙个不停。每天到了点，她就下楼给孩子们上水彩课，希望他们中能有一两个继承她的手艺。她记得一个男孩能耐住性子，而晓波总在一边默不吭声。

她记得晓波长漆痒子的那天，电话的那头她哭了，那么伤心。她安慰她，告诉她，三十多年前的自己是什么模样，长漆痒子的时候有多么痛不欲生，直到晓波终于停止哭泣。"放心，以后就不会有了。"她说。她抚摸着晓波的肩膀，可眼前浮现的却是年轻时的自己——一个女孩，学画画的。单色的裙摆边，许多消失已久的人和事物又重新出现——余书云的酒杯，张福清的茶壶，青色的龙泉山和镂空的漆器厂。迷蒙的细节里一切都摇曳起来，单纯、短暂。

我在十年以后来到漆器厂。我猜，尹老师听过新楼竣工的鞭炮，我猜她在三楼俯视过初生的新城。然而她告诉我，四十年前许多事情都记不清了，唯独她第一次见到的绿宝砂仍历历在目。它摆放在时间无穷网格的终点，既触手可得，又遥不可及。

12

在成都的最后一天，我遇到一个老人。我的故事将始于他也终结于他。

这是一场计划外的拜访——两天之前，我就已经告别了漆器厂。走之前，我与李厂长聊天。在对话的最后，她突然说，她想起自己当学徒的日子了，"十八元一个月，三年才转正"。然而她的表情是困惑的。她沉浸在缺乏情绪的细节里，如同身处陌生街道。

人容易迷失在叙述中，对我而言同样如此。历史顺流而下，终结于此刻，而叙述却溯洄从之，从此刻出发——你与历史的交叉点从叙述的开始就不复存在了，而后你们相向而行。你仿佛坐在一辆倒行的观光车上，熟悉的风景都在远去。你不知道何时应该下车。你渴望在交叉的线索中抓住其中一条，作为回程的指南，然而它是那么纷杂。

拜访老人是一个时间上的终点——不会有比他资历更老的了，我也不再有其他机会。老人在短信里告诉我，他把自己最好的二十年时光都奉献给了漆器厂。然而如今没有人再提起他的名字，甚至没有人知道厂里曾经有一个姓彭的师傅。他与漆器厂的缘分是那么久远，以至于他的同辈人们大都已经死去，变成了上一辈的传说。

彭老如今住在一幢逼仄的居民楼里。他七十六岁了，却比我想象中有活力许多，健步如飞，滔滔不绝。他仍每天创作工笔画，作品浩如烟海，堆满了整个书房，像老博士的卷轴——是，他改行了，很久以前就不做漆器。然而他对过去的细节记得一清二楚。

当那些委屈又涌上心头的时候，他显得义愤填膺，染黑的头发下面，那张精瘦的脸迅速地涨红——或许，他自我的在场，记忆的清醒，都源自于他对过去苦难的绝不宽恕。

"我们的一生是在运动里的一生。"彭老说。

他出生后不久就父母双亡，是被小叔带大的。小叔是旧社会里的人，在县城当师爷，建国以后不久就给打成右派。小彭不明白其中含义，只知道57年考高中时，因为自己成分不好，不给录。他恼火，给教育局写信，说，凭什么我们这些考了八九十分的学生不让录取？信件当然石沉大海。

他听说那时的手工联社在招收工人，就去应征。"反正有书读就对了。"他告诉自己。他们学蜀锦的，刚进学校，就碰上三年自然灾害，老师都没有了，全是学生自己教学生。他记得从窗口看校长出门偷南瓜，一个下雨天，他披着雨衣，一个人越走越远。

62年，小彭被分配到成都工艺美术研究所，这里是漆器厂的前身。是在这里他遇到了传说中的上一辈老师傅，余书云、张福清、陈春和。除了陈春和，其他两位都不喜欢说话，只会埋头干活。陈春和能说会道，说话的时候总是捋着胡子，出去发言全靠他。可他漆器做得不太好，"东西不干净。"

在尹老师的记忆里，余书云每天要喝一杯酒的，而张福清则喜欢喝茶。可在彭老的回忆中，他们的习惯截然相反——余书云每天忙着刮漆晒漆，几乎从不喝酒，而张福清则是喝酒最凶的那个。"张福清每天喝完就开始说胡话，天南地北，说自己手艺最好！实际上，他不如余书云。"彭老说。如果两个人的记忆都没有出错，那他们是从何时开始交换习惯的？张福清最终认输了吗？

余书云那时四十来岁，但仍不是手艺最好的那个。手艺最好的叫吴兴斋，他年纪最大，最老实，也最受敬仰。然而吴师傅很快就退出了历史舞台，死得是那么荒唐——事情的起因是他家的房子快塌了，问厂里要几根木杆子撑住，厂里说，这是公家的财产，不给。他感觉受到了羞辱，为厂里干了一辈子，却连几根杆子也要不到。他生了闷气，死了。

小彭和余书云的关系最好。他刚进厂的时候，余书云买了一辆自行车，骑着骑着就坏了，是他帮忙修好的。在父母去世以后，他曾短暂当过一阵子修理铺的学徒，对此略知一二。每周末，余书云把自行车从一楼拖出来，放上两筐蜂窝煤，骑回农村老家。路过木工刘志强的时候，刘志强总往身后退一步。刘志强是出了名的怕死，工作时都用戳了两个孔的麻布套在头上，怕木头渣子溅到脸。如今他似乎早已去世。他到底没有逃亡成功。

小彭在漆器厂里负责设计主席像章。小彭有绘画和想象的天赋，总能设计妥当。收货的军队很满意，要赏他中华烟吃，他不要，军队就给了两大水瓶的白糖。这是他人生中最风光的时刻之一。

"有了特权了嘛。所以，我在漆器厂二十多年，不算白过的。我听了党的话，做了像章，全国各地跑。我记得去广州，都住爱群大厦，那是最好的酒店，最有钱的华侨才能住！我睡大床房，大床房里，还有一个卫生间。"

后来在干校里，西昌的月光下，他时常想起这些时刻——多么美好而短暂，而如今下放说来就来，连半点回旋的余地都没有。他不明白，他是怎么就突然跌到谷底，落到这份田地的？生活刚刚被赋予一点期待的可能，随即就被掐灭了。他仿佛又回到考高中的日子，那是他第一次意识到自己的身份中有无法摆脱的污点，"右派"像基因一样扎根在他的血脉里。而他直到老了，困惑才终于消散。"今天看来是要大笑一场……好了，过去了，只是苦了我们这一辈。"

要大笑的不仅是他。在西昌的"五七干校"里，他和原来成都的宣传部长住在一起。那时的宣传部长已经年近六十岁了，可仍没能逃脱被下放的命运。他被关押、批斗、游街……

"如果我把自己的嘴管紧一点，也不会这样！"在宿舍里，他常常捶胸顿足，而后又恢复平静，像在讲一个荒唐的笑话。小彭从未身居高位，但把一切都看在眼里。他记得，这个老人的声音很好听。

宣传部长在干校做牛做马。他明明是最老的一个，砌墙时身上却总背着最重的担子。小彭看不惯所有人都瞧不起他，就私下里偷偷对他好。他被禁足在房间，小彭就出去买糖偷偷捎给他。小彭出去抓鱼的时候，也会特地抓两条给他。看他头发长了，小彭就拿剪刀给他剪上海最流行的"大光明"发型。有些夜晚，他们一起躺在草地上看天。西昌的月亮特别亮，亮到可以在月光下看书，而当云掠过月亮的时候，就有满天繁星。

"小彭，你对我最好。"宣传部长告诉他。

"文革"结束以后，宣传部长被平反，复职了，去了文化局，小彭也回到了研究所。有一天，小彭听到门外有敲门声。他打开门，宣传部长站在门口。他老了许多，比在干校里更老，但还是一样善良宽厚。

"小彭，要不要给你换工作？"

"现在研究所，这个可以咯。不换咯。"小彭说，"不过，能不能帮我买一个玩具，寄到我家给我女儿？"

宣传部长笑笑，不久便告辞离开。那个时候玩具很难买，普通人家，找不到途径。然而几天以后，一个洋娃娃寄到家里来了。从此，他们再无联系。

彭老至今仍想念他。他一定早就不在了，可在彭老的记忆里仍是鲜活的。他庆幸年轻时自己做了正确的决定，选择了善良。他们的情谊是那段痛苦又绝望的岁月里不多的慰藉，而如今彭老也老了，他更能体会衰老时忽然天翻地覆的那种万念俱灰。"他真是经得起熬啊。"他说。他记得宣传部长才华横溢，会翻译俄文书，也常写戏剧和历史——

"等一下，等一下。"我突然打断他，"您说的这个宣传部长，后来去了文化局，他叫什么名字？"

"叶石啊。"

是在这一刻，整个漆器厂的叙事都水落石出。没有错，叶石就是鱼阿姨的爸爸，是那个我来成都第一天，书柜上瞥见的作者名字。许多细节随之喷涌而来——那灰黄如皱纹一般的旧书封面，鱼阿姨的欲说还休，照片上老人直立的白发和他单纯又深沉的笑容……是在这一刻我意识到，我自己也是这段叙述的一部分，是一个经历与表达的灵媒而非掌控者，而我要做的就是去成全它。我要去发现文学的暗示，在井底发掘一条被埋藏四十年的线索，然后握住它盘旋而上，飞跃整段漆器厂的过往，飞跃无数人与人的微妙联结，直到井口，历史的终点，去感受现成的氧气与光。

彭老在研究所最后的日子里，负责画观音。这善良的化身是那么遥远和抽象，他能从观音的眼神里想象久疏的悲悯和爱吗？他记得自己将要离开的时候，尹老师和李厂长进厂了。他记得李厂长是个长脸，说话的声音沙哑，性格总是急匆匆的。而尹老师年轻漂亮，每个人都喜欢她。

他最终没有赶上新厂的竣工，因为他家的房子塌了。漆器厂不包分配房。

"中梁断了，房子塌了，瓦片都落到床上。"

随着瓦片纷纷落下，他和漆器厂的缘分也就此了断。如今，他已经四十年没再回过成都漆器厂。

M,

　　我意识到，这是最后一封信了。需要在此告别。而告别总是最难的部分。

　　从开始我就明白，这些信是单向的。没有回音，注定要湮灭。可是，在时间的尺度里，什么不是稍纵即逝的呢？人与人的联系是那么脆弱，依赖于时间和他者。可文本却是源远流长的。它在另一个维度里，创造新的意义。所以，我写下去，是给你，也给自己一个交代。

　　妈妈的葬礼前，爸爸说，要告诉我一个秘密。"你长到十九岁，我们都没有告诉过你。"

　　"是什么？"我问他。

　　"你出生的时候，其实不止你一个。"他说。

　　"那时候，妈妈的肚子很大。"他回忆起往事，眼神空旷，"我们去做了好几次 B 超，可是他们从来都没有检查出来，是双胞胎。庸医，庸医。剖腹产的时候，才发现的。那时候，一个已经不行了，你却奇迹一样活下来。"

"所以我们当时就想啊，一定要好好对你，全家人都要好好对你。你小时候身体不好，我们都着急，没想到，现在已经长成这样的大个子了。"他说。

是从这里，我才知道的，在我出生之前，我曾有个胞兄。诞生与毁灭，皆为偶然，都在上帝的一念之间。我活下来，你没有。我被放到这个世界里，你去了外面。

我常常想象，你会以什么样的方式存在于我的生命中？我想象你盘旋在天际，身体是透明的。我想象你透过我的眼睛去感受世界。人总执迷二元的框架，是或否，生或死，二者要挑其一，只可赞美或恐惧。可我会去想，你是不是存在于是否之间，生死之外。我会去想，生我的女人，与我一同诞生的男人，会不会在离开的同时，也以另一种方式回来。所以，我讲话，写信，自言自语，你大概要觉得可笑。可是，这难道不是文学的意义吗？坚持那些被否定的，实现那些已不可能的。文学让一切都重生。

我常想，你也应当有个名字，这是存在于这个世界的记号。可我想不出好的名字。直到有一天，我偶然看到一部有关子宫里双胞胎的纪录片。黑白默片，一个胎儿，踢着另一个胎儿的头。有时，还把它挤开。我突然想，就叫你 M。因为这字母，多像我们在子宫里的姿势。

L

回　来

L,

今天，你告诉我，你要回来。你说，你去了很多地方，而现在是时候回来。

你说，这是你出发之前就想好的，你要回来——回到一座不再是故乡的故乡，一段不再是过去的过去。你说，只有出发了，你才能回来，因为记忆是那么脆弱，它在连贯的经验里蒸腾而去。你只有期冀于陌生旅途，期冀于在新鲜和割裂感下，那些琐碎片段苏醒又再生。然而你又告诉我，你最终无法留住它们，如同你无法留住一切缥缈的东西。消散的雾气。南飞的燕子。妈妈的祝福。

"妈妈，你忘了什么？"夜里，在妈妈关上房门之前，你问她，"你忘了祝我什么？"

"祝你明天好运。"她说。她缓缓关上门，尽量不发出声音。

你看着门下的光影一点点暗下去，像合上一本沉重的书。你感到丢脸，你三年级了，却不知从哪里学来的迷信，要妈妈每天祝你好运。然而这是你能在黑暗里安然入睡的缘由，因为一切不是全然没有盼头。

"听说你每天晚上都要妈妈祝你好运。"过了些日子，王老师对你说，"可是你已经是个男子汉了。"你感到羞愧，不敢看王老师的眼睛。她正在批黑色封面的《课堂练习》，那本新华书店有答案卖的教辅。你想你并不应该恨她，因为她是第一个叫你"好学生"的老师。是的，三年级开学不久，她对你隔壁桌的虎牙男孩说，"你要向你周围的好学生学习"。你估摸，她指的是你。那一刻你感到从未有过的自信，你庆幸三年级换了老师，过去那些倒数的排名，像记忆一样，都会过去。所以你无法恨王老师，你只能恨妈妈。她为什么要跟别人交换你们之间的秘密？

"当男人很爽，你要长大才知道。"哥哥告诉你。他向你抛了媚眼，那么轻佻，像超市门口那一块钱就能舞动的娃娃车。那时他正躺在宾馆的床上，只穿着一条短裤。他出差，带你来到江对面的另一座小城。你们一起坐着轰鸣的汽渡过江，沉默的大人在甲板上走来走去。哥哥说要带你住个高级的地方，可宾馆的地毯上，都是烟头烫出的黑孔。

"是因为做爱吗？"你鼓起勇气问哥哥，这是你在电影频道学到的新词。你确信哥哥不会告状的，不会像妈妈那样，把你们的秘密都告诉老师。"这你都知道？"哥哥又乐了，他像一台乌黑的雷达，总是释放快乐的信号，"对，是做爱，但你要长大才知道。"

一年以后，你照常和那个胸脯略微鼓出的女孩（你是在上个夏天排队时偷看到的）一同打闹回家。路上，你们忽然对骂起来。你骂她"婊子"、"妓女"。你苦思冥想，要用世上最恶毒的词语形容她。你想到了，"做爱"，但是你说不出口，于是你用英文说，"Do love."她忽然哭了，转头就跑回学校。在她跑去王老师办公室的路上，你不断试图拉住她的胳膊并恳求她，"对不起，对不起。我错了。我才是婊子，妓女。求求你不要告诉老师，尤其不要告诉她最后那个词语"。她跑得更快了，哭得也更大声。办公室里，王老师抬起头。女孩一顿一顿地说，"他……骂我……婊子，妓女……他还说我do love"。王老师朝你大吼，"我没有想到你会说出这么恶毒的词语！"随即又冷笑一声，"站着，等下我把你妈妈叫来。"

　　你觉得世界崩塌了。妈妈即将知道你知道"做爱"这个词。你当时为什么要脱口而出？完了，现在你的一生都将毁于一旦。你看着办公室里白花花的窗户，想大步流星就那样跳下去，什么也不想，像一只从高空落下的盆栽。你想，只有这样，所有人才会原谅你，并且，为失去你感到懊悔。正当你仍在痛苦想象的时候，妈妈来了。然而她只是和老师欢笑交谈几句，就把你领走。

　　你们一同走在回家的路上，妈妈又开始细声细气地给你讲大道理，可你还沉浸在劫后余生的呆滞里。"桃李不言，下自成蹊。你知道是什么意思吗？就是说，桃李不说话，可人们都过来敬仰，树下面都踩出一条小道。所以，做一个好人，即使你什么都不说，人们也会尊重你。你听明白了吗？"你点点头。其实，你没有听明白。妈妈总给你讲古文里的道理，你怎么听得懂？你听说你的名字也从那什么《论语》里来。"听明白的话，再给我重复一遍。"妈妈要求你，她的说教总有这个环节。"桃李不言，下自成蹊。所以，要做一个好人。"你说。天色暗下去。

　　许多年以后，在医院的外面，你又想起这段日子。那时哥哥刚刚做完手术，你搀着他的手，在病房外面狭小的公园里散步。"你还记得你以前跟我讲你泡妞吗？那时我还很小。"你说。"是啊，年轻时候，性经历很多。"哥哥说。如今他枯瘦如柴，他步履维艰，你几乎无法联系起许多年前那个半裸着躺在床上的年轻男人，他肆无忌惮，他永远快乐着。你想，时间摧毁了那么多事情。你想起妈妈的葬礼结束，她从火化室的这边进去，几分钟以后，从那边出来，只剩下白骨。那头盖骨那么精致、小巧。而额骨的轮廓，你一眼就辨认出，是妈妈的。殡仪馆里的年轻工人总是笑容满面，他把铲子递给你。他说，"你来吧，把它捣碎。"

L,

　　你好奇自己旅行的热情从何而来，你想也许源于小时候和弟弟去乡下探险。那时候你还骑着四个轮子的自行车，弟弟跟在你身后。他小你一岁，身板却小许多。若你在儿时问他，"最崇拜的人是谁？"他会羞涩地嘀咕，像吐一个泡泡，"哥哥"。这源于阿姨持之以恒的洗脑。"你要跟哥哥学习啊。你看看你哥哥。"她总是这么教育他，你也顺势挺起腰板。你带他去乡下驰骋。"看，那边有一条小河！"你大声说，"还发现一条黑狗！"你们骑过那些对你们视而不见的老头子，搓麻将的中年女人，一路向北，直至骑到长江边的船厂。一个你们从未见过的庞然大物探出头来，它的头颅是红色的，它的身躯是钢筋铁骨。"这艘轮船好大啊。"弟弟感叹。你和他一起蹲在江边，长江一望无际，江面吹来的风让你们害怕。你看到远处的汽渡，正向江对面漂浮。

你记得它轰鸣声那么大，你得捂住耳朵，可它现在像一只溺水的蚂蚁。许多年后，你在加州的山坡上看银河，又想起小时候的长江——我们不都是轰鸣的汽渡吗？噪音在咫尺处就熄灭了。时间一往无前。

晚上，你和弟弟钻在同一个被窝里。妈妈和爸爸出差了，没有人来祝你好运，你只能拿弟弟出气。"你知道吗，我在你们家装了一个定时炸弹，我数十下它就会爆炸，整个房子都会被炸飞。"你吓唬他。"你又在骗我。"他说。"十九八七。""那你自己也逃不出去。""六五四。""妈妈告诉我了，你说的话都是骗人的。""三二一。""求求你，不要爆！"他在被窝里抱住你的胳膊。"好吧，这次就饶你了。"你露出得意的笑容。当时你怎能想象他长大后的样子？他难道不应该一直是那个抱着你胳膊入睡的弟弟吗？可他如今也学会了将啤酒一饮而尽；他用一只手的手背把控方向盘开车。"如果说谁要为我的成长负责任，"他并不看你的眼睛，倒像是自言自语，"你是逃不掉的。"

你回到家，刚打开门，爸爸便把你搂到一边。"最近可不能去麻烦妈妈，她身体很虚弱。"你看到远处妈妈正躺在沙发上，她的头上裹着头巾，她的身上插了一根管子，正午的阳光打在黄色的管子上，仿佛都可以看到液体在流淌。"妈妈，你生病了吗？"你问她。"小病。"她轻声告诉你。

妈妈一连几天都躺在沙发上，有时闭着眼睛，像是在享受阳光，有时则静静看你在地毯上摆弄围棋。"妈妈，你来陪我下围棋吗？"你问她。其实，你并不真想让她来陪你下围棋，只是想确认，她仍有下沙发的力气，可以像之前那样来去自如。"妈妈最近身体不太好，再过一阵吧。"她说。你急了，你害怕她骗了你，害怕她再也无法下沙发。"不行，不行！你陪我下一局，就一局！"你恳切望着她。她笑了。她用一只手慢慢撑起来。"就一局哦。"她说。可她还没坐起来，爸爸就冲过来一把打翻了棋盘。棋子落在地毯上，黑色的，白色的，到处都是。"你在干什么！"他凶神恶煞地瞪着你，你还以为他会一直像印象里那样和气地说着笑话。

妈妈身体好些之后，你们开始频繁地出去旅行。而你直到现在才知道为什么——正如她躺在沙发上感受阳光，她要把生的喜悦都记住。照片里她总戴着那块橙色头巾。"好看吗？"她问你，"所里的同事，都说好看。"在她生病一年以后，你在家中橱柜的黑盒子下面翻到她的病历单。"癌症"，你看到时心中一凉。那病字头底下的三个口，像插在她身上的管子，汩汩流着陌生的液体。那是你第一次联想到死亡。

你七岁时就接触死亡了，那是奶奶的葬礼。可是，你是那么年幼，被生命的直觉包围，并不关心毁灭的可怖。你记得那是一个阴天，火葬场的一切都是灰黑色的。"我要吃咪咪。"你突然对姑姑们说。"好，买咪咪，买咪咪。"她们抹去眼泪，拉着你的手去小卖部。小卖部的老板把咪咪虾条拿出来，他挂着黑沉的脸，仿佛也沉浸在悲痛里面。"两包一块钱。"他说。门外的所有人都低着头，女人们放声哭泣，只有你四处张望。而某个瞬间，你竟看到奶奶从屋顶的烟囱里飞出去，飞到远方，那么迅速，一下子就消失不见。你确定那是奶奶，即使你看不清楚。但你没有告诉大人们，因为他们会说，"那是一只鸟。"

或者，"明明什么都没有。"你知道他们不会相信一个孩子。

在翻到病历单后几天，你踯躅不安。你不打算告诉爸爸妈妈，因为爸爸妈妈不打算让你知道。你在妈妈面前强颜欢笑，却私底下在网上搜索癌症的信息。你看不懂，只能搜些"能活几年"，"有可能治好吗"。你用预估的年限来计算自己剩下的快乐日子。你是一个孩子，能做什么？在小学的一堂实验课上，身后的女孩戳你的背，跟你讲悄悄话。"你知道癌症吗？"她说，"我妈妈的老师，很和蔼的人，得了癌症，全身都长满水泡，太恐怖了！""哦。"你假装不在意。你的脊背发凉。

在一次考试考砸之后，你故意在周日晚上行将睡觉时走到妈妈身边。"妈妈，我忘记了，"你低头看自己的脚趾，"老师好像说上次的考试要家长签名。"妈妈看着考卷，不做声。紧接着，她居然哭起来，哭得不能自己。"妈妈，对不起。"你摸着她的肩膀，一时间手足无措。"没事，没事。"她一边摇头，一边抹眼泪，"妈妈只想活到你高中毕业。"你也哭起来。"不要！"你任性地说，仿佛言语有什么改变命运的能力。"快进你房间里去吧，早点睡觉。"妈妈催促你。你转身就走。你要逃跑，从自己无法接受的现实里逃开。然而在回房间的路上，你不断回头看她。她一个人在客厅里站着，用手捂着脸。往后的记忆里，你将一遍一遍地回头，然而你始终无法向前踏出一步。你的视角从来在渐行渐远。

你开始养成一些奇怪的习惯。你怀疑，你的心里住着一个神出鬼没的神灵，而你只有满足他喜怒无常的条件，他才会保佑妈妈一切平安。你在说脏话时打自己嘴巴。你不踩瓷砖的边缘。

而去阿公家吃饭时，你要在楼底保险门关上之前，奔上第一层楼梯——这时，阿公已经敞开门等你了。"我的好外甥！"他把你举起来，在你脸上胡乱地亲，而你还惊魂未定。他的胡楂在你的脸颊上摩擦，把你皮肤里细腻的部分都糟蹋干净。"好啦，好啦！"你抱怨着，试图挣脱他的臂膀，逃去厨房。而许多年后，妈妈去世的夜晚，你重又回到阿公身边。他的胡楂依旧坚硬，可在你怀里他哭得像个孩子。"好啦。没事的。还有我呢。"你对他说。在他的呜咽低沉之前，你告诉他许多甜美的愿景和谎言。

L，

　　你已经想不起奶奶的样子。你记得她泡在井水里的假牙，记得那个火葬场里的小卖部老板，却忘记她了。她去世是十五年前，你七岁，只有爸爸的一半高。镜子前你穿上自己的小西装，掸去上面的丝绒，你想象自己长大的样子，像一棵突然生长的树一样从领口喷薄而出，纽扣都被挤碎在地上。而再过十年，奶奶就已去世二十五年，已经废弃的老家土房将继续塌陷，木头横梁将腐烂在瓦片堆里。那时你已经忘掉那个小卖部老板，你还告诉你的孩子，火葬场烟囱里奶奶飞走的身影，也许只是一只鸟儿。到奶奶去世三十年的时候，她的假牙也将在井水里融化，你只能想起一摊——浑浊的水。你意识到，自己最终也将随之烟消云散。

　　"还记得奶奶吗？"爸爸问你。他似乎抱有侥幸，却刻意轻描淡写以降低期待。"不记得了。"你直截了当。爸爸点点头，却又突然转头来问你，"那你还记得大伯吗？"

大伯，哥哥的爸爸，爸爸的哥哥。你无法说你能完整地记住他，正如同你无法说，你能完整地记住妈妈。大伯是在妈妈走后半年去世的。那时，死亡对你，仿佛变成了一件稀松平常的事。大伯是个木匠头头，嘴唇很厚，像被蜜蜂蜇过。你记得他每顿饭前都要先拿一碗白酒下肚，而当哥哥生了小孩以后，他总拿筷子蘸一点酒分给孙子喝。他去世时你并不在他身边。而在那之前两天你接到爸爸的电话，"中伦，和大伯说两句话哈"。背景里熙熙攘攘，笑声不断，仿佛是有什么喜事发生。电话到了大伯手上。"中伦啊——"他笑了，似乎是没有准备，支支吾吾不知该说些什么的好，紧接着，忽然啜泣起来，"大伯……不好了喔。"两天以后他去世了。"大伯走了！"爸爸告诉你。你能听见电话那头他沉重的呼吸，像是完成了某件重大的事情，神经还未来得及松弛。你想起妈妈走的时候，他的语气也是这番激动。"妈妈走得没有痛苦！"他握住你的手，从未这么用力过，"没有痛苦。"他的掌心渐渐松下去。

"大伯？还记得一些。"你回答爸爸。你不再想回答他的追问。这不是说，你不愿再去回忆他们了，而是你不愿去被迫面对一个事实——关于他们的记忆，重要或琐碎的，正被一点一点消磨掉，如沙漠侵蚀草原。你从爸爸的追问里看出他的不安，他是否也正被记忆的逃遁所折磨？你知道他期待一个发自肺腑的回答，从中得出结论，这世上至少还有儿子可以分享自己的忧愁和困惑。然而在接连失去亲人以后，你们的谈话时常因为你的有气无力，而像这样无疾而终。你注意到，他开始学会大口地吐气以舒缓压力，这是之前所没有的，你以为他在任何情境下都可以泰然处之。每每谈起逝去的人，末了，他都要突然感叹，"啧，人活着，真是空啊。眼睛一闭一睁，一辈子就过去了。"他随之迅速原谅了你的敷衍，并为之自圆其说，"其实，你记不得奶奶也是正常的，想想，你那时候还不记事。"

事实上，你无法纵容自己忘掉死去的人。你试图以自己的方式去记住他们，通过旅行，通过新鲜经验的冲刷，来让那些久违的事物都浮现眼前。你最喜欢的情境是一辆黄昏的长途大巴，或是一辆没有目的地的高铁。逼仄的空间里，你对一切都无能为力，只能旺盛地踏入过往——奶奶的假牙，妈妈的说教，大伯的榔头，它们像浮雕一样呈现在窗外一闪而过的景色里。你还想起自己第一次和女孩拉手，第一次接吻。第一次、最后一次，它们都被赋予神圣的意义，象征着经验的开始和终结，而经验本身是什么却无关紧要。你当然还想起第一次喝醉，那是十八岁的除夕夜，你在哥哥的酒吧里，醉眼蒙眬地趴在他的桌上。"哥哥，我感觉，我已经醉了。"你糊涂地说，"这是我第一次喝醉，失态。"桌对面的哥哥握住你的手，说，"没关系的。我们是兄弟。"

在一辆去往西北的长途大巴上，你又想起那时的哥哥，他握着你的手，那么平静，平静得竟有些悲伤。不久，手机响了，你收到消息，说哥哥生病了，要去医院动手术。

窗外，你们正穿过层峦叠嶂的山脉，而山上零星的绿化让你忍不住想象哥哥肝里的肿瘤。你听说，大伯走后，哥哥生活又开始不检点，常常彻夜待在酒吧里，刺激本来就不好的肝脏。你记得，妈妈向来不喜欢哥哥这种生活方式。"除了没钱，富二代的特点全占了。"她说。"也没那么夸张。"爸爸替他辩解，"我倒觉得他自强不息。"小时候，你觉得哥哥的生活里每一秒都是高亢的。他带回来花枝招展的女朋友。他在你耳边告诉你接吻和做爱的秘密。你也知道他花钱如流水，便学着父母的口气劝他，"哥哥，还是得脚踏实地"。他焦虑地深吸一口烟，用力把它蘸在烟灰缸里，"我知道。知道。也尝试过做基础的工作磨炼自己，后来还是坚持不下去。我发现，我性格还是适合当老板"。十八岁的那个夜晚，哥哥扶着你在树下呕吐。你回头，他站在酒吧门前，窗户里的光线是暗红的、充满情欲，而他却不声不响地望着你。你多想把他拉走，逃离泥泞角落，去外面，去庸常生活，可你知道这是白费力气。你们是那么不同，兄弟纽带只是命运徒增的玩笑。那个夜晚以后你们的联系稀落了，经验刚刚开始便结束。在大伯走的时候，你甚至忘记给他发安慰的消息。你已经很久没想起他。而如今你发现，你也从未尝试去理解他。

你在旅行的间隙回去看望哥哥。他变得那么瘦，肋骨的轮廓都要穿透衬衫。一开始，他尚有力气开车带你去澡堂。蒸腾的温水里，他滔滔不绝地给你讲自己的故事，绝大多数关于性。"我的第一次是在录像厅边上的烂尾楼商城，我们就带了几块报纸和稻草，那时候已经一点了。在那以后一个星期我都腰酸腿疼。"泡完澡你们在大厅里躺下，每人一根香蕉。半梦半醒间，他嘀咕着，"其实我们每个人都在演戏。说的话，没几句是真心的。"回去的路上，你们都沉默。快到家的时候，他一字一句请求你，"如果我以后不在了，要麻烦你，替我好好教育我的小孩。"

　　你从下一趟旅程里回来的时候，他已经住院了。你在医院的病房前面等他，过了一会，他从走廊的另一头出现，坐在轮椅上，头撇向一边，姐姐在后面推着轮椅。你忽然觉得，抵抗是一件一厢情愿的事情，时间以近乎滑稽的严肃排列着生辰与命路。哥哥从走廊尽头一点一点向你挪来，如同这世上所有事物正离你远去。

L,

　　四年级的时候，你第一次看到女孩隆起的胸部。那是一个夏天，你们熙熙攘攘地排在老师的桌前，准备交罚抄的作业。你并不是故意偷看，是因为那个总和你打闹的女孩弯下身来，橙色的领口敞开了。你羞得把目光移开，又忍不住移回来。你发现，她的胸部向上弯着，像月牙，像米老鼠的鼻子。

　　你很早就对女孩有兴趣。一年级刚入学的时候，你就被班里那个聪明女生迷倒了。她总是举手发言，她考试总拿一百分。你做梦，梦见她在舞蹈房，穿着白色的连衣裙和丝袜，兀自旋转。这代表了你当时的最高审美。然而你没有资格爱她，因为你是入学第二天就被留堂的差生，你的朋友只有那个一直哭泣和口吃的高个男孩。听到她和其他风云男生的绯闻以后，你的心碎了，即使你甚至不确定她能否叫出你的名字。电视是你缓解冲动的魔药。你从经验中习得，接吻的镜头在外国电影里才有，而且总在进行到一半的地方。因此你早早就学会了静静等待，并且明白等待不一定会开花结果，因为迎来的时常是被阉割的两小时。不过，你仍清楚记得三年级时看过的那场美国电影，硬汉被绑在地板上，反派亲着他的老婆，他只能在一边看着。你莫名其妙对那个硬汉的眼神感同身受。一会儿，你听到爸爸妈妈回家的声音。你把电视关掉，躺到床上。在他们悄悄来检查的时候，你还假装翻身，显示你已经睡熟了，而他们的闯入不合时宜。"嘘，睡着啦。"你听见妈妈和爸爸耳语。她的声音那么轻柔，像从知了翅翼间滑过的风。你很快便开始做梦。

四年级的夏天，你终于看到女孩的胸部。在那几秒钟的时间里，你一边告诫自己再也不能偷尝禁果，一边沉浸于橙红色的秘密。如今你已经忘却了绝大多数的小学女生，却仍对那个女孩印象深刻，这并不仅仅是由于你偷看了她的胸部，因为她跟老师告状的戏码同样让你刻骨铭心。你记得她特别擅长朗诵。每次那个胖乎乎的语文老师还没点人，她就自信满满地站起来。她的朗诵的确饱含深情，甚至连快乐的段落，都要声泪俱下。"会演，"你在心里嘀咕着。你总对她告状的那个事件怀恨在心，不过，一想起月牙形的乳房，又自顾自与她和解，"算我们扯平。"小学毕业以后，你再也没有和她有过联系。你听说她在异乡求学，没了爸爸，过着艰难的生活。有一天她忽然在社交网络上加你为好友。照片上她长大了，和小时候很不一样。你想说些什么，却都欲言又止。

八岁的你在学校里是个十足的失败者。二年级了，你不仅字认不全，考试垫底，爸爸妈妈还时常带你请病假出去爬山。泰山顶上的那只小猴子，那么可怜，你把它写进作文里，却让语文老师恼羞成怒。她教成语的时候说，"今天我们学'无拘无束'。孙中伦的父母就是无拘无束！""哈哈哈哈。"小朋友们都笑起来。"哈哈。"你也跟着笑起来，因为你又开小差了，不知道这成语什么意思，而从娃娃抓起的集体主义教育告诉你，跟着笑总不会有错。

在挫败感的折磨下，你的心中升起一个伟大的写作计划。你叮嘱妈妈买一个大本子，很多支削好的铅笔。"你先写题目，《我的一生》，"你在一旁给妈妈口述，"别忘了空行，这样以后好改。"过了几天，你让她把《我的一生》划掉，换成《我的悲欢离合》，因为后一个更华丽一些。你在床上辗转反侧，忽然想出一个绝佳开头。"妈妈，你快来，我想出开头了！"你催促她，在路上便迫不及待念出来，"人生就像一条小船，行驶在大海上。有时风平浪静，有时波涛汹涌。"你觉得自己再没可能写出更好的句子了。

十一岁的时候，哥哥给你申请了第一个博客。你试着写了一篇，第二天起床，居然已经有六个人点击。"这意味着，全世界每十亿个人中间，就有一个人看了我的博客！"你不敢相信自己的眼睛，即使六个人当中，两个是哥哥，三个是你自己。那天早上你耀武扬威地走去学校，把女孩们的QQ号一一记在语文书的扉页上。晚上，你给班里那个聪明女孩发去了自己的博客地址。"已经有六个人点击。"你若无其事地加上一句，让她明白你对名声其实毫不在意。你出去上了个厕所，回来的时候，聊天记录竟已经被翻到了最上面。你回头看爸爸，他说，"我没看。我不懂电脑的"。

写博客成了你唯一坚持到初中的习惯。互联网总能带来幻觉，仿佛有许多人正在关注你。事实上，你唯一持久的读者，只有爸爸和妈妈。每次写完文章，总已经到深夜。你回房间睡觉，特意把卧室的门开着。客厅的台灯把爸爸放大的影子投映在墙上。你看着他像钻油机一般，一个手指，一个手指地打字评论。每打一个字，还要念出来一声，"我……是……你的……忠实……读者。"第二天，他抓着脑门问你，"咦，这忠实读者是谁？看来你的影响力马上要大了。"妈妈不玩这些把戏，她把你开始写博客看作一个里程碑式的事件。为此，她做了十足的准备，默默藏起了家里所有的鲁迅和郁达夫，而把梁实秋摆在你的桌上。"不要做一个激烈的人。"她告诉你。"做一个娘娘腔吗？"你不以为然。"要做一个谦和有礼的人，但也要有底线。我希望看到你长袖善舞，同时，又有自己独立的人格与精神世界。"她说。你不喜欢她突然严肃的样子，这让你觉得自己已经不再是个孩子。在学校里，你收到她给你手写的信，信里她补充了自己的观点，恨不得告诉你世界上所有的道理。她说，"我还希望你做一个有爱的人。如果谦和是你的外表，方正是你的精神，爱应当是你的内心。"

童年是从何时结束的？你说不清具体的时间，它好像自然而然就发生了。或许，是从妈妈来信的那一刻起，又或许，是从四年级那个橙红色的夏天开始的。所有东西都在生长，到处都是盛开的噪音，只有童年在衰亡。而若你继续寻根溯源，童年也许从写下《我的一生》开头的那一刻起就结束了。那是你第一次感到，时间让你措手不及，而你有必要去抓住缥缈的往昔。"人生就像一条小船，行驶在大海上。有时风平浪静，有时波涛汹涌。"当时你写得多轻易、胸有成竹，可你将用之后所有的时间去诠释它。你终于意识到，你自以为焕然一新的生活，其实都只是往昔细节的幻影和延伸。在此之前，你一直在害怕，害怕追忆会将你卷入洪流里。你现在才明白，过去从来就不是一个漩涡。它是一个隐喻。

Letter 5

L，

　　你想起第一次牵起女孩的手，是在大桥底下，上头的汽车都呼啸而过。如今你躺在床上，那新鲜的震颤又扑面而来。你记得那一刻，四周的空气都被抽干了，你们就快漂浮起来。你还记得那个女孩的面貌，她有一双精致的黑眼睛，她的鼻梁和嘴唇都小巧。你喜欢她不经意间泛起的酒窝，她梳理整齐的头发。每次你靠近她，就能嗅到一股清香。

　　那天你五点就起床了，和她约在大桥底下的公园里见面。老人已经开始打太极拳，露水还挂在叶片中央。你们并排走在水泥道上，头顶是上桥的高架，藤蔓从两个车道中间垂下来。"很久以前，我和弟弟常来这附近骑车，那时这里还什么都没有，"你告诉她，"我们一骑就骑到长江边上，那边的轮船很大很大。"她点点头，不做声。你们在一张长板凳上坐下，她的脸颊不知不觉红了。花丛里有什么在飞，或许是虫子，可你希望是蝴蝶。"所以学校里一切都还好吗？很久没有回去了。"你跟她搭话。她又点点头，仍然一言不发。你看到她撑在板凳上的手，那么纤细。你不敢冒犯她，可冲动像公牛一样压迫着你。你把手盖在她的手背上。你感到女孩的指关节像柔软的空心水晶。她笑了。她把五指嵌入你的指间。

　　你是在转去上海上学以后和她熟悉起来的，而在故乡上初中的时候，你们无数次擦肩而过，却没有说过一句话。她是你隔壁班里的副班长，走廊上你时常扛着拖把走过他们班的窗口，像取经一样趾高气昂，她却从来不为所动。你无法说自己对她有多着迷，毕竟人人都喜欢温柔干净的女孩，而除此之外，你对她一无所知。可在转学去上海以后，你忽然疯狂地迷恋她。她憧憧的人影闪现在你脑中——几乎是一夜之间，她成了故乡的符号。

　　"还好吗？"她会在QQ上这样问你。没有其他人这么问你，他们在你走的时候依依惜别，可随后就自顾不暇。对此你并不怨恨，因为你明白自己并没有这么重要。"还蛮好的。"你告诉她。你和她描述路边的书摊，学校转角的寿司店，迫不及待告诉她那么多琐碎细节——其实都不合时宜，因为你们并未熟悉到那种程度，但她总耐心听完。"学校里还好么？"末了，你问她。"跟以前一样啊。"她说。

　　事实上，你不怎么好。那年你十四岁，在来上海的第二天，你考试迟交了试卷，老师在台上大声告诉你，"别把你们那里的坏风气带到我们这里来！"你呆看着她，一时间手足无措。所

290　　回来

有同学都回过头来，像是打量某个不合时宜的人，沉默，欲言又止。那天晚上，你仔细寻思那位老师的话，一种驱散不去的可能折磨着你：如果她说的没错？如果她只是直率、口无遮拦？你害怕自己就是从一个野蛮、闭塞的小镇闯入的外来人，你的浑身都充斥着与大城市格格不入的乡土气，而你将用一生去抹除你驱之不散的身份污点，去追求他人出生就有的特权。你想象故乡的大街上，空气中都弥漫着化工厂里硫酸的腐臭——你忽然憎恨家乡，连带憎恨自己——为什么你要被生在小城里？为什么你要承受低人一等的命运？"你不要听老师的，你没有任何地方需要自卑。"妈妈告诉。可在一次去学校的出租车上，你分明看到她也尝试入乡随俗。她是那么小声地用上海话对司机说，"小转弯。"你听见了，但你默不做声。她也分享着你身份的焦虑吗？

　　你不明白那个女孩为何也对你有了好感。一切开始和结束得是那么迅速，像一个误会。在你离开之前，你们只有几次避之不及的眼神相接，而距离却让一切言语和想象都郑重了。她成了你对故乡的念想，而你成全了她对远方的想象。在许多个周末，你乘大巴车回家，都只是为了早起见她一面。你牵了她的手，两次，或者三次。你甚至没有抱过她。你们总是走在大桥底下，慢悠悠地走着，你拉着她的手，在汽车的轰隆声里，大声给她讲新鲜的故事。有时你想象上头的大桥忽然断裂，奥迪和桑塔纳像飞鱼一样落在你们身上，猝不及防。你们甜美地暴毙，而石堆外面，救援队的狗还能嗅到你们掌心汗液的香味。爱？你从未对她说过。在你心里，她是长江边的美好姑娘，是往返于两段记忆间最后的汽渡，可你不清楚自己是否爱她，你想她也一样。结局最终突如其来，在你的某个生日之前她忽然变得冷淡，你们基于想象的感情破灭了。而在你生日那天，你去她家楼下等她，渴望再见她最后一面。你给她带了一本线装的笔记本，里面写了许多给她的信。"如果你实在不想见我，我就把它放在草丛里。"你发信息给她。她没有下楼。离开许久以后，你收到她的信息，"草丛里没有，大概被人拿走了"。从那一刻起你明白，你们结束了。你是否心痛？当然。之后许多个夜晚你都无法入睡，但那并不是一种天崩地裂般的痛楚。相反，你感觉空空荡荡，像飞向太阳的伊卡洛斯——你与故乡记忆的最后联系断裂了，恐惧烧灼了你的翅膀，你沉沉下坠。许多年后，你与桃子分开时，一种相似但更强烈的断裂感再次开始折磨你——你不禁想，你是否曾有过爱情？你爱的是她们，还是你念念不忘的过去，或者爱情作为经验本身？而她们是否也因此离开你，因为你并不爱作为人的她们，而是爱一个符号，爱她们在往昔里摇曳的镜像与倒影？

你后来又见过这个女孩，那是在最近，你们一起去参加了某个朋友聚会。在她玩乌诺牌的时候，你偷偷看她。她还是孩子模样，干净的头发，小巧的脸颊，仿佛是在你们分开以后，就停止了生长，而忽然跃进了如今的时空。和你说话的时候，她像是什么事都没有发生过。她还祝你生日快乐。你注意到，她准确地分配和每个人说话的时间，并不和你过多交谈，因此你想，她内心可能还记得当初的波澜——可你已经忘了自己为什么迷恋她。

你和桃子正式见面是在高二的走廊上。她站在你们班级门口，而你和班长正并肩上完厕所回来，双手还在偷偷洒水。"我想叫一下你们班的中伦。"她并不看你，而是直接问了班长。班长示意她，要找的人就在身边。她匆匆忙忙掏出一个纸片，上面写着她的邮箱和手机号码。"我看了你写的文章，很想认识你！"她说。你把手在衣服上擦干净，接过纸片，抬头看她。她有一双下垂的大眼睛，灰色的发卡把头发梳到后面。她的嘴唇和花瓣一样。

　　"你很特别，我没有想到这里还有你这样的人。"那个周末，她发信息给你。她看了你哪篇文章？你记不得了。如今你已经是一个高中生。你仍写博客，但觉得自己已经脱胎换骨，不会再纠结于生活的碎片、身份的自卑——你自觉已经与故乡和解了，若有人问起它的名字，你不会再感觉尴尬。你不会再支支吾吾地说，"长江边上……一个小城"。你会大声地说出它的名字。你把这视作成长的标志。学校里，你和朋友高谈阔论，谈"宪政"、"精英"，那些你们也一知半解的名词。"我要做一个自由主义知识分子。"你信誓旦旦地告诉他们，仿佛你已经把世界看得很清楚，也摸清了理想社会的门路，甚至已经下定决心要做一个殉道者了。

　　"独立思考是好的，但是，不要偏激。你不知道，这个世界有多危险。"妈妈告诉你。这逐渐成了她对你文章常见的读后感。你厌恶她这种腔调，寥寥的赞美只是为了之后的泼冷水。"偏激吗？只能说你没有仔细读。"你轻描淡写地告诉她。你写网络监控的绿坝，写遇罗克和王实味，写一怒之下捅死台商的刘汉黄，只是话题敏感罢了，有什么偏激可言？你甚至可怜自己已经失去了偏激的能力——你把这都怪罪于妈妈，正是她从前成天让你读些让人昏昏欲睡的梁实秋，才把你捏成不温不火的模样，而这正是她想要的——你太明白她要什么了，她希望你别在混沌不堪的世界里疾恶如仇，她希望你庸庸碌碌地过日子，就像庸碌也带给她快乐那样。"也许你很快就知道的比我多，读的比我广，但是我比你多出的几十年人生阅历，你是怎么也赶不上的，"她又开始语重心长地给你布道，那是一种天然的、凌驾于对话者的自证语气，却又苦口婆心让你无法辩驳。你几乎都可以猜出她将用哪一句话结束——她将用一种犬儒、世故、无奈的姿态告诉你，"有些话，不是什么时候都能说。"

　　她怎么了？当你开始找寻过往的线索，你发现她的转变并非突然而然。几乎在每一个关键的时刻，她都要阻止你成为她害怕你成为的那种人：激烈、爱憎分明、愿意为原则抛颅洒血——可她怎么知道你愿意成为什么样的人？"你要我过的生活，不见得就是我自己想过的生活。"你明白无误地告诉她。你戳穿了她。你要让她明白，你在可怜她——你可怜她能够明辨是非，却仍要做出无能为力的样子，仿佛正义不值得追求，平等无关紧要，而只要活着，苟活着，就是至高的恩赐。"等你到了我这个年纪，就明白了。"她说。这是她结束教导的方式，告诉你，价值会随着衰老而消散，岁月会赋予庸碌以意义。你感到一种愤怒，而它似曾相识——正如你曾憎恨家乡，此刻你又开始憎恨自己的家庭——你隐隐感到，过去将像阴影一般笼罩你的未来，你会最终变成妈妈的样子。然而你并没有再反驳她，而是向她投去苦笑的、妥协的眼神，让她明白，你是爱她的，而这种爱让你们都痛苦。

"你和我爹很像，"桃子告诉你，"他也是一个理想主义者。他总说，等我生活有了保障，他就去做自己的事，去写书。"此刻你们在回家的地铁上，她握着栏杆，身体轻轻摇摆，和你说话的时候，眼神并不会游离。你们是在一个月前熟起来的。每天晚上，宿舍熄灯以后，你躲在被窝里给她发短信。她比你小一届，在学校里聪明得出名。周五午休的时候，你会提前回到教室，听她做的广播站节目，《书山拾萃》。她读马尔克斯和加缪的开头，声音那样无辜，却有些忧伤，像奔赴屠宰场的绒毛动物。在学校里你总试图不撞见她，而在你们擦肩而过以后，却忍不住回头看她的背影。你记得她喜欢穿一条白色短裙。她会四处张望，看树林或者太阳。终于有一天你问她，周末是否愿意和你一起坐地铁回家。"因为顺路。"你加上一句。"好啊。"她说。

在去地铁站的公交车上，你小心试探她。"你的手指上为什么全是针孔？"你问她，在问话的刹那，一并端详她的眼睛。"是为了在钱包上绣名字。"她说。她把钱包拿出来，右下角有她歪歪扭扭的英文名。她向你眨巴眼睛，你们都笑了。公交车上人声鼎沸。司机大声吼着"都往后面站一点！"。老人拎着塑料袋里的胡萝卜青菜上上下下。你明显感到，你和桃子之间有一股热气在蒸腾，你猜她也有所察觉。你几乎忍不住想赞美她，她是你理想中的城市女孩，大方，得体，生活的自信仿佛信手拈来。可地铁上她告诉你，"我其实在小城里长大，一个湖北小城。

小时候我们玩泥巴，会期待头顶有飞机飞过"。这让你心头一暖。你迫不及待地告诉她，"我也在小城里长大！长江边上……一个小城"。你们惊喜地看着对方，仿佛从此刻开始共享某个秘密。而她轻盈握着栏杆的样子，你感觉就像一条脱水的鱼。此后的许多夜晚，你都将回想起她的手指，小臂和散落在半空的头发。在该下车的时候你告诉她，你想陪她坐到站底。

暑假的某个黄昏你亲了她，那是你第一次亲女孩的嘴唇。你会说，她嘴唇的味道像将要融化的奶糖。你记得那天刚下了雨，地上坑坑洼洼，农民正把西瓜铺的棚子收下来。在靠近她家的一间咖啡馆前，你们约定好在此分别。你知道再往前一步，就有可能被你想象中她无处不在的父母撞见，可你没有松开她的手。"所以就在这里了？"你问她。"嗯。""那今天就到这里了？""嗯。""那就这样了。"你把手伸到她的腰间抱她，她没有抗拒。她的头发有薄荷的味道。她的腰像一朵还未蒸腾的云。她的心跳在你的胸膛里发声。你侧过头抿住她的嘴唇。你的脖子扭了。你痛又快乐。

你们喜欢夜自习下课去学校黑暗的角落里接吻。回宿舍的人群里她总把头靠在你肩上，你时而尴尬，时而发抖。可在角落里你是更肆无忌惮的那个。你的手指在她的腰际探索她的身体，你喜欢隔着衣服摸她的脊椎，像弹一座石化了的钢琴。你们最爱去两个地方，一个被你称作"格子顶花园"，它在学校的最边上，屋顶是一格一格的，上面蜷曲着藤蔓和叶子，那里虽黑却总是门庭若市；另一个是国际部的二楼食堂，夜晚食堂关了，弯曲的楼梯却留在外面。没有其他人发现过这块宝地。你们把书包放在楼梯上，你把她推倒在墙边，咬她的嘴唇。她勾住你的脖子。而后你们坐在楼梯上，望着窗外的月亮。"月亮真圆。"你告诉她。"是啊。"她说。"我们该走了。马上要熄灯。"你说。"走吧。"她说。

你对她说你爱她。从很早就开始说，早到你脱口而出的时候，还并不知道其中意味着什么。你觉得这需要有一个先后顺序——若不决心表达爱，你如何去感受它？"我爱你。"一个夜里，你在她耳边轻声告诉她。那是你第一次这么告诉她，说的时候，你闭上了眼睛。你要感受那一瞬的狂喜与战栗，仿佛倾诉者并不是你，而是某个远方的人，在他神圣又缥缈的声音里你和她共同认识爱。你感到她轻微颤抖，仿佛体内有一股蛰伏的喷泉，而后她紧紧抱住你。"我也爱你。"她说，急迫，像是要去赶一场舞会。你感到你们坠入黑色的深坑，你会说，像巨人的阴道。四周漆黑，但你能看清她。你以为这是爱情超越性的力量，你感到可以对抗世界。

你们去教学楼的露台交换信件。信里你们说日常里不会说的话。她和你抱怨自己严厉的母亲，说她总是迫切地期待结果可自己不是。而你告诉她，你的妈妈想让你成为一个你无法成为的人。你们都在撒谎。而后你们赞美爱情，仿佛它提供了理想自我的倒影。"我爱你。"你对她说，日日夜夜地告诉她。"我也爱你。"她告诉你。她还告诉你，"我是你的。""我也是你的。"你回复她。你们把过去和未来都托付给对方，赋予承诺以衬托爱情，直到语言失去魅力。

你要成为什么样的人？这是你独处时会想的问题。爱情让你摆出了对抗的姿态，可并没有告诉你答案。你告诉自己，无法再回避身份的问题了，可你一逃再逃。在爸爸的车上，你越发多地听到他说"价值"。"我们每个人都要寻找价值，"他握着方向盘，说话的神情笃定，"做了这件事以后，我感觉我的存在有价值了！""是的。"你附和他。可他随即又说，"不过，把每个小日子过好也就好了。"你不明白，为何他越发多地开始自相矛盾，仿佛中年的底气正消失殆尽，他开始和你一样站在分叉路口。你想，或许他从未离开，而你也将是这样。

　　你不会再责怪妈妈，即使她强烈地希望塑造你。"每个成年人都这样。"你这么安慰自己。你会原谅她的所有错误，因为你无法承受失去她——你仍把她看成一个癌症病人，而你内心神出鬼没的神灵告诉你："不要作对，否则灾难将再次降临。"你当然不敢把这些告诉妈妈，你甚至从未说过你知道她曾患癌症，可你注意到，家人从不多谈疾病，不说忌讳的数字，你明白大家都心照不宣。在学校的每个夜晚，你都在宿舍打电话给她。"儿子，什么事？"妈妈问你。其实，你不期待更多的答复，只需要知道，她安好，她嗓音里没有疾病肆虐的细胞。"没什么，就问问。"你说。"最近有没有什么好玩的事和妈妈讲讲？""没。""那谢谢你打电话过来。""再见。"通常，你会等她挂掉电话。可有一次，她忽然问你，"听说你谈恋爱了？""怎么可能？"你反问她，"我怎么会做那样的事情？""有机会，带回来给我们看看。"她笑着说。

　　妈妈的葬礼，是在你和桃子相识两年以后。那时你们的亲密关系尚未开始动摇。葬礼那天，桃子来了。你记得她穿了一条黑色的裙子，人群中你看到她倚在后面的门框上。那时你站在最前端，正端详着妈妈被花团簇拥的遗体。一具姣好、冰冷的躯干。殡仪馆的大厅里，你听见许多哭声。后面某个生疏的亲戚泪如泉涌地冲上前来，对你吼着，"你为什么不哭？为什么？"在她被拉走之后，你还听见模糊的呐喊，"她可是你妈……"然而你并没能哭出来。根据习俗，你需要举着遗像，绕着妈妈走三周，而后面佯装痛苦的乐队将尾随你吹奏他们拿手的丧乐。在开始之前，桃子走到你身边来，挽住你的手臂。"我会陪你下去的。"她对你说。你转头看她。她又告诉你，"我会陪你下去。"

你和桃子在一起五年。五年里，你爱她，并且强迫自己坚信不疑。事实上，裂缝在妈妈去世以后就开始显现——你开始变得过度敏感，不久你们也相隔千里。你们开始分手，复合，分手，复合。她开始爱上新的人，而你越发迷恋她不复在的幻影。"你为什么还爱她？你知道，你们并不见得合适。"朋友问你。你踟蹰不言。而后你掏出心底的秘密，"我曾向妈妈承诺过，要爱她，对她好"。"这不应该是你爱她的理由。""你又知道什么了？"你发了狂，"你怎么知道爱她是什么滋味？"

你已经很久没有联系过桃子。你不知道她在哪里，过得怎样。她已存在于你的书写中，在此之间，你经历又忏悔，而她真实也虚幻。此刻，你又想起第一次和她接吻的那天——第一次，最后一次，你总迷恋仪式性的时刻——她穿着一条连衣裙，人群中，从地铁站的上头走下来，看到你的时候，低下头，把头发捋去耳后。你会说，你一眼就看到她了。你还回想起你们最后一次回到高中的国际部食堂，那是一个艺术节，你们早已毕业，而四个月后你们也将彻底分手。你们又坐到那个熟悉的台阶上，互相都没有说话。她把头靠在你肩上的时刻，你明白你很快将失去她，然而你还是看着月亮。"月亮真圆，不是吗？"你说。

Letter 6

L,

　　家人告诉你，这可能是你最后一次见到哥哥。那是你回美国的前夜。门前，你摩擦手掌，千头万绪，若有所思。门开，你摆出笑脸，像来参加过年的宴席。你告诉哥哥，你要走了，明天，明天下午。他躺在沙发上，棉被遮住枯萎的腿。"一个人，在外面，要好好照顾自己。"他断断续续地说。而后又问，"那你，什么时候，再回来？"

　　从三年前的夏天开始，亲人一个一个离开。多是闲言碎语间，生命弹指而逝。你常想，该以什么样的姿态去送别将离开的人？没有答案，总来不及体面道别。而你越发多地想象许多年后，你也躺在死床上。你回想起你失去的许多东西，错过的许多人，你想起自己渺小的生活，荒度的日子，可你觉得自己没有白走一遭。那是你期待的死亡。

三年前的夏天，妈妈去世。在她去世之后，你常去家里的储物间，找些有关她的日记本，老照片。现在，拍照容易，照片都存在数据库里，可常是换了手机，便所有东西都了无踪迹，而恰是储物间里琐碎的物件，承担起回忆的责任。1992 或 1993 年，你还没有出生，照片里她站在船边甲板，和你如今相仿年纪，白衬衫，牛仔裙，用手挠搔头发。身后浪是白的，无边无际。2006 年的某天，她拔下你最后一颗摇动的牙齿，放进透明封装袋里，告诉你，往后，你就是小大人了，而这些都是童年的记号。十年以后，它们躺在书架边上，蛀齿依然棱角分明，可她连头骨都已化为灰烬。2005 年的 5 月 28 号，她在街边替你买了一个狗熊。你记得，那个焦急的商人要价二百，可他最后追了一路，五十块钱卖给你们。2005 年的 2 月 9 号，你把门前的雪球扔向她。2004 年的元宵节，她带你去城边的庙会，你的脸被烟花照亮了。你在日记本里写，很无聊，想走。可在庙会的最后，她点点你的肩膀，指向天空。你抬头，烟花在空中碎成"2004"的模样。你忽然觉得，未来就要开始。

　　死亡是叙述的终点，是一切线索，思辨，悲喜的汇集之处。如今，你会说，每个人都在处理死亡的问题，每时每刻。而在有限性的面前，恐惧展开，意义再现，人终于学会更好地活。可你仍无法说，你已完全接受妈妈的离开，以及将来你自己的。你的处理是不断地回来又走开，不断地幻想又落寞。你时常会想，妈妈是怎样做的？记忆里，你始终无法辨别，她到底是云淡风轻，还是避之不谈。她旅行，生活，仿佛死亡从未盘旋于未来之上。如何做到的？如何视而不见？五年前的某一个晴天，她在车上告诉你，"我已经好多天没有睡着觉"。如今你回想起来，她是否那时就猜到可能的命运？你嘱咐她，要去医院看看。她说，好的。几天以后她开始呕吐。客厅里，你听到她在冲厕所时和爸爸低声交谈些什么。再之后她频繁出入医院，你看出，她心神不宁。但每次吐完，你问她，"还好么？"她总说，"没事了，吐掉就好的。"

一个晚上，她和爸爸把你叫到厨房里。你进去的时候，他们两人坐在桌边。她等你坐下，对你笑笑，说，"儿子，你大了，有些事，我想告诉你。几年以前——"

你说，"我知道。不用说了"。

爸爸一旁感叹，"你大了"。

妈妈继续说，"是这样的，妈妈从昨晚开始，有一只眼睛看不见了。现在有很大的可能性，是以前的病复发了"。

你低下头。

沉默一阵，爸爸插话，"只是有可能！还说不准——"

"对，还要等明天去医院复查一下。"妈妈说。然后，她转过头去，问爸爸，"为什么每次我说话，你总要插嘴？"他们两人对视片刻，忽然都笑起来。仿佛刚刚谈论的不是关乎生死的大事，而是某个玩笑。如今你又想起这个时刻，你会说，它是伟大的。从这个时刻起，或是由这个时刻引申出的所有时间里，他们各自选择了一种了不起的方式去面对死亡。而那个夜晚，他们笑起来之后，你认真看着妈妈已经无神的右眼，告诉她，"不会是复发的。就算是，一切也都会好起来"。

复查结果出来前的某个夜晚，你与爸爸吵架了。他告诉你，"等下要请道士来家里，做法术。"你说，"有什么用？"他说，"不用你管。"你说，"没用的！"他说，"你以为你懂什么。"你感到愤怒，觉得他虚伪。他平时笃信科学，揶揄歪门邪道，此刻，却忽然求助起它们来了，仿佛妈妈是一个可以随便托付的物件。你回头，妈妈安静坐在沙发上，不响，右眼无神，但面容祥和。你负气冲上楼。在楼上，你听到敲锣和念经的声音。你想起妈妈的模样，忽然觉得愧疚了。你知道，她只是想活下去——可此刻能依托什么？命运又给凡人什么选择？这些日子，同样的，你也在胡乱祈祷。无法入睡的夜晚，你祈求内心的神明惩罚你以放过妈妈。滑稽，你知道。可祈祷的行为让你心安，仿佛，人在宇宙中不是一介浮萍，而有某个母体可以依靠，她给生命，倾听，在任何时候都爱人类。你知道自己错了，要向爸爸道歉。下楼，道士已经离开。爸爸神情恍惚。你想，此刻，所有玄妙他都信。"上次见这个道士，十几年前了。这回，他还记得我们家以前住五楼！"他感叹，"有些东西，可能还真的得信。"

　　几天以后，爸爸把诊断单拿回家。开门前，你攒出许多勇气。

　　"好消息，不是复发！"他把声音提得高高的。

　　"腰椎间盘突出加坐骨神经痛。不是复发。但是接下来很长时间，都得好好休养了。"他说。

　　你被巨大的幸福笼罩了。神明，科学，你盲目感谢一切。你缠着爸爸，问，真的吗，真的吗，那接下来该怎么办。他说，是真的。一旁的妈妈已经看过诊断单，显然，她也喜悦——不是复发，就意味着有活下去的希望，就意味着很长的将来里，还有许多时刻值得期待，会被完成。此刻，你想亲吻生命。

接下来的日子，阿公阿婆都过来照顾妈妈。每天早晨，窗外，你看到阿公骑电动车疾驰而来，一言不发，开始做饭。"阿公，我能不能帮你忙？"你问他。"你会什么？去去去，休息休息，就好吃饭了。"他说。阿婆和姑姑陪在妈妈身边，小声说些女人间的话题。妈妈生了病，也终于了却了减重的心愿。她把好看的裙子买回家，你们都夸她漂亮。

买药的任务，交给爸爸。每天，他在医院进进出出，药盒的封皮撕掉，小药丸倒在玻璃皿里，端给妈妈。一月一次，他带妈妈上医院打进口针，两边屁股各打一针。"我现在的屁股，很贵。"妈妈开玩笑说。

你去美国上大学的那天，妈妈的气色已经好了许多。你坐进车里的时候，她向你远远招手。招着招着，她忽然哭起来，捂住脸，走进屋子里，身后的人都紧随她进去。在机场，她又打电话给你，仍有哭腔，"对不起，儿子，刚刚还是没控制住。想到你第一次要离家那么远，我就难受。他们都说，你很快就回来，可是……你要注意安全，到了，告诉我们"。

在美国，你天天和妈妈视频。视频里，她总躺在床上，一只手摇摇晃晃地举着手机，一只手捂住那只失明的眼睛。你们聊天，像说悄悄话，说秘密。"好一些了吗？"你问她。"嗯，最近好多了。"她说，"他们都出去啦，以为我在房里睡觉呢。现在，就我一个人。"她小声告诉你，"我最近觉得，以后可能没法工作了。我在想，要不要换一个行业。你看，我喜欢艺术品的——"你对她说，"你以前不是说，要去山区做老师，要去世界各地徒步吗？你换得真快。"她笑了。手机屏幕又晃起来。

你觉得，疾病似乎让你们和解了。你开始向她倾诉烦恼，这在之前不可能。"最近压力很大。"有时你告诉她。她贴近镜头，一字一句告诉你，"儿子，能做成什么，真的不重要，一辈子很长。你只要健康快乐，就好。其他，以后都会水到渠成。""我们是你最坚强的后盾！"爸爸闯进镜头说。

你一度相信，有朝一日，妈妈就要康复。你还清楚记得，放假回家的那天，她如何奔来门口迎接你。那时候，你已几乎快忘记她健康时的样子。"我的宝贝儿子！"她抱住你。"你看起来，好多了。"你说。"是啊。"她笑着。那个时刻，你以为终于要苦尽甘来。

一个月后，你在美国上学时，接到爸爸电话。

"有一件事，你能不能早点回来？我机票已经帮你订好了，后天回。"他说。

"开什么玩笑？"你生气了，"我这边还有两个礼拜才结束，怎么回？"

"嗯，挺急的。"他仍旧不紧不慢，"回来看看妈妈。"他哭了。

这是你第一次听爸爸哭泣。没有前奏，直接爆发，像一头中弹的狮子。颤抖的呜咽后头，你听见阿公用力拍打爸爸的肩，"你不要哭，你不要哭——"然而说了两句，他也哭。

"我最不愿意的，就是告诉你……"爸爸说。

你终于明白，而你或许早该猜到的——两年前，他拿到妈妈的诊断单。那一刻，或许更早，他做了一个选择——是有尊严和希望地活着，还是在死亡的倒计时里走过余生？他心里有了答案，于是决定对所有人撒谎。他伪造诊断单，跟上下的医生护士打好招呼。每天取药，撕掉标签。家人的欢笑里，夜夜的床边，他惊慌，紧张，也若无其事。两年后，他终于无法再瞒住你——但是，他还需要瞒一个人。

"你大了，你大了。"电话那头，他恢复平静，声音却渐渐弱下去，像是喃喃自语，"不可以告诉妈妈，她还不知道。"

回到病房，妈妈比你想象中面色好些。"儿子，你来啦。"她说。你明显感到，她语速慢了，像是许多话，都想不起来。

"我还跟你爸爸讲，不要麻烦你。"她说。

"回来陪陪妈妈嘛，心情好了身体才好，应该的！"爸爸一旁接话。

"对，"你说，"反正那边课也上完了。"

你不清楚妈妈是否清楚自己的病情。你怀疑她一开始就知道。毕竟，她那么敏感，你曾觉得，她可以猜透任何人。爸爸告诉过你，多年前，妈妈曾告诉他，将来若病情复发，一定要给她尊严。那么，现在，她知道自己骨髓和肝里长满了肿瘤吗？"没关系，不疼了。"她总对你说。那么平静，仿佛刚送走一位陌生朋友。"谢谢，麻烦了。"她对扶她上卫生间的姑姑说。

"当当当！你看谁来啦？"在病房的第三天，你拉着桃子的手，坐到妈妈病床前。

"哇，终于见到真容了。"妈妈招呼人，拉她坐起来。"比照片上还要好看。我们以前一直让中伦带给我们看看，他怎么都不肯。"

桃子矜持地笑，说不出话。

"好啦，中伦，你赶紧带她出去转转。我们这里也要午睡了。"

妈妈笑着说。

那天晚上，妈妈的意识渐渐暗淡下去了。她开始说不连贯的话，时常叫唤，"不要找我！"说完，又沉默。你躺在旁边的病床上，意识却是身处沙漠中央。在沙尘的一端，你远远看见妈妈。她被风暴环绕，好像迷了路。你向她奔过去，企图用手指穿透风暴。无能为力。"请让风暴环绕我吧，怎样都行。"你对风暴说。然而风暴没有听见，妈妈也是。

第二天一早，阿婆来到病床前。妈妈伸手抱住阿婆，"妈妈，妈妈。"她哭了。"我的女儿，我的女儿。"阿婆哽咽。过了一会，妈妈失去意识，开始狂躁。她时常坐起，后又躺下，好像是要透支最后一点生命活力。再后来，她没有了力气，躺在床上。她的眼神开始向四周旋转，仿佛为了最后再好好看一眼世界。接着，她闭上眼睛，开始缓慢呼吸。

L,

你告诉我，你去了许多地方，而你终于回来。

你说，在外头的日子，你遇到许多人，想起许多事。而唯有一件你念念不忘。那是在妈妈床前的最后时光，她的呼吸黯淡，她的意识缥缈。那个时刻，你终于决定对她妥协。你告诉她，你一定像她希望的那样活下去。你要以你的肉身，来延续她的生命。可她没有答应你。你知道，她也妥协了。于是你告诉她，你会做一个你想做的人。然后，你看到她流泪了，她的呼吸随即飘散。几年以后，你走过的所有路，写下的所有字，都是一个承诺。

在所有旅行结束以后，你回到家，重读妈妈生前的博客。你发现，原来你如今做的许多事情，都成为了她生命的延续。十一年前，2005 年的 12 月 5 号，她写，"现在，爱情已经不能让我感动了。不，应当说，让我感动的已远不止爱情这么微小的单位了。我发现，我身边的细节开始感动我了：我父母、我的儿子、我的老公、我的哥哥、姐姐，甚至是我楼下的邻居、在我们楼道里打扫的清洁工……我感动的是，活着真好；努力地活着，真是有尊严。"五年以后，在给你手写的最后一封信里，或许那时她已经知晓自己的命运，她告诉你，"懂得珍惜当下，珍惜我们身边的人，珍惜我们的经历。每个人在这个世界上，短暂得如同风吹即散一般，也许，我们做不成什么大事，没关系，珍惜这短暂的时光……我希望你能更深刻地去爱我们的世界、爱我们的生命。'春有百花秋有月，夏有凉风冬有雪；若无闲事挂心头，便是人间好时节。'我和你爸爸希望你能够时时好时节。"那个时刻，再看到这些的时候，你才明白，人不会轻易被死亡战胜，践踏。死亡无法打断所有事情。妈妈告诉你，意义在平凡和大地上。她教你，道理在春夏秋冬。而如今，你要为她完成她未及完成的事情。你要赋予生命以尊严，要在呼啸向前的历史面前，记住自己，以及所有已被抛弃和将被遗忘的人。

妈妈葬礼前，爸爸告诉你，你曾有一个子宫里的兄弟。双胞胎。你在人间，他在天上。于是，从那时开始，你想象给我写信，想象我盘旋在空中，俯瞰你的一生。你写给我七封，如今我也寄回七封给你。至此，来来回回，念念不忘。文学让一切都掷地有声。

在葬礼之后的某天，你和爸爸走在公园的小道上，两旁是盛夏葱郁的树。他忽然告诉你，"我们都要努力活着"。那个时刻，你又想起许多年前，你犯了错的傍晚，和妈妈走在路上。

她告诉你,"桃李不言,下自成蹊。"她说,"所以,要做一个好人。你听明白了吗?"之后的许多年,她的话湮没了,湮没在你失去的人和时间里。然而此刻,你多想告诉她,往昔全涌来,每个瞬间你都历历在目。你多想告诉她,你要活下去,活下去,活下去。你要回来,在所有的时间里爱生命——

　　而今天,你告诉我,你回来了。你从衰老与童年里回来,你走了一遭又回到此刻。你还说,意义,叙述,都在此悄然而生,也该在此戛然而止。